本书获二〇二三年贵州省出版传媒事业发展专项资金资助

本书获贵州省孔学堂发展基金会资助

【阳明文库】

学术专著系列

敬道心筌

—— 王阳明的教化哲学

孔學堂書局

【向

辉著】

本书获2023年贵州省出版传媒事业发展专项资金资助

本书获贵州省孔学堂发展基金会资助

图书在版编目（CIP）数据

敬道心筌：王阳明的教化哲学 / 向辉著. —贵阳：
孔学堂书局, 2024.7

（阳明文库. 学术专著系列）

ISBN 978-7-80770-527-7

Ⅰ.①敬⋯ Ⅱ.①向⋯ Ⅲ.①王守仁（1472-1528）
－哲学思想－研究 Ⅳ.①B248.25

中国国家版本馆CIP数据核字（2024）第093168号

阳明文库（学术专著系列）

敬道心筌——王阳明的教化哲学　　向辉 著

JINGDAOXINQUAN: WANGYANGMING DE JIAOHUA ZHEXUE

项目策划：苏　桦

项目执行：张发贤

责任编辑：张基强　陈可欣

责任校对：黄文华

书籍设计：曹琼德

出版发行：贵州日报当代融媒体集团
　　　　　孔学堂书局

地　　址：贵阳市乌当区大坡路26号

印　　刷：北京世纪恒宇印刷有限公司

开　　本：889mm×1194mm　1/24

字　　数：296千字

印　　张：12.5

版　　次：2024年7月第1版

印　　次：2024年7月第1次

书　　号：ISBN 978-7-80770-527-7

定　　价：98.00元

阳明文库

作者简介

向辉，北京师范大学教育学博士（中国教育史方向），现为国家图书馆国家古籍保护中心办公室研究馆员，研究方向为古典学、版本目录学、古籍保护和社会理论。著有《王阳明的书籍世界》《采采荣木：中国古典书目与现代版本之学》《衡门之下：古籍善本与书籍世界的研究》等；整理《毛诗原解》《毛诗序说》《周易正解》《易领》《诗经译注》《古籍版本十讲》等。

序

　　孔学堂书局将出版向辉博士的阳明学研究著作，向辉君遂索序于我，我欣然领命。

　　2013年9月至2017年7月，向辉在北京师范大学教育学部攻读中国教育史的博士学位。当时，他已供职于国家图书馆数年，属于在职攻读学位者。对于一位业已成家且育有一子的青年学者来说，要兼顾家庭、工作与学业，并不是一件容易的事。但向辉却成功地做到了这一点。他不仅在较短的时间内获得了博士学位，且在毕业后仍然笔耕不辍，不断有新作发表。每有新作发表，他总是第一时间让我知道、跟我分享。在我指导过的研究生中，他是最为勤奋、最为多产者，也是对学术拥有高度内在兴趣者之一。

　　在与我多次商讨后，他决定研究王阳明，最终完成了《王阳明的教化哲学研究：以敬为中心》为题的博士论文。他很用功，第三学年就完成了初稿。我阅后提了很多意见，他认真修改了一年，第四学年参加答辩并顺利通过。这篇论文得到了匿名外审专家的一致好评：一位专家认为该论文"全文观点明确，史料丰富，思路清晰，表述流畅，引文规范，说理平实，论证较为充分，是一篇具有自己独立学术见解的博士学位论文"。另一位专家指出"该论文选题具有重要的研究价值和方法论意义，全文观点明确，研究过程扎实认真，史料丰富翔实，且运用恰当；论文层次清楚，论述严谨，语言文字表达体现了学术性和规范性。是一篇比较优秀的博士学位论文"。我也认为，向辉的论文把历史的考据和理论的思辨紧密结合，深入发掘了王阳明以"敬"为中心的教育哲学，是有独知新见的阳明学研究成果。

　　教育史研究，说到底，就是要通过与古人的对话来拓展今人的教育思想空间。通过对话，尤其是与历史上那些最有智慧的思想家们对话，可以锻炼我们的思维，澄明我们的思想，开阔我们的心胸，提升我们的境界。对于初学者来说，与经典作家和经典著作对话，是必不可少的一门功课。以之为题撰写博士学位论文，即使没有独知新见，那深入的对话，也能把我们引入更高的思想境界。以此为基础，毕业后再去观察事物、解决问题，就拥有了更丰厚的底蕴。这比起研究那些没有智慧含量的"新问题"（其中很多是垃圾问题）要有价值得多。有鉴于此，长期以来，我一直鼓励研究生们研究经典著作和经典问题。因此，尽管王阳明在中国哲学和教育思想史研究中一直颇受关注，我还是肯定并鼓励向辉继续研究之。

我认为，以儒家为代表的中国传统哲学是名副其实的教化哲学。作为传统哲学综合发展阶段的宋明理学，则是以本体论为基础，以心性问题为核心，以天人合一的自由境界为归宿的教化哲学，"诚敬"则是这一哲学体系的根本功夫论。程、朱、陆、王，概莫能外。

阳明学和朱子学是宋明理学的两大高峰。自明代中后期以来，阳明以其深邃的思想、卓越的事功和强大的人格魅力，鼓荡士林，穿越历史，不仅成为有明一代学术、事功的标杆，也成为近代中国思想的启明星，启迪着一代又一代学人。余波所及，至今不息，使阳明学成了中国哲学和思想的热点之一，相关论著汗牛充栋，相关研究蔚为大观。对阳明学展开教育史的探究，代不乏人。北京师范大学教育史学科的不少前辈学人曾对阳明学有过特别关注，其中，最有代表性的是邱椿先生写于1955年的《王阳明的教育思想》一文。该文从教育的本质论、目标论、方法论、儿童教育和社会教育等方面，对阳明的相关思想进行了阐发，代表了中华人民共和国前30年对王阳明教育思想进行研究的水平。20世纪80年代后期，毛礼锐先生指导的博士研究生毕诚，又在新思潮的激荡下完成了关于王阳明的教育史博士论文。如今，向辉再写王阳明，如何在先贤研究的基础上提出新问题，发现新思路，做出新论断，对他来说确实是一种考验。

光阴荏苒，向辉博士研究阳明学已十余年，创获颇夥。自确定以阳明学为研究课题以来，他纵览群籍，勤于思考，从文献出发，从笔记做起，对《王文成公全书》《阳明先生年谱》《明儒学案》等原典，《王阳明传习录详注集评》《宋明理学史》《有无之境：王阳明哲学的精神》等经典研究，皆细致研读，熟稔相关史事，更翻检了大量的阳明学论著，撰写了数万字的研究概述，并从史实和概念梳理、理论体系的重构、方法的辨析三个层面归纳当代阳明学研究的成绩及其关注要点。在理论方面，向辉的博士论文主要聚焦于敬的教化哲学和社会理论，以"修己以敬、知义敬守、敬以直内、敬德修业"构成一个敬道心筌的解释框架和阐释图像，既梳理了儒门敬义的发展脉络，也分析了阳明学的教育特质，这就抓住了阳明学作为教育史上特出思潮的基底问题。在书籍世界方面，向辉通过研究阳明学的重要著作《居夷集》《传习录》《阳明先生年谱》《阳明先生文粹》等的编辑、刊刻和阅读、传播，讨论了传统士人社会中的阳明学书籍诸层面，对阳明学作为读书人学问这一点予以重点分析；通过探究在书籍的流变过程中生活世界和思想世界的多样性特点，展现了从书籍世界了解阳明学的独特视角，为我们了解阳明学提供了线索。特别值得一提的是，他在研究过程中明确表述了阳明学研究要回应"阳明学何谓阳明学"和"阳明学何以阳明学"两大问题，并用教育史学和书籍史研究的方式给出了他的颇具独见性的回答。

2018年，经我的推荐，向辉的博士论文在花木兰文化出版社出版繁体版本；如今我愿意再次推荐他的书稿的修订版本在孔学堂书局出版。在我三十余年的从教生涯中，他并不是我的弟子中最聪明、最有天分的，但他绝对是最勤奋、最努力也最有学术兴趣者之一。不论是古典学，还是书籍史的研究，他都有自己的心得，并且发表了颇有分量的论著。至于阳明学研究方面，从他的博士论文发展而来的关于阳明教化思想和阳明学书籍世界的这两部著作，各具特点而又主旨归一。

作为指导教师和学术同道，我敬佩向辉的钻研精神，我为向辉的丰硕成果而骄傲，我期待他有更多更好的成果问世，我也期待有更多向辉那样的中国教育史研究的青年学子不断涌现。

是为序。

于述胜

癸卯年冬月初十

（作者系北京师范大学教育学部教授、博士生导师）

目录

青山清我目，流水静我耳。琴瑟在我御，经书满我几。措足践坦道，悦心有妙理。顽冥非所惩，贤达何靡靡。乾乾怀往训，敢忘惜分晷。悠哉天地内，不知老将至。

——王阳明《杂诗三首》其二

本书所关注的主题是，由历史人物和古典书籍所构成的传统中国的学术思想世界。本书以宋明性理学中的王阳明及其学派的思想、著述为个案，试图回应这样的问题：阳明何以成为阳明？阳明学何以成为阳明学？期望以"何以"问题的思考为我们理解传统学术提供一点有益的线索，并为吾人的学术生活带来一线光明与希望。

众所周知，朱熹（1130—1200）与王守仁（1472—1529）是新儒学的两大不朽高峰，他们的思想世界和历史世界值得我们一再返。以他们两人的名号命名的朱子学和阳明学，作为性理学中的两大方向，即理学和心学，共同构建了古典性理学的基本范式，是经典儒学在传统中国社会中的新发展，影响了中国社会思想的研究方法与学术理路，因此，研究中国社会思想无法避开朱子学与阳明学。"宋明理学的学术思想影响，如水银泻地，渗透无遗。哲学、历史、文学、艺术，都深受影响。哲学谈天理、良知。历史传孝义、忠烈。文学歌颂高人雅士、才子名媛。艺术塑造飞天药叉，绘制胜水佳山。"[1]进入宋明时期的中国古代学术思想世界，可以通过哲学、历史、文学、艺术等不同的学科视角来审视，也可以通过具体的学问来思考，即我们可以通过朱子和阳明的学问生涯，通过他们的书籍世界来理解历史，洞察现实，反思自我。

在阳明研究中，将阳明学视为朱子学的论敌或者对手是一种简易的处理方式。比如日本冈田武彦《王阳明与明末儒学》[2]的立论基础就是：朱子学所倡导的所谓理学（性学）是二元论的理气论和性气论；阳明学所提倡的所谓心学是一元论的心性论和理心论。这样的理解，对于回答"阳明学何以成为阳明学"来说，简单有效。简而言之，阳明学就是朱子学的对立的发展，朱子的破绽就是阳明的圆满。不过，以这种二元论的思路处理阳明的教化哲学却极为麻烦，要么将其视为朱子的延续而不予讨论；要么将其视为一种反朱子的尝试，但不得要领；要么将其视为阳明学进展中次要的部分，将其重要性予以消弭。吾人认为，这三种思路均无关宏旨，对于增进吾人的智慧意义不大，而且容易对阳明的良苦用心熟视无睹

①侯外庐等主编，张岂之修订：《宋明理学史》（修订本），西北大学出版社2018年版，第12页。
②冈田武彦：《王阳明与明末儒学》，吴光、钱明、屠承先译，重庆出版社2016年版。

或将其至为关键的思想弃如敝屣。

　　作为性理学范式转型中的关键人物，阳明将朱子视为自己学术追求的典范，并在朱子学的范式中，找寻到了新的基点，并由此建立了朱子学新的位相。这一位相的建立，意味着阳明学的成熟与性理学范式的完善。毫无疑问，阳明学建立在对朱子学的诠释上，正是在对朱子学的"敬"的诠释中阳明学才得以成立。阳明对朱子学阐释的最大贡献就在于通过敬道的方式回答了"朱子学何以成为朱子学"的问题，即以"敬"展开的朱子之心，成就了朱子学。阳明学也因此而成立。本书将此种方法称之为"敬道心筌"。

　　所谓的敬道心筌，乃是一种譬喻。我们的日常离不开比喻。庄子有"得鱼忘筌"之说。庄子谓："至人不留行焉。夫尊古而卑今，学者之流也。且以狶韦氏之流观今之世，夫孰能不波？唯至人乃能游于世而不僻，顺人而不失己。彼教不学，承意不彼。"（《庄子·外物》）学者崇古，在庄子时代即是常习，至今不衰。作为学者的朱子、阳明，在一定程度上也是崇古之道者。但他们不是庄子所谓的"学者之流"，而是有所教者。我们想要对他们的学术思想有所把握，就需要通过诚其意来承其意。当我们通过艰辛努力，有一得之见，能在我们的思想世界中构筑心学的基础时，古之道就成为我们的时代精神。这时，我们就有所思、有所得。庄子说："筌者，所以在鱼，得鱼而忘筌；蹄者，所以在兔，得兔而忘蹄；言者，所以在意，得意而忘言。吾安得夫忘言之人而与之言哉。"（《庄子·外物》）成玄英疏："夫得鱼兔本因筌蹄，而（荃）〔筌〕蹄实异鱼兔，亦由玄理假于言说，言说实非玄理。鱼兔得而筌蹄忘，玄理明而名言绝。"[1]宋明的性理之学，无论是程朱所代表的理学，还是陆王所代表的心学，对我们而言都是通过言说来表达一种玄理。这种理，不管是所谓的天理，还是物理，还是人理，都通过言说而传承至今。我们的学术研究也不得不以此言说为主要的依据，但依据并非我们研究的目的所在，我们所要把握的是其中的玄理。因此，敬道心筌也就是在以言辞、学理、论辩的方式展开探析的过程中，试图实现理之明、心之澄和教之学。

---

① 郭象注，成玄英疏：《庄子注疏》，曹础基、黄兰发点校，中华书局2011年，第493页。

第一节 关怀、同情、思虑

个人在社会中生存，关怀社会也就成了我们的日常。没有社会的关怀，我们又将何处为家呢？杨懋春认为，"社会思想是个人对其所在社会所表示的关怀。这位个人素日常思想如何可以促进邻居间及全社会中的人际关系，使社会处于和谐安定中。他更时常思想，以何办法能团结全社会力量、谋求全社会人的幸福。……总之，社会思想是个人对其所处社会的关怀、同情与思虑。其所思虑者是如何为众人兴利除害，建立个安和乐利的社会"[①]。依据这样的定义，儒学思想即是社会思想，而研究儒家思想就是要对这种关怀、同情与思虑加以重构，使之成为我们当下精神家园建设的资源。

宋明学者所思所虑值得我们珍视者颇多。1947年，胡适（1891—1962）在北京辅仁大学演讲，论及"思想是生活种种的反响"[②]，是对社会问题的解决，认为宋代以后的中国思想世界（时代）催生出理学即道学，是希望重建和恢复好的制度和思想，并以此本位的文化对抗非本位文化。在胡适看来，性理学为实现此一目标而提出了两条并行的方案，一是"敬"，二是"致知"。"敬"的方案受到了宗教，特别是佛教思想的影响，用以确立信仰；"致知"的方案则是扩展个人知识，用以增加智慧。正是这两大方案，形成了中国的本位文化。[③]胡适先生此论不乏明见。

所谓本位之文化，乃是教化教养之道，是一种以敬为本位的人文化成，故牟宗三虽然将朱子学称之为静涵静摄之存有的横摄系统，而将阳明学视为逆觉体证的纵贯系统。但他又提出了另外一个"敬"的系统，特别值得我们注意。牟子承认程朱承续了孔子的教化主张"居处恭""执事敬""与人忠"，因为"敬"是天理人欲的关键，一说"敬"就归于心。"在'敬的心'中，天理呈露，而不

---

①杨懋春：《中国社会思想史》，幼狮文化事业公司1986年版，第2页。
②胡适：《谈谈中国思想史》，《胡适文集12》，欧阳哲生编，北京大学出版社2013年版，第316页。
③胡适：《谈谈中国思想史》，《胡适文集12》，欧阳哲生编，第318页。

敬的心，则人欲炽张，是不敬的心即人欲也。敬贯动静，则一切工夫皆天理流行，一切工夫亦在汇归于天理。吾人名此系统曰敬的系统。"①朱子的敬的系统中，即性即理，而致良知系统中，是"将敬的系统中之'敬的心'上提而充其极，使之全部透露出"②。如此，则朱子、阳明均属于敬的系统，均指向人伦教化。牟氏此论敬承乃师熊十力先生之旨，熊先生说他亦是晚年方才体味到，敬的工夫看着平常无奇，实际却大有深意，因为"工夫到手时，便主宰常在，动静合一，吾衰年乃深味乎此。《论语》从来无善注，朱子固切实，吾嫌其迂滞，难达圣意。其他可勿论"③。熊十力从他的人生体验中，对"敬"作出诠释，不过他认为朱子虽然切实，但仍有滞碍处，这里所说的是章句式的朱子之学，而非王阳明所重建的朱子学。

所谓中国的本位文化就是一种人文思想或者儒家思想。在社会思想家潘光旦先生看来，儒家思想和人文思想是互通的概念。从社会思想的角度来看，儒家思想的骨干包括以下四个面向及基本的观念：其一是对人以外的各种本体采取经和权的态度，其二是对同时存在的他人用"伦"加以疏通，其三是对自我以"节"的原则加以分寸，其四是对过往和未来的人以"继往开来"观念来完整之。潘光旦先生认为，这四个方面在儒家哲学中是打成一片的，因为这四个部分中最核心的理念或者说其后的支撑原则是分寸的原则或者节制的原则。所以儒者平日对人接物的态度要居敬。④居敬和戒惧，潘光旦先生称之为"敬戒论"，他将"敬戒论"视为是对己身的一种原则，并提出《易经》即为敬戒而作，而孔门的社会哲学特以"敬戒论"为重心，即强调"居敬而行简"（《论语·雍也》）和"苟日新，日日新，又日新"（《大学》）。⑤吾人以为，潘先生的这些

①牟宗三：《王阳明的致良知教》，《牟宗三先生全集8》，联经出版事业有限公司2003年版，第14页。
②牟宗三：《王阳明的致良知教》，《牟宗三先生全集8》，第14页。
③熊十力：《新唯识论》，上海书店出版社2008年版，第259页。
④参见潘光旦：《中国人文思想的骨干》，《儒家的社会思想》，北京大学出版社2010年版，第214—223页。
⑤在《儒家的社会思想（讲授提纲）》中，潘先生还试图从敬戒与个人生活、敬戒与家庭、敬戒与礼教政治以及敬戒论的心理原则等方面分析敬戒论作为儒家社会思想的基本原则问题。（潘光旦：《儒家的社会思想》，第76—79页）

论点虽然是20世纪40年代在其开设的《儒家的社会思想》课程中所提出的，甚至并没有形成一部完整的儒家社会思想的著述，但其现实的启发意义则至今未变。

诚如牟宗三所述，在中国传统士大夫的哲学里，圣哲意味着明智加以德性化和人格化，其所重在理想的实践，这种实践关联着人、事、天三个方面，这种理想的实践之成功，"取决于主体对外界人、事、天三方面关系的合理与调和；而要达到合理与调和，必须从自己的内省修德作起，即是先要培养德性的主体"①。从王阳明的教化哲学研究来看，我们更有必要重返潘光旦先生的教诲。因为，既有的研究多集中于道德伦理的解说和哲学本体论的建构，在教育哲学中则通过教育的本质论、目的论、方法论和社会教育、儿童教育等向度的梳理，建立其与朱子理学所不同的心学的教育哲学形态。这种研究取向为王阳明哲学的当代性呈现提供了具体的路径，无论是境界的区分、良知二重性的解说，还是知行合一的诠释，最终目标在于为现实的教育提供历史的哲学智慧。显然，这样的论述模式存在着一定的风险，即可能将历史仅仅视为一种文本的诠释历史，而非精神的智慧之学，从而使王阳明的教化哲学成为一种批判继承的客观对象和知识体系建构的累积物，这样就或多或少地失去了历史的现实性和现实的历史性。

所谓历史的现实性，是指历史乃当代史，人类社会的发展离不开对历史经验的合理转化和理性建构。在此，历史就不仅仅是一种存留在博物馆或者书本之上的知识考察对象，而是一种值得我们反复进入的智慧境域。如果吾人不能以时代精神反观历史，则历史不再成为我们的祖先所留下的精神遗产，而成为一种外在于人的自然遗产。

所谓现实的历史性，是指现实乃历史的延续，人类精神的进步离不开现实世界的展开和历史意义的追寻。在此，现实就不仅仅是一种当下情境的面对或者时代境域的考量，而是一种沿着历史的情节不断展开的人类精神世界的画卷。如果吾人不能以历史的眼光洞察当下，则现实不再具有未来的指向，而仅仅成为一种现实的技术

---

① 牟宗三撰，罗义俊编：《中国哲学的特质》，上海古籍出版社2008年版，第9页。

的应对，则现实将失去其历史的意义和生命的价值。

思想家试图进入历史，以历史的智慧之学，为现实的生活带来启迪。在此，教育的哲学就成为一种从当下出发的历史洞察。这种洞察，不是以一种哲学的框架来切割历史情节使之成为我们所需要的历史材料，不是以一种教育的方法来分解生活世界使之成为教学所需要的工具。对于我们的生活而言，了解、研究、体察历史，一方面需要有现实的理论思考，另一方面需要有历史的智慧思维。所谓现实的理论思考就是我们所研究的问题，必然是现实性的，离开现实的困境替古人思考，那是历史学家的问题，而不是教育史家的问题；所谓历史的智慧思维就是我们所面对的问题，必然在古人那里有所表达，太阳底下无甚新鲜事，离开历史的洞察，打造全新的世界，那是新闻工作者的课题，而不是教育哲学家的课题。

在此意义上，我们研究王阳明的教化哲学，是为了丰富吾人的智慧，将阳明的哲学思考转化为现实的考量，进而将儒学的成德尽性之学融贯于生活之中，成为吾人立身安命的精神支柱和价值立场。

问题是，如何用现实的眼光理解作为历史存在的王阳明的教化哲学？学者以"心即理""知行合一""万物一体""致良知"诸语汇揭示它的宗旨或者主张。然而，阳明学何以成为阳明学？如何理解作为精神概念的良知？王阳明学说中内含着什么样的人文价值？它在何种程度上继承和深化了儒学？用儒学的核心范畴如何理解王阳明的教化思想？作为一种生活的智慧，王阳明教化哲学在何种面向上值得我们以之为典范？它与我们的生活世界有何关系？

对此问题，学者进行了诸多尝试，并给予我们很多启示。在现代哲学视野中，性理学或者从形式的意义上被研究，或者从内容的意义上被研究。从内容的意义研究，或可称之为宋明理学；从形式的意义研究，或可称之为新儒学。前者以钱穆（1895—1990）《宋明理学概述》[①]、

①钱穆：《宋明理学概述》（新校本），九州出版社2011年版。台湾出版情况为：1953年中华文化出版事业社首版；1977年台湾学生书局版，1984年再版；其后收入1998年联经版《钱宾四先生全集》。该书所涉及内容始自宋学兴起，下迄晚明遗老，分五十六目，将六百余年间理学发展衍变轨迹作简明扼要叙述。

侯外庐（1903—1987）等著《宋明理学史》①为经典。后者则以冯友兰（1895—1990）《中国哲学史》、陈荣捷（1901—1994）《中国哲学文献选编》②、张君劢（1887—1969）《新儒家思想史》③和牟宗三（1909—1995）《心体与性体》《从陆象山到刘蕺山》④为经典。后者更为重视新儒学的教育的创新，并将儒学教育的目的归结为"在人民之间造成良善的道德风气"⑤或"成德之教"⑥。这些典范式的论述为我们理解性理学提供了不同的思考进路。无论新儒学或宋明理学，均是以哲学体系对性理学进行重构式研究为概念。

　　学问的形式要素和内容要素共同构成了知识论意义上的学问，所谓形式要素即学问之概念，所谓内容要素即学问之实质。形式与内容本不可分，设使缺失其中任何一个要素，都将无法展现这门学

---

① 侯外庐、邱汉生、张岂之主编的《宋明理学史》上卷于1984年由人民出版社出版，下卷1987年出版，上下卷合并1997年第2版，至2005年2版2印。2018年，《宋明理学史》修订本（三册）由西北大学出版社出版。此书乃集体研究成果，系统梳理了从北宋建国至明末清初近八百年间以"性与天道"为中心内容、吸取佛教和道教思想而以儒学为主的理学思潮，这一中国思想史上的浊流（上册，21页）。值得注意的是，于2016年1月出版的张岂之主编《侯外庐著作与思想研究》（33卷，长春出版社）几乎收录了侯外庐的全部著作，但并不包括《宋明理学史》。方光华、袁志伟在《侯外庐的宋明理学史研究》（《国际阳明学研究》，2013年第3辑）中说："这（《宋明理学史》）是迄今为止论述宋明理学思想最为全面的一部学术著作。"
② 陈荣捷著 A Source Book in Chinese Philosophy（普林斯顿大学，1963）译为《中国哲学诸源》，或《中国哲学资料书》，中译本译为《中国哲学文献选编》（江苏教育出版社2006年版）。此书在英语世界影响颇巨，虽为资料选编，然有概要介绍、注释、编者述评，实为陈氏之哲学著述。此书第27—36章，自韩愈与李翱的儒学复兴至王夫之唯物主义，对宋明儒者的新儒学进行论述。陈氏认为新儒学以人为中心，其三大基本论题为性、理、命，而根本教义为理一分殊。
③ 张君劢《新儒家思想史》原著为英文，上册1957年出版，下册1963年出版。中译本台北弘文馆出版社1986年初版，大陆简体字较为完整版则为：河北教育出版社1996年出版之刘梦溪主编《中国现代学术经典·张君劢卷》和中国人民大学出版社2006年出版之《张君劢儒学著作集》之《新儒家思想史》。张氏反对将儒家思想视为博物馆的死物并用自然科学方法加以研究的倾向，他认为儒家思想仍是活着的传统，"新儒学时期表示中国人对自己文化传统的觉醒"。这种觉醒是基于儒家观念和用语的新哲学，即"理学"或"性理学"，它是一套包括宇宙论、伦理学和知识论的体系，正是基于对理和人性的基本研究和认识，新儒学创造出一套新的教育方法，即重新复苏的社会责任感、地方自治的乡社（乡约或者里甲）以及改进的政事，新儒学除了理论的建构之外，还奠定了中国人自宋代开始的生活方式，即道统、圣学、经典、书院和为政及行政设施。
④ 牟宗三《心体与性体》《从陆象山到刘蕺山》影响颇巨，其中《心体与性体》台北中正书局1968—1969年初版，《从陆象山到刘蕺山》台湾学生书局1979年初版，台北联经出版事业股份有限公司2003年《牟宗三先生全集》本。大陆则有上海古籍出版社1999年版，吉林出版集团责任有限公司2013年、2016年《牟宗三文集》版。牟氏认为，宋明儒的主要课题是以《论语》《孟子》《中庸》《易传》《大学》为基础开出成德之教，即绝对圆满之教，有其独特的生命智慧，"豁醒先秦儒家之成德之教，说明吾人之自觉的道德实践所以可能之超越的根据"。
⑤ 张君劢：《新儒家思想史》，中国人民大学出版社2006年版，第43页。
⑥ 牟宗三：《心体与性体（一）》，《牟宗三先生全集5》，第40页。

问的样态。[①] 王阳明的教化哲学，渊源于性理学，亦成就于性理学。故而从教育哲学史的生发历程来看，回到性理学的历史脉络之中，借鉴前述典范式研究的取径，以问题为导向，以方法为指引，结合内容与形式，将有助于我们理解和把握包括王阳明教化哲学在内的传统教育思想。

在教育哲学，教育是一种指向人的教化的过程。它尽心或致良知的过程，是教人培养道心或执行良知的命令，以保持和谐的伦常关系之过程，这便是教育的本质。[②] 也就是说，教化和良知乃是儒学教育的基本主张。教化和良知均面向人的生生之道，即直面人生，述之以道而问之以学，是对主体性的发现和行动逻辑的探寻，[③] 从教育史来看，它也必然指向现代教育哲学所涉及的教育本质论、价值论、目的论、知识论、道德论等核心问题[④]。阳明后学周汝登曾在一书信[⑤]中表达过类似的意思，所谓作为人的日用常行的儒者之道毫无奇特处，其关键点在于根据人的处境而行，学生好好学，农民好好耕作，和尚好好念经，为政好好出政绩，各自依据他的职业、地位和角色做好事情，各自安顿好内心世界，道也就自然呈现于其中。而理学殿军刘宗周则认为学、论学乃是孔门之旨，说："自良知之说倡，而人皆知此心此理之可贵，约言之曰：'天下无心外之理。'举数千年以来晦昧之本心一朝而恢复之，可谓取日虞渊，洗光咸池。"[⑥]性理学之核心问题即在于道、理、心，而一门学说是否成为性理学的一部分的关键，也就在于它是否对此作出了有效的诠释。

故而，吾人今日研究王阳明教化哲学必有这样的问题意识：阳明学何以成为阳明学？换句话说，用儒学的基本范畴如何理解王阳

---

① 姜琦：《教育哲学》，群众图书公司1933年版，第1页。

② 邱椿：《王阳明的教育思想》，《北京师范大学学报》1957年第1期。

③ 于述胜：《中国现代教育学术史论》，中国社会科学出版社2012年版。

④ "（教育哲学）大致不外两大类：一类是以讲教育哲学流派为主，在讲流派中兼讲教育中的主要问题；另一类是以讲教育问题为主，在讲每个问题时兼述各个流派的主张。"（黄济：《教育哲学通论》，山西教育出版社1998年版，第324页）

⑤ "道本无奇，功惟见在。为士子则习举业，为农夫则事耕田，为比丘则诵经课，为宰官则修政绩。各素其位，各安其心，而道存乎其间矣。"周汝登：《周海门先生文录》卷十，《周汝登集》，张梦新、张卫中点校，浙江古籍出版社2015年版，第265页。

⑥ 刘宗周：《原学》，吴光主编：《刘宗周全集》（第3册），何俊点校，吴光、钟彩钧审校，浙江古籍出版社2012年版，第256页。

明教化思想的核心精神？在社会思想中，它内在的真理性的价值何在？当王阳明的思想主张日渐成为一种历史知识的时候，知行合一、致良知甚至成为老生常谈。之所以变成老生常谈，是因为他们包含了一个重大真理。对于我们来说，重要的问题在于试图在此老生常谈中找出破解当下谜题的密码，增一分敬意，多一分智慧，恢复本心，安顿此心，致其良知。

第二节　"敬"的问题意识

"欲明道而谕教，惟以敬者为忠必服之。"[1]成人之道和成德之教是儒学教育哲学的核心问题，也是王阳明的教育哲学的关键性课题。儒家的内圣外王之道，实际上就是成德之教，成德的最高目标就是仁，即在个人有限的生命中取得一个无限而圆满的价值，成人之教即是自觉地作道德实践，本于本心本性以彻底清澈自己的生命，即由践仁知天、修己以敬而至修身以俟，宋明儒者所弘扬的，便是这个成人之教、成德之教。[2]阳明的教化哲学，也正是在此意义上将性理学的"敬"的意涵提升到方法论的理论高度。

阳明学何以成为阳明学？这是我们阅读、思考、体悟并践行阳明学时不可避免的理论自觉。

理论自觉需要问题意识。问题意识分为本具的问题和呈现的问题。在性理学中本具的问题是在其自身的历史发展过程中所本来具有的课题，而呈现的问题则有赖于作者的不断追问，以一种"洞若观火"式的思考深入到历史文本之中，以今人之眼光、时间之纬度，所作之理论洞察。两者之间的历史与现实的张力在问题意识中得到"视界融合"[3]。经典之所以为经典，乃因其为道之诠释者，然经义有隐微、显明之分殊。吾人于经义之诠释非经一番考索则不可得其真义，且经义若与吾人生活毫无关涉，则束书不观可矣。阳明说："圣人述《六经》，只是要正人心，只是要存天理、去人欲，于存天理、去人欲之事，则尝言之；或因人请问，各随分量而说，亦不肯多道，恐人专求之言语，故曰'予欲无言'。"[4]阳明著述相较其他大儒而言，其数量匪巨，或与此有关。然时至今日，阳明学若干著述和理念已成为经典之范式，纾解其义的著述更是汗牛充

①贾谊：《修政语上》，《新书校注》卷九，阎振益、钟夏校注，中华书局2000年版，第361页。
②参见蔡仁厚：《王阳明哲学》，九州出版社2012年版，第48—49页。
③蒙培元：《序言》，任义利：《心学的形上学问题探本》，中州古籍出版社2005年版，第1页。
④王阳明：《传习录上》，《王阳明全集》（新编本）卷一，吴光等编校，浙江古籍出版社2010年版，第9—10页。

栋①，阳明学研究蔚为大观，学人各抒己见，成一家之说。然诚如刘宗周所说："总之诸儒之学，行到水穷山尽，同归一路，自有不言而契之妙。而但恐《中庸》之教不明。……纷纷决裂，几于无所适从，而圣学遂为绝德。故虽以朱子之精微，而层折且费辛勤；以文成之易简，而辨难不遗余力，况后之学圣人者乎？"②今日重读阳明之学，则应以问题脉络为线索，以身心体悟为根本，细致辨析，心存崇敬之温情，或有心得焉。

以"敬"为中心展开的王阳明教化哲学研究有如下之理论的考量：

第一，它指的是王阳明哲学特征和学理与教育诠释方式，这里需要注意的一点是，它不是阳明学的发展历史诠释史，也不是"明代教育思想史"全景式的"思想—制度"分析，更不是王阳明哲学思想体系的完整表达，它无意诠释本研究涉及的明代中晚期，即早期现代以来中国儒学的全部观念的具体表述。

第二，王阳明的教化哲学以"敬"为起点和终点，指向儒者之道和心。本论所述之"道""心"，有其选择性和具体的限定，即有所铨衡。早期现代中国的身心意识中独特的诠释模式，导致了阳明学的出现和士民社会对于该学派的参与，并构成了近五百年中国思想史的核心问题之一，可以此作为了悟王阳明及其同志、后学及与之交锋者的思想武库。③这一身心问题在王阳明的时代成为至关紧要的问题，并且此后五百年里仍然是一无法避开的教化问题。王阳明对该问题的洞见在某种意义上已经成为我们今天理解历史的关

---

①百年来，阳明学研究著述颇多，相关论著目录详见：张新民：《阳明精粹·名家今论》，孔学堂书局2014年版，俞樟华：《王学编年》，吉林大学出版社2010年版。

②刘宗周：《圣学宗要》，吴光主编：《刘宗周全集》（第3册），何俊点校，吴光、钟彩钧审校，第230—231页。

③萧公权认为，"阳明之政治哲学亦以仁心为本，而参往《大学》之明德亲民，其说似出心裁，实亦有所承袭。……阳明之论治术……盖远袭前人遗意，近依洪武故事，变通改进而成者。……阳明论政，大略以《孟子》《礼运》为蓝本。虽足针砭专制，究非真出新创。至其论学，则一扫乡愿之习，直欲与西汉以来之儒家正统思想挑战"（萧公权：《中国政治思想史》，新星出版社2005年版，第370—372页）。劳思光先生认为，"论阳明之论说，首先须掌握'心性论'与'天道观'及'本性论'之殊异，此种殊异，就儒学史内部言，代表三派儒学思想，就哲学问题本身而论，亦属三种不同之理论形态，学者对此种分划若无明确严格之了解，则对阳明学说之特色及其在儒学史中之地位必不能确知。已往中外学人对阳明学之种种误解，皆由于对此种源流问题及理论形态问题把握不定而起。（劳思光：《新编中国哲学史（三）》，生活·读书·新知三联书店2015年版，第302页）

键，因此具有历史的真实和现实的真实的二重真实性，虽然这一问题颇为简化或者仅仅是从儒学诸范畴中挑出的一个侧面，但毫无疑问的是，王阳明关于"道""心"问题的充盈敬意的诠释性洞见，是值得我们一再返回且反思的教育理论课题。

第三，"敬"表示问题本身，即它是人因应社会（万物）时所作出的一种带有强烈个人化的精神诉求与行动指南，从这里可以看到思想家是如何将安身立命、万物一体、知行合一等命题转化为致良知的心学之旅。面对历史和现实的多种张力，如何自处、自理、自立，如何达成自我的完善（"使天下之人皆知自致其良知，以相安相养"①），如何达成社会的和谐（"天下可得而治……以济于大同"②），以及明确如何将儒者圣贤之道以符合时代语境的用力得力之基点或方法自我实现并得以阐发。作为性理学大师，王阳明所思考的问题以及其思考问题的模式，一再激励后人与之辩难，或受其启示。圣贤之所以鼓舞人心，并非其所使用的语言与我们一致，而是因为其所精通的语言乃是我们熟知的却未曾把握的精蕴，他们给予我们的震惊就在于某种令人愉悦的细微之处，这正是我们所忽略的或者是不经意的；这种震惊让我们得以重新思考，并重新认知到一种对于语言完美之处的把握，由此圣贤令我们所敬畏、所敬仰。当徐爱与阳明接触，聆听其论道时，首先感到的就是这种讶异与冲击："予始学于先生，惟循迹而行，久而大疑且骇，然不敢遽非，必反而思之。思之稍通，复验之身心，既乃恍若有见，已而大悟，不知手之舞、足之蹈，曰：此道体也，此心也，此学也。"③

第四，以"敬"为中心意味着回归性理学的整体性，即不再以宋明理学中的派系划分为论说依据，而是以性理学中的敬意为核心探究性理之道。所谓性理学的系谱意味着对传统的宋代以来的理学家进行整体性了解。朱子和阳明作为性理学的双子星，各具风景，耀眼夺目，但是我们需要注意到在教化这一根本问题上，二者的一致性和延续性。正如蒙培元《理学范畴系统》所说："王阳明和朱

---

① 王阳明：《传习录中》，《王阳明全集》（新编本）卷二，吴光等编校，第88页。
② 王阳明：《传习录中》，《王阳明全集》（新编本）卷二，吴光等编校，第87—88页。
③ 黄宗羲：《浙中王门学案一》卷十一，《明儒学案》（修订本），沈芝盈点校，中华书局2008年版，第222页。

熹，作为心学派和理学派的代表人物，在敬与静的问题上，并无重要分歧，他们都很强调居敬功夫。所谓理学派'主敬'，心学派'主静'的说法，并无充分的事实根据。因为他们都讲道德自律，都很重视自我修养。王阳明提倡本体功夫合一之学，朱熹则强调本体功夫同时用功。但一切功夫都是为了实现自我体证、自我超越。其具体运用又有两方面，一是直接体验，即所谓自做主宰；一是通过在事上省察、磨炼，达到本体的体证。"①教化人伦是性理学的第一要务，因此，我们判断是否为真的性理学者，端看其学说是否在此着力，空谈心性、性理之学者可毋论也。从道德与修养的角度来看，性理学家所追求的仍是孔夫子"修己以敬"的理想，并力图将这一理想落实在自己的生活之中，唯有从此生活出发，方能实现道德和人伦秩序的重建。虽然所处时代有着较大差异性，人作为人的基本属性却有着较强烈的稳定性，正是有了这种稳定性，性理学家所探究的义理学术和实践路径才具有时代意义，这也是吾人今日研究性理学的意义所在。

最后，以"敬"为中心意味着，学者对王阳明哲学的理解和诠释即便出现各种纷繁复杂的论说，甚至是对立的或者是互为矛盾的铨解，其根源处仍不离阳明学之范式，即问题的答案并不能推翻问题本身。作为身心（肉体与精神）的存在，人将不得不一再重返自身，不得不一再重返经典，并在此过程中提升自我精神之高度与深度。作为回应王阳明教化哲学所提出问题的各种后学学说，并不能替代或者掩盖王阳明教化哲学的智慧之光，反倒是在不断累积其智识的多元诠释的可能性。在此意义上，阳明以其优入圣域之心，对经典儒学之道、人生意义之道乃至成人教化之道均作出了极为经典性的诠释，而阳明后学则使之成为思想史上无法超越的高峰。吾人心怀敬畏，游于此境，放眼四海，身体力行，朝夕思之，寤寐求之，或得一孔之见，亦可矣。

---

①蒙培元：《理学范畴系统》，人民出版社1989年版，第413页。

第三节 "敬"的基本洞察

"敬"的教化哲学表达在宋明儒者即"涵养须用敬，进学则在致知"[1]"主一之谓敬"[2]的主敬论说。"敬"被视为是贯串儒者成圣之学始终的精神、行为、理论。吾人认为，王阳明所揭示的"敬"乃是其中一条可以选择的路径。这一路径的选择，并不意味着排斥历代学者对于王阳明研究的丰硕成果，相反，这些成果为我们的研究提供了丰富且深刻的洞察，是我们研究得以展开的基点。

立足于前贤的睿见，吾人对于王阳明的教化哲学研究，始于"敬"的思考。钱穆指出，王阳明的"知行合一"就是宋代学者所传承的"敬"字；[3]岛田虔次说："像（王阳明）这样一心一意敬慕圣人的热诚，难以认为不具有产生什么的力量。真正唤起新学问、新思想的，与其说单是精致的学说，毋宁说是全心全意的热情。"[4]

---

[1]程颢、程颐：《河南程氏遗书》卷第十八，《二程集》，王孝鱼点校，中华书局1981年版，第188页。《二程集》中关于"敬"的论述极为丰富，二程已将"敬"字作为孔门学说的根本性理念，如："入道莫如敬，未有能致知而不在敬者。今人主心不定，视心如寇贼而不可制，不是事累心，乃是心累事。当知天下无一物是合少得者，不可恶也。"（第66页）"圣人修己以敬，以安百姓，笃恭而天下平。惟上下一于恭敬，则天地自位，万物自育，气无不和，四灵何有不至。此体信达顺之道，聪明睿智皆由是出。"（第81页）"学者莫若且先理会得敬，能敬则自知此矣。"（第202页）"敬为学之大要。"（第1184页）关于二程哲学的研究，参见葛瑞汉：《中国的两位哲学家：二程兄弟的新儒学》，程德祥等译，大象出版社2004年版。葛瑞汉指出，程颐的哲学中，"心的本初的统一体（the original unity）称为诚（Integrity）；而这种状态在活动中得以保持的过程称为敬（Composure）"（第119页）。卢连章认为，二程伦理思想的方法论是"敬诚为本的修养观"，而认识论上"程颢是'以诚敬存之'，程颐是'格物致知'。一个主张'内省'，一个主张'外求'，其目的都是要认识'天理'，达到'仁'的境界"（卢连章：《程颢程颐评传》，南京大学出版社2001年版，第124—125页）。
[2]胡广等纂修：《论语集注大全》卷一，《四书大全校注》（上），周群、王玉琴校注，武汉大学出版社2015年版，第333页。
[3]钱穆说："'心要在腔子里'这句话宋儒用来释'敬'。……敬是一种心理的态度，或说是活动。……若从正面说，则是循理，是敬。人心有所系便是私，能循理便是公。照此说来，敬字工夫，也不过要我们'去人欲，存天理'，泯化小我，还归大我，达到变化气质的理想。""阳明所谓的'知行合一'，岂不即是北宋传下来的一个'敬'字？阳明所谓的'致良知'，岂不是北宋传下来的一个'义'字？但北宋以来所谓的'敬、义夹持'，本来分成两橛；此刻到阳明手里，便浑化为一了。"（钱穆：《阳明学述要》，九州出版社2015年版，第14—16、64页）
[4]岛田虔次：《朱子学与阳明学》，蒋国保译，陕西师范大学出版社1986年版，第79页。

冈田武彦指出，无论是朱子学还是阳明学，都注重"敬"字；①牟宗三认为，致良知的致字即是警觉之意②，所谓警觉实际上就是一种"敬"的精神。在此，"敬"是一个饱含精神追求的概念。它指向历史的发展、时代的情境和人伦的教化。它在原始儒家经典中被作为人伦教化的关键性话语，以"修己以敬"③为中心展开，由知义敬守④、敬以直内⑤、敬德修业⑥等构成了儒家教化哲学的逻辑架构。此即王阳明所谓的"圣学之要，以敬为先"，吾人从王阳明的教化哲学中所要体贴的智慧之学则是"敬之一字，亲切要妙如此"。

"敬"是一个精神概念，也是实践概念，它是孔门的一贯宗旨。或以为"敬"乃朱子学宗旨，在当代朱子学研究之典范式著作中，如钱穆《朱子新学案》⑦、陈来《朱子哲学研究》⑧、刘述先《朱子哲学思想的发展与完成》⑨、陈荣捷《朱子学新探索》⑩、余英时《朱熹的历史世界》⑪、田浩《朱熹的思维世界》⑫、张立文《宋明理学研究》⑬等均未以"敬"为朱子学的最关键的观念，这或与朱子思想体系的复杂性有关。钱穆《朱子学提纲》三十二目第十六目

---

① 冈田氏特注重把握阳明学的精神实质，并以之为求得内心的自得和体悟的借镜。冈田氏首先敏锐地观察到："朱陆异同论者都重视敬。"（冈田武彦：《王阳明与明末儒学》，吴光等译，重庆出版社2016年版，第28页）

② 牟宗三：《从陆象山到刘蕺山》，吉林出版集团有限责任公司2010年版，第146页。

③ "子路问君子。子曰：'修己以敬。'曰：'如斯而已乎？'曰：'修己以安人。'曰：'如斯而已乎？'曰：'修己以安百姓。修己以安百姓，尧、舜其犹病诸！'"（《论语·宪问》）

④ "礼之所尊，尊其义也。失其义，陈其数，祝、史之事也。故其数可陈也，其义难知也。知其义而敬守之，天子之所以治天下也。"（《礼记·郊特牲》）

⑤ "'直'其正也，'方'其义也。君子敬以直内，义以方外。敬义立而德不孤。'直、方、大，不习无不利'，则不疑其所行也。"（《周易·坤》）

⑥ "僖公三十三年。狄伐晋，及箕。八月戊子，晋侯败狄于箕。郤缺获白狄子。先轸曰：'匹夫逞志于君，而无讨，敢不自讨乎？'免胄入狄师，死焉。狄人归其元，面如生。初，臼季使，过冀，见冀缺耨，其妻馌之。敬，相待如宾。与之归，言诸文公曰：'敬，德之聚也。能敬必有德，德以治民，君请用之。臣闻之：出门如宾，承事如祭，仁之则也。'"（《左传·僖公三十三年》）"（乾）九三曰'君子终日乾乾，夕惕若厉，无咎'，何谓也？子曰：'君子进德修业。忠信，所以进德也；修辞立其诚，所以居业也。知至至之，可与几也。知终终之，可与存义也。是故居上位而不骄，在下位而不忧。故乾乾因其时而惕，虽危无咎矣。'"（《周易·乾》）

⑦ 钱穆：《朱子新学案（1—5）》，《钱宾四先生全集（11—15）》，联经出版事业公司1998年版。

⑧ 陈来：《朱子哲学研究》，华东师范大学出版社2000年版。

⑨ 刘述先：《朱子哲学思想的发展与完成》，吉林出版集团有限责任公司2014年版。

⑩ 陈荣捷：《朱子新探索》，华东师范大学出版社2007年版。

⑪ 余英时：《朱熹的历史世界：宋代士大夫政治文化的研究》，生活·读书·新知三联书店2011年版。

⑫ 田浩：《朱熹的思维世界》，江苏人民出版社2011年版。

⑬ 张立文：《宋明理学研究》（增订本），中国人民大学出版社2016年版。

为"朱子论敬"，之前讨论的是理气论、心性论、宇宙论、圣人观等等。钱穆认为理学家对于本体论无异词，而对修养论、工夫论则争议较大，其中"朱子论敬"直承二程传统，但他并不认为朱子学工夫即是敬，因为工夫"不能单靠一边，只恃一敬字"①，则敬在朱子学不为宗旨可见其一斑。陈荣捷在《中国哲学文献选编》中提出，朱子的最大成就莫过于他对仁的诠释，"仁者，心之德，爱之理"一语臻其极致。②李相显《朱子哲学》一书分论道、理气、性理、伦理与政治、工夫，其中工夫部分分论敬与格物，并认为朱子在《程氏遗书后序》中说，主敬与穷理为学之大要，若能主敬以立其本，穷理以进其知，则本立而知益明，知精而本益固，故敬与格物相辅而行。③可见，在当代朱子学研究者那里，"敬"是朱子学的工夫论、修养论。

实际上，朱子一生勤苦，其成就关键就在一个"敬"字。朱子曾对门人说："'敬'字工夫之妙，圣学所以成始成终者，皆由此，故曰：'修己以敬。'"④所谓圣学，就是儒者之学。朱子将此字提到了极其关键的地位，怎么强调都不为过。朱子上承二程子关于性理学的基本主张："自秦以来，无人识'敬'字，至程子方说得亲切。曰'主一之谓敬，无适之谓一'，故此合而言之，身在是，则心在是，而无一息之离，其事在是，则其心在是，而无一念之杂。"⑤朱子曾说："伊川又言：'涵养须是用敬，进学则在致知。'又言：'入道莫如敬，未有致知而不在敬者。'考之圣贤之言，如此类者亦众。是知圣门之学别无要妙，彻头彻尾只是个'敬'字而已。又承苦于妄念而有意于释氏之学，此正是元不曾实下持敬工夫之故。若能持敬以穷理，则天理自明，人欲自消，而彼邪妄将不攻自破矣。至于'鸢飞鱼跃'之间，则非他人言语之所能与，亦请只于此用力，自当见得。"⑥朱子此类话语很多，钱穆《朱子新学案》一书中用了很

① 钱穆：《朱子学提纲》，生活·读书·新知三联书店2014年版，第110页。
② 陈荣捷：《中国哲学文献选编》，杨儒宾等译，江苏教育出版社2006年版，第500页。
③ 李相显：《朱子哲学》，世界科学社1947年版，第597页。
④ 朱熹：《朱子语类》卷十二，《朱子全书》（修订本，第14册），朱杰人、严佐之、刘永翔主编，上海古籍出版社、安徽教育出版社2010年版，第368页。
⑤ 胡广等纂修：《论语集注大全》卷一，《四书大全校注》（上），周群、王玉琴校注，第333页。
⑥ 朱熹：《晦庵先生朱文公文集》卷四十一，《朱子全书》（修订本，第22册），朱杰人、严佐之、刘永翔主编，第1873页。

大的篇幅摘引了朱子论"敬"的话语①，在此不赘。朱子著述过于丰富，而朱子学在明代以来亦极为繁荣，特别是科举讲章，将朱子之心湮没在无尽的讲说之中，无法凸显其"敬"的方法论意义。

将朱子学的方法论归结为"敬"字，似为阳明《朱子晚年定论》的创举②，王阳明的教化哲学本身就内涵着"敬"的宗旨。

第一，阳明明确地提出了"圣学之要，以敬为先"的主张，直接表明了他的教化哲学立足于"敬"。阳明说："大抵《九经》之序，以身为本。而圣学之要，以敬为先，能修身以敬，则笃恭而天下平矣，是盖尧、舜之道。夫子举之以告哀公，正欲以兴唐、虞之治于春秋。而子思以继大舜、文武、周公之后者，亦以明其所传之一致耳。后世有能举而行之，则二帝、三王之治，岂外是哉！斯固子思之意也。"③显然，在阳明看来，修身为本的儒者学说，立足点就是"敬"。由"敬"出发，既可以实现修身的人生，又可以完成治世的理想。

第二，阳明曾著《孝经大义》④一书，见诸《明史·艺文一》，此应非史传作者记录错误。清人朱彝尊《经义考》即已著录："王氏守仁《孝经大义》一卷，未见。"⑤此书失传已久，未为学者所知。众所周知，《孝经》一书所述即是"敬"字，阳明疏解其大义，则不可能脱离此而论。

第三，阳明及其父王华均以《礼记》进士及第。王华本人在当时学者中，为治《礼记》的大家。⑥而《礼记》的核心问题就是"敬"

---

① 参见钱穆：《朱子新学案（二）》，《钱宾四先生全集（12）》，第429—473页。

② 元明以来，学者对朱子的诠释已开始注重"敬"的方法论，如明初吴与弼曾说："枕上思《晦庵文集》及《中庸》，皆反诸身心性情，颇有意味。昨日欲书戒谕云：'温厚和平之气，有以胜夫暴戾逼窄之心，则吾学庶几少有进耳。'今日续之云：'欲进乎此，舍持敬穷理之功，则吾不知其方矣。'盖日来甚觉此二节工夫之切，于而《文集》中玩此话头，益有意味也。"［黄宗羲：《崇仁学案一》，《明儒学案》（修订本）卷一，沈芝盈点校，第24页］元代学者如吴澄对于朱子的敬论也有较为细致的讨论，不过其尚未将朱子学的方法论归结为敬字。参见方旭东：《尊德性与道问学：吴澄哲学思想研究》，广西师范大学出版社2015年版；陈来等：《中国儒学史（宋元卷）》，北京大学出版社2011年版。

③ 王阳明：《四书》，《王阳明全集》（新编本）卷二十二，吴光等编校，第881—882页。

④ 张廷玉等：《艺文一》，《明史》卷九十六，中华书局2011年版，第2367页。

⑤ 朱彝尊：《孝经七》，《经义考新校》卷二百二十八，林庆彰等主编，上海古籍出版社2010年版，第4128页。

⑥ 参见鹤成久章：《明代余姚的礼记学与王守仁：关于阳明学成立的一个背景》，吴震、吾妻重二主编：《思想与文献：日本学者宋明儒学研究》，华东师范大学出版社2010年版，第356—359页。

及如何"敬"的问题。阳明思考学术问题时以"敬"为出发点并非不可想象。

第四，阳明《朱子晚年定论》至今仍在，此书的核心主张就是"敬"。本书第二章将就此展开细致讨论。

第五，阳明有所谓出入佛老的事迹，他之所以最终未曾归于二氏，即在他明确表示过的唯有亲在不能离之的儒者思想，则其以"敬"为儒学信仰的核心，应无疑问。

第六，阳明讲学中，论立志、论诚意、论省察、论去人欲存天理、论克己、论慎、论知行合一等，无不是对"敬"的心的诠释。

第七，阳明在提出良知之后，又加上一个致字，使之完整并引以为教义，无非也是由"敬"道的扩展升华。"敬→良知→致良知→敬"构成了一个方法论的循环，都指向了尽性成德的教化智慧。

由此，吾人可以确信王阳明教化哲学的宗旨即是"敬"字。那么，为何此一宗旨被忽视，或者甚至有人认为阳明抛弃了"敬"呢？吾人认为其缘由如次：

第一，最为学者诟病的是在《大学古本序》中有"合之以敬而益缀，补之以传而益离"①之语，而《传习录》又有："新本先去穷格事物之理，即茫茫荡荡，都无着落处；须用添个敬字方才牵扯得向身心上来。然终是没根源。若须用添个敬字，缘何孔门倒将一个最紧要的字落了，直待千余年后要人来补出？"②此二条特易授人口实，特别是前者。由此学者莫不以阳明学为"不敬"之学，更有若干标榜阳明学者主张放荡不羁、背弃礼教，甚或以之为革命口号，这就更让人感受到阳明学的"不敬"了，因此要么是反朱子，要么是禅学，要么是外儒内佛，总之是蔑视一切权威而自作主张。这种理解当然有其立论根据，吾人亦只能认为此种理解在一定程度上非真知阳明学，而是部分地理解和诠释了阳明学。比如李泽厚就认为

---

① 王阳明：《大学古本序》，《王阳明全集》（新编本）卷七，吴光等编校，第259页。
② 王阳明：《传习录上》，《王阳明全集》（新编本）卷一，吴光等编校，第42页。

阳明主张敬是多余的，诚意即可。①此说似为误解。若真实如此，何以日本阳明学者，在他的思想基础上提出了忠孝、敬天爱人的打动人心的主张？何以阳明学人邹守益等坚守敬的宗旨而为一代名儒？何以阳明要在"良知"二字上加一"致"字？诸多困惑无法解答。而且，在《大学古本序》中，阳明明确地将诚意等同于"敬"，后一条中又明白地说出"敬是孔门最紧要的字"，这更可以说明阳明学的方法论即是"敬"，而非相反。

第二，阳明学在学者的解说中逐渐失去其宗旨，如黄绾为阳明作盖棺定论时说，其主张是知行合一、格物、亲民，无有提及"敬"字。刘宗周、黄宗羲亦未加以申说，特别是后者的巨著《明儒学案》在近代以来成为性理学的标准教科书，影响巨大。当代学者中，如冯友兰《中国哲学史》（下册）论阳明从《大学问》讲起，分别论及知行合一、朱陆异同、反二氏之学、阳明学之反动等，亦未及"敬"者。而论朱子则谓其讲理、太极、气、天地人物、道德及修养等，他认为朱子的工夫论分为两方面，即程颐的用敬与致知，而重点落在格物。由此，亦可见前述朱子学者并不认为"敬"是其核心主张。不过值得注意的是，冯友兰《中国哲学简史》已经注意到这一问题，在论阳明时改为"用敬"②，并认为阳明是用"敬"以立本。

第三，当代学者的疏解，亦有意无意地增强了阳明学为"不敬"之学的认知。如在诸多当代哲学思想学者中，李泽厚的贡献是毋庸置疑的，其在《己卯五说》中明确提出，阳明学是抛弃敬的。③其后他又进一步申论说宋明儒者对敬字分殊不够，他专著一书《由巫到礼、释礼归仁》，论敬是由古代巫者对天、天道的敬畏式的宗教情感，其后逐渐转变为人的情感。④李先生作为大学者，其睿见

---

① "朱熹将'畏'释为'敬'，再变而为王阳明至刘宗周的'敬亦多余'，只需'诚意'即可。对超验（或超越对象）的上帝（'於穆天命'）的畏惧，既完全失去；管辖人心的'天理'便只在此心之中。此'心'虽分为'人心'和'道心'，但'道心'又不能脱离充满感性情欲的'人心'而存在。结果，'人心'反而成了更真实的根基。这就无怪乎王门后学几传之后，便走入以人欲为天理、由道德形而上学转到了它的反面——自然人欲论。"李泽厚：《说儒学四期》，《历史本体论·己卯五说》（增订本），生活·读书·新知三联书店2008年版，第136—137页。

② 冯友兰：《中国哲学简史》，赵复三译，中华书局2015年版，第380页。

③ 李泽厚：《历史本体论·己卯五说》（增订本），第136—137页。

④ 李泽厚：《由巫到礼 释礼归仁》，生活·读书·新知三联书店2015年版，第52页。

是吾辈敬仰的，但他对阳明学宗旨的这一论断实际上还是重复了之前学者的老套路，并未有所创见。明人詹景凤说："后世言论，大儒倡，小儒和；大儒是之，即不复审是中之非；大儒非之，即不复审非中之是。如师公旦，则礼出老子勿问矣；法宣尼，则言自阳货皆弃矣。"①学术名著及名家的影响巨大，其渊源已久。

钱穆服膺阳明之学，提出了著名的温情与敬意之说②，至今仍被历史学研究者奉为金科玉律，此为体验阳明学宗旨的一大发明。在《从陆象山到刘蕺山》一书中，牟宗三分析道，致良知之"'致'表示行动，见于行事。……"致"中含有警觉底意思，而即以警觉开始其致。警觉亦名曰'逆觉'，即随其呈露反而自觉地意识及之，不令其滑过。……此名曰'逆觉体证'。"③牟氏又指出，论敬则必须指向心，敬的心是一种事关天理人欲的基本原则，所谓敬贯动静即在于此。对此，牟氏将之命名为"敬的系统"④，区别于他所分殊的宋明儒学的纵贯系统和横摄系统。牟氏关于阳明的"敬"的宗旨已呼之欲出。

因此，本书提出以"敬"为中心对阳明学展开研究，亦只是捡拾了前哲先贤的理解，绝非向壁虚造，而是有所本、有所思的结果。

---

①转引自刘毓庆：《从经学到文学——明代〈诗经〉学史论·自序》，商务印书馆2001年版，第18页。
②参见钱穆：《国史大纲》，商务印书馆2017年版，第1页。
③牟宗三：《从陆象山到刘蕺山》，第146页。
④牟宗三：《王阳明的致良知教》，《牟宗三先生全集8》，第14页。

第四节 "敬"的回归之路

　　"冲决一切网罗"①，在较长一段时间内，不仅成为一种社会风潮，也成为一种学术思潮。清光绪二十二至二十三年（1896—1897），谭嗣同造《仁学》，主张冲决一切历史和现实的网罗，因为"其在上者，亦莫不极崇宋儒，号为洙泗之正传，意岂不曰宋儒有私德大利于己乎？悲乎悲乎！民生之厄，宁有已时耶！故常以为二千年来之政，秦政也，皆大盗也；二千年来之学，荀学也，皆乡愿也。惟大盗利用乡愿，惟乡愿工媚大盗。二者相交相资，而罔不托之于孔。被托者之大盗乡愿，而则所托之孔，又乌能知孔哉？"②贺麟认为谭嗣同所谓"仁"，实际上是佛教的慈悲、耶教的博爱和阳明的良知的糅合体。谭嗣同"主张'冲决网罗'，特别注重打破名教礼教世俗的束缚，以恢复仁"③，是以一种粗疏狂放的方式鼓吹陆王之学，缺少了陆王反本心的精微穷理工夫。近代以来，中西遭遇，中方一再受辱，加之政治腐败等，最后将一切归咎于历史，认为扫除一切陈旧故事，将来势必能打造一个新的大同世界。对于旧世界的一切，谈不上什么敬意，既然是网罗，就当冲决之。这就意味着和传统的彻底决裂。

　　这种激进的思潮与西方的冲击密切相关。近代以来，西方的坚船利炮撬开了古老大国的大门，也击碎了古老的秩序原则和思想体

①谭嗣同《仁学》："网罗重重，与虚空而无极：初当冲决利禄之网罗，次冲决俗学若考据、若词章之网罗，次冲决全球群学之网罗，次冲决君主之网罗，次冲决伦常之网罗，次冲决天之网罗，次冲决全球群教之网罗，终将冲决佛法之网罗。然真能冲决，亦自无网罗；真无网罗，乃可言冲决。故冲决网罗者，即是未尝冲决网罗。循环无端，道通为一。凡诵吾书，皆可于斯二语领之矣。"总之，原有社会的一切均是网罗，学术、伦常、思想、制度，一概需要冲决之。然而冲决之后是循环无端？不过谭嗣同又说："仁学者，于佛书当通《华严》及心宗、相宗之书；于西书当通《新约》及算学、格致、社会学之书；于中国书当通《易》《春秋公羊传》《论语》《礼记》《孟子》《庄子》《墨子》《史记》及陶渊明、周茂叔、张横渠、陆子静、王阳明、王船山、黄梨洲之书。"（谭嗣同：《仁学》，汤仁泽编：《中国近代思想家文库·谭嗣同卷》，中国人民大学出版社2014年版，第4页，第6页）他一方面希望用西方的思想来充实和改造社会，同时也并未完全放弃传统。只不过，激进的思想在此后很快就将传统学术一概加以抛弃了。
②谭嗣同：《仁学》，汤仁泽编：《中国近代思想家文库·谭嗣同卷》，第38页。
③贺麟：《五十年来的中国哲学》，商务印书馆2002年版，第3页。

系，学习西方逐渐成为首要的原则，从技艺的学习、制度的学习到思想的抵触和接受并崇拜，逐渐改变了人们对于传统的看法，寄希望于根本性的改革。"但是从根本上改革，这句话谈何容易？在高位的人，何能望其有此思想？在下位的人而有此思想，谈何容易能为人所认识？而中日之战，以偌大的中国，败于一向所轻视的日本，这实在是一个大打击。经这一个打击，中国人的迷梦，该要醒了，于是维新运动以起。"①学习西方、日本似乎成了唯一的出路，传统成为包袱，被人放弃了。在随后的几十年中，反传统的日渐成为社会潮流，任何支持传统的都被视为旧派的和反动的。而向外的学习，是否最后解决了所有的问题？是否确认了一种全新的道德秩序？是否完全造就了一个割断历史的和西方一样共享着所谓的世界的知识和道德财富的族群呢？当吾人回顾历史时，不免会感慨，夹杂着自豪感、屈辱感和责任感的人们在反抗与蔑视当道的精神鼓荡中离开传统，拥抱世界，打造历史，然而他们所期许的黄金时代从未降临，而其所激起的热情几已遭到遗忘。②敬意的消逝，不仅指向这样的革命者，也包括他们亲手埋葬的历史。秩序的追求和人的生命价值的"意义—感通"成为一种遥不可及的念想。

技术性地学习西方，重构传统，解释经典，很长一段时间里成为学术主流。王阳明的教化思想，也不例外。但"西方"，本身非常复杂。所谓学习其实往往只是皮毛性的学习，或者知识性的学习。如强行将理学分为客观唯心主义和主观唯心主义；将理学的发展视为黑格尔的正反合的逻各斯（Logos）；或将王阳明的哲学视为黑格尔的精神哲学；或将其视为贝克莱（Berkeley）的"存在即是被感知"；或将其视为存在主义（存有论）或者现象学；或将其视为激进主义、保守主义，或者道德主义，等等。总之，王阳明的哲学在西方现代思潮的视野中，成为一种面目模糊的学说，甚至是相互对立的学说，王阳明的教化哲学也因此日渐成为一种远离了当下的历史故物。考察阳明学就成了发现哲学史的逻辑环节的解剖学，或者考古学。

百年来，儒学精神坎陷于社会变革、思想搅扰之中。然而无论

---

①吕思勉：《中国通史》，中华书局2015年版，第423页。
②裴士锋：《湖南人与现代中国》，黄中宪译，社会科学文献出版社2015年版，第232页。

如何，旧邦新命、其命维新。有品格之学者多自觉以温情与敬意重返古典学术，试图对传统学术加以现代式改造，其创获亦颇多。在"反对传统权威的时代，提出自我意识，内心自觉，于反抗权威，解脱束缚"①，阳明学也就成为一种可行的现实选择。仅就阳明学而言，百年来，各类著述丛出，举凡考据、义理、词章均有所涉，东洋、西洋均有所论，百家之说出而宗旨纷纭，实乃黄宗羲《明儒学案序》所谓"学术之不同，正以见道体之无尽也"②。当然，黄氏之说，难免显得过于乐观而独断。

在很长一段时间里，出于现实的利益和改造世界的需要等原因，关于"敬畏"的学术思考很少进入研究者的视野，甚至被视为一种"没落思想"受到过批判，无所畏惧才是时代的需要。③说阳明的学说是一种破坏性的学说，并非没有根据。王阳明的一生活动，用他自己的话说，在于一方面"破山中贼"与另一方面"破心中贼"，前者是为了维护封建专制主义而镇压革命；后者是一种僧侣主义的说教。④他的唯心主义也必然走向唯我主义。⑤这样，"求理于吾心"和"致良知"就成了反对与自然和社会进行斗争，反对个性解放，主张克己式的内心和谐；"须从自己心上体认"也就成为一种直觉主义和蒙昧主义。⑥在一些学者看来，王阳明的歧途在于，他试图以道德重建来实现政治重建，未能摆脱传统教育价值观的束缚；其教育实践旨在重建的是儒家道德价值体系，具有理论上的局限性。⑦

当然，王阳明的教化哲学也曾被视为革命的学说，解放的学说，冲决网罗的学说，甚至是一种反对一切的学说。这样的学说，契合了革命的时代精神，也使王阳明的教化智慧日渐成为一种思想解放的武器，阳明学也就成为一种进步的追求和激进的向往，成了"让大多数人在日复一日、蝇营狗苟、缺少明确人生意义的生活当中保

---

① 贺麟：《五十年来的中国哲学》，第18页。
② 黄宗羲：《明儒学案序》，《明儒学案》（修订本），沈芝盈点校，第7页。
③ 参见蒙培元：《序》，郭淑新《敬畏伦理研究》，安徽人民出版社2007年版，第3页。
④ 参见侯外庐：《中国思想通史第四卷（下一）》，《侯外庐著作与思想研究》（第15卷），张岂之主编，长春出版社2016年版，第857页。
⑤ 参见侯外庐：《中国思想通史第四卷（下一）》，《侯外庐著作与思想研究》（第15卷），张岂之主编，第866页。
⑥ 参见侯外庐：《中国思想通史第四卷（下一）》，《侯外庐著作与思想研究》（第15卷），张岂之主编，第873页。
⑦ 参见毕诚：《儒学的转折——阳明学派教育思想研究》，中国发展出版社2010年版，第55页。

持一种高度的主动性"①的学说，即用生命的激情肯定平凡朴素的生命，在日常生活中关注自己道德的激情。②由此，王阳明的道德极端主义虽然激动人心，但其实并不可行，因为道德的标杆太高，绝大多数人都达不到，即绝大多数人都不是君子，人与人之间也就没有差别。这样，阳明学实际上在哲学意义上终结了宋明理学。一切均以自我的良知作最终判断，一方面使人有了良知觉醒的力量，一方面也造成了无所畏惧的坚定信念，也就成了打碎旧世界的有力武器。然而，秩序不能依靠永不停息的破坏，它需要人类以智慧的方式妥善地建立。一方面，如果我们将良知视为洛克所排斥的遵守传统观念，服从外界权威，使人作习俗之奴隶的天赋观念，是厚诬古人③；另一方面，如果我们将良知置于当下精神的反思和现实的社会理念之外，是厚诬今人。

时至今日，在人生价值的实现和社会秩序的和谐追求中，以人性为基础的"敬"的理念和精神，在学术研究中，已经提上了议事日程，④珍视古典智慧，检点自我的行为，挺立精神价值，是吾人学术生活的基础，当然也是王阳明教化哲学的基础。

今天，重回王阳明的教化哲学，不是为了解剖古代思想，不是为了考察历史遗迹，而是为了现实生活中如何成为一个人，如何实现人生的意义和价值。这就是要回归王阳明的教化哲学所指向的成

---

①杨立华：《宋明理学十五讲》，北京大学出版社2015年版，第267页。

②参见杨立华：《宋明理学十五讲》，第267—268页。

③参见贺麟：《近代唯心论简释》，上海人民出版社2009年版，第82页。

④近十年来，关于"敬"的相关研究论文很多。如向辉：《修己以敬——敬道心筌的经典话语》，《新经学》第9辑，2022年第1辑；程永凯：《因敬明诚 贯通天人——思孟程朱一系之哲学特色》，《中国哲学史》2022年第3期；胡静：《从"主静"到"主敬"——"二程"对周敦颐修养工夫的厘革》，《武汉理工大学学报（社会科学版）》2021年第5期；韩琛：《〈论语〉语境下的"敬"义研究》，《晋中学院学报》2021年第5期；耿志刚：《退溪思想中的"敬"以践德》，《伦理学研究》2021年第5期；张文瀚：《论荀子思想体系中的"敬"观念》，《河南师范大学学报（哲学社会科学版）》2021年第4期；张馨宁：《〈程氏易传〉"诚""敬"关系再探讨》，《周易研究》2021年第1期；付粉鸽：《政治伦理·交往规范·修养工夫：儒家"敬"观念的哲学意涵》，《西安电子科技大学学报（社会科学版）》2020年第3期；蔡定超：《论娄谅对朱子哲学的发展——以"敬"论为中心》，《上饶师范学院学报》2020年第4期；陈立胜：《"修己以敬"：儒家修身传统的"孔子时刻"》，《学术研究》2020年第8期；王宇丰：《"居敬"与"行简"：宋明理学中的事功面向之检讨》，《孔子研究》2020年第3期；胡晓红：《春秋嘉言"敬"义发微》，《长江师范学院学报》2019年第6期；向辉：《敬道心筌：王阳明教化哲学的"学—教"洞见》，《教育史研究》2019年第3期；刘梦溪：《敬义论》，《北京大学学报（哲学社会科学版）》2016年第3期；翟奎凤：《程朱论"敬以直内，义以方外"——兼谈理学对经学的选择性凸显及其自我建构》，《中国哲学史》2013年第3期；吴震：《略论朱熹"敬论"》，《湖南大学学报（社会科学版）》2011年第1期。

人之道和成德之教。

　　更为重要的是，在教育哲学中，彰显"敬"的价值，不仅可以拓展我们对于王阳明哲学智慧的理解向度，更为现实的教育价值是为意义的缺失提供了一个值得珍视的选择，即用心学的智慧重塑教育的价值理性和哲学的理想信念，同时也为当下教育改革发展提供某种历史的镜鉴。

第五节　"敬"的教化哲学

"儒家哲学是教育家的哲学。"[1]（张岱年先生语）这是中国哲学史家在反思我国传统学术时得出的精辟洞见。儒家哲学之所以是教育家的哲学，是因为：儒家是教育家，他们以教育实践为基础，总结出了仁义礼智的价值观和一套哲学理论；他们以教育为业，在教育活动中总结经验形成了各自的学术主张；他们为人师表，以身作则，正己而后正人；他们非常重视人格的培养，既坚持自己的人格尊严，又敬重别人的人格。[2]我们可以说，儒家的教化哲学，归根结底就是"修己以敬"。王阳明的教化哲学亦围绕着"敬"展开。

所谓教化，如阳明所说，根本在于以人伦秩序的重建为现实目标，以人心道心合一为理论依据，以"敬"为中心，化天道为人道，"教以人伦，教之以此达道也。……盖教者惟以是教，而学者惟以是为学也"[3]。所谓教化论，是将阳明学置于教化的语境中，将阳明学的宗旨和意义归结为生活的完善、人性的复归和秩序的重建。

教化哲学的任务在于给人以通向至善之道的具体方法，而史学的任务则在于将历史的真实加以反思，正如余英时《朱熹的历史世界：宋代士大夫政治文化的研究》所揭示的，专业史学的本格任务不是从直觉或者整体印象出发获得一种抽象的论断，而是要在客观的可验证的历史事实的基础上得出一种较为准确的历史性推断。[4]余氏根据朱子"二程未出时便有胡安定、孙泰山、石徂徕，他们说经虽是甚有疏略处，观其推明治道，直是凛凛然可畏。"（《朱子语类卷八三·春秋·经》）一语判断儒学复兴开始时具有两层特色，一是"说经"，一是说经的重点在"推明治道"，而且事实上宋初儒学不但始于对六经进行诠释，而且其理论的取向即在于治道的获

---

① 张岱年：《儒家哲学是教育家的哲学》，《华东师范大学学报（教育科学版）》1989年第1期。
② 参见张岱年：《儒家哲学是教育家的哲学》，《华东师范大学学报（教育科学版）》1989年第1期。
③ 王阳明：《重修山阴县学记》，《王阳明全集》（新编本）卷七，吴光等编校，第273页。
④ 参见余英时：《自序一》，《朱熹的历史世界：宋代士大夫政治文化的研究》，第2页。

致，这种治道就蕴藏在六经之中，可以说在儒者的内心信仰中，六经不仅仅是一种文本，更是一种永恒的智慧表达，通过对六经的认知和解读可以获得或者至少可以引领人们走向合理的社会政治秩序的建立。[①]余氏之说，可谓别具慧眼。就作为新儒学的性理学而言，经说与治世是合二为一的内在追求，治道的追求是儒者当然的立场。我们也可以说，对于儒者来说，追求好的生活和好的社会，是他们的学术追求和生活目标。好的生活，首先指向的是一种立足于自身生活境遇的超越；好的社会，则是根据儒学经典和圣王理想与现实社会的距离感中间追求一种更合理的平衡。因此，我们反思王阳明的教化哲学，当以此作为立论的基础，加以作者的感受和体验，注入儒者的情怀，历史地看待其学说的发展历程。

教化论是儒家的基本特征之一，阳明的思想体系中，教化思想最为关键。阳明的致良知论是多面体的，他说过"见成"，说过"不学不虑"，说过"须在事上磨炼"，也说过"默坐澄心涵养本源"，他们（阳明后学）所说的，他都说过，他先后见得学者有了各种的病，他才拿出各种应病的药，而学者们服了这药的效验，于是各以其性之所近，而成就王门各派不同的学风。所谓多面体的致良知论，归根结底，即在于人伦教化。

教化的儒学无非是确立人对于生命的价值和意义，恢复人作为人的价值。而正常体认自我的生命意义，正常发展人的生活力，有赖于恢复人的本心（良知），在此良知即是心之本体、仁体，仁体即是人性，因此熊十力主张分殊本心与习心，习心令人生陷入罪恶，本心则维持良善。"若识得本心，纵操存力弱，而隐微间一隙之明，犹自有所不忍与不敢，已是振拔之几，未有亡失主公而可冀望凶迷能悟也。（禅家称心曰主公，与《管子》言"心之在体，君之位也"义同。）余平生之学，实乏涵养，惟赖天之予我者良厚，照然不昧本来（本来谓心体），而察识工夫却未赦疏忽，未忍自欺，差幸有此耳。"[②]"阳明《大学问》，始就吾心与天地万物痛痒相关处指示仁体，庶几孔、颜遗意。"[③]"东方学术归本躬得，孟子'践行

①参见余英时：《朱熹的历史世界：宋代士大夫政治文化的研究》，第291页。
②熊十力：《新唯识论》，第253页。
③熊十力：《新唯识论》，第265页。

尽性'之言，斯为极则。故'知行合一'之论，虽张于阳明，乃若其义，则千圣相传，皆此旨也。"①

教化哲学是一种救世淑民的学说。"圣贤立教，虽偶有不同，要归于救世而已矣，归于救人心而已矣。"②故唐文治赞同黄宗羲"推重文成，至比于伊尹，可为知言矣。而所谓变学为觉。天下实则救之以虚，与时消息，尤为教育家之名论。《礼记·乐记》篇曰'教也者，民之寒暑也。教不时则伤世。'今日之人心，其必救之以良知乎？"③他认为，阳明以致知为致良知，深得儒家经典以诚意为本的宗旨，且与汉代大儒郑玄的注疏意旨隐相符合。朱子《大学章句》的补传所谓："人心之灵，莫不有知，而天下之物莫不有理。惟于理未有穷，故其知有不尽"④的说法并没有将心与理完全割裂为二。朱子说"至于用力之久，而一旦豁然贯通焉，则众物表里精粗无不到，而吾心之全体大用无不明"，更显示了朱子将心与理合一的理论。"郑君、朱子、阳明同是羽翼圣经，意同一觉世苦心，何以纷纷然起门户之争乎？"⑤因此，在世道人心疲敝不堪的时代，阳明的良知之学乃是救中国人心之途辙。

教化哲学是一种人文主义的思想。人的精神生活的各种形式即人文，以人为本位，即肯定天生之人的优异价值，强调人的人格尊严，注重人的社会责任。儒家的政治思想是仁义，教育思想是人文主义。这种人文主义将人视为群体的组成分子，把仁爱、正义、宽容、和谐、义务、贡献纳入到人的群体生存需要之中，赋予人以伦理道德的自觉。⑥儒家思想是封建社会中的经典，则中国数千年封建社会中的教育思想当亦不能出人文主义之外。试问春秋战国以后，哪一时代的教育思想不是以人格的修养、德行的陶冶为主？不特中国如此，即古代西方，苏格拉底、柏拉图、亚里士多德诸学者的人文主义，又何尝不是支配了欧洲上古、中古、近古的教育思

①熊十力：《答张季同》，《十力语要》卷一，上海书店出版社2007年版，第3页。
②唐文治：《阳明学术发微》，《唐文治性理学论著集》，邓国光辑释，上海古籍出版社2020年版，第1099页。
③唐文治：《阳明学术发微》，《唐文治性理学论著集》，邓国光辑释，第1096—1097页。
④朱熹：《大学章句》，《四书章句集注》，中华书局2011年版，第8页。
⑤唐文治：《阳明学术发微》，《唐文治性理学论著集》，邓国光辑释，第1132页。
⑥参见张岱年等：《中国知识分子的人文精神》，河南人民出版社1994年版，第10页。

想？论者或以儒家的人文主义思想忽视现实相责议，其实在同一时间中，忽视现实的岂是孔孟？古代以人文主义为主自有其时代的因缘，而当下教育的建设则应注意人文主义与自然主义的并行。①任时先《中国教育思想史》认为，王阳明的教育哲学出发于唯心论，即以"心即理"诠释《中庸》："天命之谓性，命即是性；率性之谓道，性即是道；修道之谓教，道即是教。"简而言之，则是：命＝性、性＝道、道＝教，若再加以演化即成：命＝性＝教，这样岂不成为一个很完整的公式？"道即是良知。道为什么就是良知呢？因为良知是人类行为的标准，又是人们是非的一个明师，道亦是判别是非善恶的，所以道即是良知，那么良知即是他的教育原理。"②所以，阳明论教育的目的在养成一种安分守己、勤业务正的善人，善人能修养到尽处，即可成为圣人。可见他论教育最终目的，还是在成圣人。③

教化哲学的重点在于人的生活世界，或者说就在于人的日用常行。儒家圣贤的表述，不在于文本本身，而在于我们将这种人生的智慧融化于日用常行，因此，在某种意义上说，它是一种启信的理想。换句话说，征诸历史事实，施教者以其人格感召受教者，而受教者则需要善疑会问。在这种问答往复之中，信仰成为在代际间传承的文化基因，并且成为燎原的星火。所以，儒学在21世纪的重生将寄望于人师的言传身教，也寄望于其成为一种社会的共识且不断延续之。④李景林认为，关注生活的世界是儒学传统的基本特征，这就意味着孔孟之道并非一种抽象的认知性理论体系，而是与时俱新的诠释。毫无疑问，在生活样式与儒学阐释之间存在充满活力的互动张力，正是这种张力推进了儒学的历史发展。⑤在此，儒学精神所预设的本体之证成不是以理论认知的方式展开，而是由工夫、涵养、体悟所促成。所谓"心外无物"的命题正是针对那种离开本心以求得外在之理的混淆知识与本体的理论认知，后者所呈现的是

---

①任时先：《中国教育思想史》，台湾商务印书馆1987年版，第16页。

②任时先：《中国教育思想史》，第221—222页。

③任时先：《中国教育思想史》，第222页。

④余英时：《现代儒学的回顾与展望——从明清思想基调的转换看儒学的现代发展》，《中国文化》1995年第1期。

⑤李景林：《教化的哲学：儒家思想的一种新诠释》，黑龙江人民出版社2005年版，第3页。

一种将本体理式化的逻辑，而"心外无物"的命题则从心体论上澄清了儒学的真精神，即作为一种价值命题排除虚妄的价值论在无我之间所造成的人为的区隔和障碍。阳明以自然为原则的客观精神，所以说"心无体，以天地万物感应之是非为体"；阳明以价值态度和人格完成论心物关系，所以说"无所住而生心"。①

从王阳明的学术本身来看，教化的哲学乃是其理学思想的核心所在。侯外庐等主编的《宋明理学史》②（下册）将"阳明学何以成为阳明学"分解为三个问题，其一是阳明心学如何崛起，其二是为何理学在明清之际趋于衰颓，其三是理学发展的内在逻辑与当时社会发展有何种关系。③著者虽以宋明理学是中国思想史上的浊流为立论基础，但却极具有洞见地指出，"王守仁以弘扬'圣学'为己任，一生讲学不辍，所到之处，或立'乡约'，或兴'社学'，或创'书院'。由于怀抱着'辅君淑民'的政治目的，其所讲授，自然是以'存天理、去人欲'为基本内容，而教育的根本问题，则是内心修养"④。对此，李国钧、金林祥《中国教育思想通史（第四卷）》表示认同，并认为这是阳明心学的教育观，即"圣人的经学教育是教人'存天理去人欲'的，在教与学方面要以'求尽其心'为目的，在方法上要以'治心'为本，落实在'致良知'的工夫上"⑤。

王阳明哲学的致良知论，本身就是教化哲学的主张。张学智认为，阳明致良知论关键点和精义在于道德理性与知识理性的融

---

① 李景林：《教化的哲学：儒家思想的一种新诠释》，第448页。
② 《宋明理学史（下）》分三编：第一编，明初的理学（1—5章，朱学统治地位的确立、宋濂、刘基、方孝孺、曹端、薛瑄、吴与弼等人的理学思想）；第二编，明中期心学的崛起及王守仁心学的传播（6—25章，陈献章、湛若水、王守仁、钱德洪、王畿、邹守益、聂豹、罗洪先、刘邦采、王时槐、胡直、薛应旂、唐鹤征、黄绾、张元忭、王艮、何心隐、罗汝芳、李贽、罗钦顺、王廷相、吕坤、陈建、顾宪成、高攀龙、刘宗周、黄道周、方以智等）；第三编，明末清初对理学的总结及理学的衰颓（26—36章，孙奇逢、黄宗羲、李颙、陈确、顾炎武、傅山、王夫之、颜元、李塨、陆世仪、陆陇其、李光地等）。该书以朱王学说对峙（程朱理学和陆王心学的对峙）为基本分析逻辑，网罗了有明一代（至清初）的主要思想家，并对他们的思想以新中国马克思主义理论加以批判，侯外庐认为作为统治思想的和主流思想的宋明理学，以儒学的性与天道作为讨论研究的中心内容，吸收了佛学和道教思想，涉及哲学、政治、道德、教育、宗教诸领域，"从政治上看，它是思想史上的浊流"（侯外庐：《宋明理学史序》，侯外庐、邱汉生、张岂之主编：《宋明理学史（上）》，人民出版社1997年版，第2页）。
③ 参见侯外庐：《宋明理学史序》，侯外庐、邱汉生、张岂之主编：《宋明理学史（上）》，第2页。
④ 侯外庐、邱汉生、张岂之主编：《宋明理学史（下）》，人民出版社1997年版，第237页。
⑤ 李国钧、金林祥：《中国教育思想通史》（第四卷），王炳照、阎国华主编，湖南教育出版社1994年版，第66页。

合，在于推致和实行，是动机与效果的统一，合目的与合律则的统一①，其中，良知吸附了远比它的本义多得多的内容，由人的精神活动的一个方面，变成了与物无对的绝对。阳明对于良知的神化，就是对于人的精神力量的神化，特别是道德力量的神化。对于人的道德力量的神化，就是要以道德统率所有的精神活动，造就高品质的人格。"阳明以其一生的实践为良知的这种由体认到深化再到神化的过程作了注脚。"②

教化哲学最后归结点在于生活秩序和心灵秩序的重建。空谈心性的学术不是真正的儒学，如果儒学仅仅是精神的存在，那就是游魂，无躯体可以附丽。阳明学人讲论兴学、教化宗族、乡约共善，这几套社会实践措施，不仅阳明殷殷致意，张载、司马光、二程、张栻、朱子、吕祖谦以来就一直致力于此。实际上，朱子阳明均是实践的、做事的性理学，是将道德实践及于生活实践、社会实践，将德性之美、生活之美、人文风俗之美合一。在具体实践中则建立一种神圣性，因为神圣性所蕴涵的是一种价值观念，有价值和意义，值得或应该敬谨从事之，才能形成神圣感。③

王阳明的教化哲学在阳明后学中也得到了一定程度的贯彻。吴雁南认为，阳明学中颇有宗教中度己度人之意，而且他要人人都做圣人，不仅赋予自然人以平等的地位，而且赋予人在社会上以至尊的地位，其称颂人的尊严和伟大，对于具有近代意义的人的觉醒来说，在历史上有着深远影响和重要意义。④李贽、黄宗羲、陈确、何心隐、唐甄、魏源、王韬、左宗棠、康有为、梁启超、宋教仁、陈天华、刘师培、章太炎等近代以来诸人思想中均有阳明学的成分。阳明学的近代影响是人的发现，即人皆可以为圣人的民主、平等思想；反潮流的社会批评思想；以经世相标尚、追求大同理想社会的献身精神等。⑤崇实经世思想是阳明学的重要面向，阳明实地用功的践履，超出了自我道德修养的范围，同日用常行事结合起

---

① 参见张学智：《明代哲学史》（修订版），中国人民大学出版社2012年版，第113页。
② 张学智：《明代哲学史》（修订版），第112页。
③ 参见龚鹏程：《生活的儒学》，浙江大学出版社2009年版，第74—75页。
④ 参见吴雁南主编：《阳明学与近世中国》，贵州教育出版社1996年版，第28—29页。
⑤ 参见吴雁南主编：《阳明学与近世中国》，第8—15页。

来，同从政和其实事结合起来，①而阳明后学亦多务实躬行，知行合一，把修养功夫同事上磨炼、经邦治国结合起来，成就了崇实致用的实学思潮②。

总之，从历史发展过程和研究现状来看，阳明学事实上已呈现出一种极为复杂的景象。阳明学的产生、形成和发展并非仅凭着一己美好的理想和逻辑的推演，更不是凭空高唱的任意建构，其中荟萃了个人生命的体验和智慧的砥砺，蕴含了学行的机遇、师友的往来、地域的风尚、时代的背景，凝聚了问题的意识、实践的路径、诠释的力度，古往今来交融混杂，形成云兴霞蔚的壮美图景。任何一种研究，都不可能穷尽所有的问题，也不可能拘守在某一具体的理论方法上就能得出永恒的历史真理。只能是随着问题的提出、解答的深入，智慧的生命继续前行而已。

在性理学的内在理路中，"敬"和教化问题始终是至为关键的课题。宋明以来，性理学家们一再探求的亦是内嵌于人伦日用的道（或者道德），希望以此"穷理以明道，立诚以达本，修之于身，行之于家，用之于国，而达之天下，使国不异政，家不殊俗"③。"夫诚者，无妄之谓。诚身之诚，则欲其无妄之谓。诚之功，则明善是也。故博学者，学此也；审问者，问此也；慎思者，思此也；明辨者，辨此也；笃行者，行此也。皆所以明善而为诚之之功也。"④学问思辨行，皆是儒者之实行实学，即所谓人的教育，其根本基点则立于诚敬之心，由此发而为善，是为明善，是为明明德；由此修己以敬、修己以安人，是为道德教化。外此，则妄也。"学也者，冥其妄以归于无妄者也，无妄而性斯复矣。"⑤所谓无妄，即是敬，儒学的方法论即在于此一"敬"字上，由"敬"而复性，这才是教化的根本目的。人通过"敬"，一方面肯定自我，一方面秉承天命，或者说天命、天道正是通过"敬"而步步下贯，贯注到人身，作为本体的人由此实现其真实的主体性。⑥

---

① 参见吴雁南主编：《阳明学与近世中国》，第119页。
② 参见吴雁南主编：《阳明学与近世中国》，第144页。
③ 马遂：《御制性理大全书序》，胡广等纂修：《性理大全》，山东友谊书社1989年版，第13—14页。
④ 王阳明：《与王纯甫二》，《王阳明全集》（新编本）卷四，吴光等编校，第169页。
⑤ 焦竑：《原学》，《澹园集》卷四，李剑雄整理，中华书局1999年版，第18页。
⑥ 参见张岱年等：《中国知识分子的人文精神》，第15页。

第六节 以"敬"作为方法

敬的内涵极为丰富，它一方面是使自己集中思想专注于一人或兢兢业业专注于一事，意味着尊重此人或郑重此事。同时，要表达敬意则意味着要自己镇定自若，全神贯注。[①]故"敬之一字，亲切要妙"。其妙处何在？阳明《朱子晚年定论》的34封书信有若干组词汇对它作了详细诠释：

> 宽（宽心、亲切、求放心、渐次理会、不妨）；
>
> 惧（自惧、自悔、深耻、惕然、朝夕揣惧、恨己不能、辜负）；
>
> 省（深省、警省、思省、痛警、愧汗沾衣、自省、懔然）；
>
> 察（体察、体认、省察、察及细微）；
>
> 勇（勇猛向前、奋迅、猛省、精进、痛惩、痛著工夫）；
>
> 收（收敛、收拾、检勒、敛饬、检点、点检、克治）；
>
> 守（不可间断、持守、保、得力、用功、用力、着实处、勤、实）；
>
> 喜（幸、爱）。

这些词汇，交织成一组性理学的圣人可学而至的图景。

此等语汇，不仅是朱子学的精核也是阳明学的精神，即是性理学的精义所在。"敬"，并不是简单的一种恐惧、畏惧心态，不是针对外在的真理或者抽象的理则的谨守。首先，它是一种对于道的亲近感和接受心，由此才可能展开道的追寻，《论语》所谓"学而时习之，不亦说乎"即在于此也。

敬是信仰，是对圣人之学的确信；敬是一种方法，是可学而至圣人的具体而微的方法；敬是一种行动，是在日常生活中不断追求完善。

[①]参见葛瑞汉：《中国的两位哲学家：二程兄弟的新儒学》，程德祥等译，第122页。

正如阳明所说，世儒之学很多："有训诂之学，而传之以为名；有记诵之学，而言之以为博；有词章之学，而侈之以为丽。若是者纷纷籍籍，群起角立于天下，又不知其几家，万径千蹊，莫知所适。世之学者，如入百戏之场，欢谑跳踉，骋奇斗巧，献笑争妍者，四面而竞出，前瞻后盼，应接不遑，而耳目眩瞀，精神恍惑，日夜遨游淹息其间，如病狂丧心之人，莫自知其家业之所归。"①在奔竞中失去了本心，在追逐中失去了自我，何也？无朱子之心，无朱子之敬也。但这并不能使人心最终湮没，人有其良知则人能致良知，这是阳明学的乐观主义所在。阳明说："所幸天理之在人心，终有所不可泯，而良知之明，万古一日，则其闻吾'拔本塞源'之论，必有恻然而悲，戚然而痛，愤然而起，沛然若决江河而有所不可御者矣！非夫豪杰之士，无所待而兴起者，吾谁与望乎？"②阳明《朱子晚年定论》选择了朱子写给22位不同学者的34通书信，这些人是否为朱子同道中人难以一一细考，只能确定朱子在向其同时代的人反复阐述他的观点，书信中也一再体现出对于与友人见面的急迫诉求，这在一定程度上表露出儒者之学的另外一面：德不孤，必有邻。

儒家的人生态度根本就是道德的。③德性被视为儒学的内在追求，一方面是自我的修行，一方面也是对圣贤言行的追慕。关于如何成德的著述车载斗量，而如阳明《朱子晚年定论》一书之切近者并不多见。阳明的诗文水平在当时是得到士林公认的，他完全有能力重新写一部关于阐释己说的著述，也完全有此可能，但为何却以这种摘句的方式来阐释己说呢？这与当时学术风气有着莫大关系。我们从明代书目中关于性理学书籍的记载中随处可见《曾子》《颜子》之类的书籍，这些书籍大多从四书五经中抽离出曾子、颜子的话语，最后成为一书。朱子也曾做过同类的事，现代学者中，钱穆也曾做过类似工作。钱穆《王阳明先生传习录及大学问节本》④即是此意。钱穆在该文中的说法，为了解阳明学提供了一个线索：

---

① 王阳明：《传习录中》，《王阳明全集》（新编本）卷二，吴光等编校，第61页。
② 王阳明：《传习录中》，《王阳明全集》（新编本）卷二，吴光等编校，第62页。
③ 参见贺麟：《近代唯心论简释》，第70页。
④ 钱穆：《王阳明先生传习录及大学问节本》，《中国学术思想史论丛》（第7卷），九州出版社2011年版，第117—150页。

明代大儒王阳明先生，提倡良知之学，那真是一种人人易知易行，虽愚夫愚妇，不识字人，也可了解，也可奉行的学说。而循此上达，则人人可以完成一最高理想的人格，即中国传统所谓的"圣人"，而社会也可达到一最高理想的社会，如阳明先生《拔本塞源论》中所指示。阳明的门人弟子……汇成《传习录》三卷。……究竟也将近十五万言，中间所讨论的问题，牵涉甚广，并多引据古经典，初学者读之，或讲仍感困难。兹特再为摘要选录，仅以原文一万字为度。并分别标识小题，点醒大意，庶有志王学者，更易入门。惟望读此节本者，能循次再细读《传习录》全本，并进而通览阳明先生之全书，庶于此一代大儒，可以窥见其讲学立说之精细博大处。但若即就此节本玩索，或甚至仅于此节本中任择几条，悉心玩诵，身体力行，只要积久不懈，亦可终身成一完人。这正是阳明先生立说教人只简易浅近，博厚高深，而为我们所最值得崇拜与信守之所在。①

钱穆所说的："简易浅近，博厚高深"而"最值得崇拜与信守之所在"是其真情流露处。如果我们以此来反观阳明与朱子，是否一致呢？站在性理学的立场上，是完全一致的，因为人同此心，心同此理。只不过，阳明在其书中未分类，亦未有任何指示标示，只有34封朱子书信。作为哲学的性理学是一门高深的学问，有各种理论的体系，后世学者已有各种诠释巨著，勿庸吾人再增添一些子。同样，在阳明那个时代，世儒讲论朱子学者，又何止万千，著述何其之多，或许阳明有感于此而做亦未可知。

如前所述，细绎《朱子晚年定论》则可发现全部34条大致都是围绕这一个"敬"字展开。对此，现代学者在研究朱子学时亦有同感，牟宗三说："朱子讲敬确有其真切的感受，此却真是存在地讲。此即是其道德意识之强烈处。真切的敬，即可使其涵养之工逐渐浸润到其心脾，所谓沁人心脾者，使'此心寂然不动之体'呈现，然后可以逐步'心静理明'。"②李相显说"朱子底敬通内外的思想，

①钱穆：《王阳明先生传习录及大学问节本》，《中国学术思想史论丛》（第7卷），第117页。
②牟宗三：《从陆象山到刘蕺山》，第85页。

萌芽于其戊子三十九岁答何叔京书。朱子答何叔京云云，朱子在答何叔京书中，谓持敬之说，即因其良心发见之微，猛醒提撕，使心不昧。敬既猛醒提撕，使心不昧，故敬乃通于内也，朱子虽未明言敬通内外，但朱子底敬通内外的思想，已萌芽于此时矣。"①"敬"通内外，意味着它不仅是一种修养的法则，更是一种人所以成为人的起点。

那么，"敬"的具体方法是什么？或者说，"敬"具体内容是什么？

李相显的诠释最具典型："敬既通内外，故主一无适，又说个整齐严肃亦只是主一无适，主一无适与整齐严肃并无不同，并无两样，只是个敬也。主一无适与整齐严肃虽同为敬，但分而言之，自主一无适而言之，则敬莫把做一件事看，只是收敛自家精神，专一在此；常惺惺便是敬，收敛此心，不容一物，也便是敬；这心都不著一物便收敛，今人若能专一，此心便收敛紧密，都无些子空罅。人只有这一个心，不通着两个物事，若分成两边便不得；若这事思量未了，又走做那边去，心便成两路；若做这一件事，心又在那事，永做不得，这一条心路，只是一直去，更无它歧；而今做一件事，须是专心在上面方得；思量这事了，再思量那事方得。自整齐严肃而言之，整齐严肃虽只是恁地，须是下功夫方见得；整齐严肃时，这里便敬；学者须常收敛，不可恁地放荡，只看外面如此，便见里面意思。"②总之，敬是一种主一的专注，是一种精神的收敛，同时也是一种人本有的精神状态和人所能行的处世哲学。

在此意义上来说，一部《朱子晚年定论》即是对作为教养（教化）的文化的追求与向往，也是对儒者生活之道的哲学诠释和内在体悟。邹守益谨守阳明之教训，认为"圣贤论学，只是一个意思，如'修己以敬'，一句尽之矣"③。"圣门之教，只在修己以敬。敬也者，良知之精明而不杂以私欲也。故出门使民，造次颠沛，参前倚衡，无非戒惧之流行，方是须臾不离。圣学之篇，以一者无欲为要，而

---

① 李相显：《朱子哲学》，第611—612页。
② 李相显：《朱子哲学》，第622页。
③ 吕柟：《吕柟集·泾野子内篇》卷十三，赵瑞民点校整理，西北大学出版社2014年版，第104页。

定性之教，直以大公顺应，学圣人之常，濂洛所以上接洙泗，一洗支离缠绕之习，正在于此。"①黄宗羲将邹守益视为阳明学的嫡传，"惟东廓斤斤以身体之，便将此意做实落工夫，卓然守圣矩，无少畔援。诸所论著，皆不落他人训诂良知窠臼，先生之教，卒赖以不敝，可谓有功师门矣"②。自有其可信之处。

在此理路下，"敬之一字的亲切要妙"方能为学者所体悟，它意味着：教育不外乎自我教化和社会教化，超越人的存在性的玄思无法使令人信服，因此教化的落脚点必然从人生开始，即从有所归依的敬开启其端倪。人生并不为哲学所存在。哲学所追究的不过是人生意义问题以及治世的问题，即哲学问题的最终归宿乃在于人生价值的实现，而敬乃是衔接人生与这一哲学文化所能承载意义的核心枢纽。

生生之谓易。"人生的'生'，就是生存、生活，而生存、生活是一种行动、一种活动，只要是行动、活动，那就意味着突破有限。人如果停滞在现实性中而不想突破有限性，或者说，安于现实而不思前进，那就是死亡，不是人生。"③人生挺立意味着作为经验世界的活生生的人能够成其为人，而能够使之变为现实的基点在于"敬"。为学不是对于知识本身的无限扩充，而是对于自我的不断返回，即将知识回归到自我之中，使人能够不再束缚于外物的压制，而"敬"字工夫就是使人与物的合一。立志意味着人的自我觉醒，也意味着超越于当下的平庸而有生生不息的气象，这一气象意味着人能够在生活世界中不至于形容枯槁，而敬乃是立志的先决条件，离开敬的立志只能是一种无所依凭的空中楼阁。

对于学者来说，"敬"所内含的认真精神则更当令吾人警省，切勿苟且。

①邹守益：《简吕泾野宗伯》，《邹守益集》卷十，董平编校整理，凤凰出版社2007年版，第515页。
②黄宗羲：《邹东廓守益》，《师说》，《明儒学案》（修订本），沈芝盈点校，第8页。
③张世英：《余论·希望哲学》（第三十讲），《新哲学讲演录》（第2版），广西师范大学出版社2008年版，第464页。

套用沟口雄三[①]的话说，作为方法的"敬"，实际上是性理学的主旨。"敬"，一方面是一种生活的经验，所谓爱亲敬长是也，在此它是一种生活的态度、精神的境界和行为的准则；一方面是一种生活方法，所谓对越上帝是也，在此它是一种帮助我们认识真理，把握实在的功能或者技艺。

就经验而言，作为一种事实，人们有选择做与不做的自由，也即可有可无，时有时无；就方法而言，作为一种工夫，人们有选择信与不信，可用不可用，时可用时不可用的能力。作为一种方法，它也是不断完善的技艺，即在修养的纯熟过程中，成就人的善性。"敬"既可以向内省察，又可以向外探求。所谓向内省察即是体认、体悟的方法，是使此心纯乎天理之极的过程；所谓向外的探究即是格物致知的方法，是用力既久则豁然贯通的方法。

作为方法的"敬"，既以理（天理、良知）为根据，又与己身密不可分而内含着感性之维。以理为依据，是指心和性的贯通处；己身感性，是指心性在现实中受到了气质偏私的影响，即七情时刻影响着人的行为。前者决定了心的先验性，后者则使人认识到"敬"无法超越于现实的经验。

这样，"敬"在理论上既表现出一种先天形式和经验内容的统一，同时又是理性与非理性的交融。因此，它必然是一种心性论，这种心性论并不意味着不重视物质的世界，而是要通过己身的努力来重塑这个世界，也就需要特别注意历史的经验和圣贤的言语，因为圣贤的言行本身就是一种历史的教诲：在道德方面，唯心论所坚持的是尽心主义或者说是自我实现主义；在政治方面，它所注重的是民族性的研究和认知。所谓民族性是指决定着整个民族命运的精神要素。只有了解了民族性并对其进行充分的认知，才能找寻到民族发展的指针。民族性既有生命又有理性，生命是整个生物发展的历程，而理性则源自整个人类文化活动。所以民族性的研究要考察和

---

①沟口为了批评日本学界没有中国的中国学而提出了"作为方法的中国"这一概念，他认为以中国为方法就是要通过中国来进一步增进和充实对世界的多元化的认识，从而创造出更高层次的世界图景。沟口评论道，日本的"阳明学的研究，结果只抽取了心学、心的哲学、内面主义之学、实践之学等等和社会性存在的中国阳明学完全无关的、也就是和本体割裂开来的现象的一部分，在'现象'的范围内进行量的比较"。（沟口雄三：《作为方法的中国》，孙军悦译，生活·读书·新知三联书店2011年版，第160页）

研究整个民族的文化生活及其历史。在此，所谓的本性（essence）就是一种共相或者精蕴的表达，它意味着一种普遍的具体，即一种原理或者"理"。因此，唯心论即唯性论，而性即理，心学既理学，亦即性理之学。①贺麟（1902—1992）正确地指明了性理学的内在特征，将性学归之于尽性主义和自我实现主义均是明见。从这里亦可见到传统文化的生命力即在于其延续性和生活性。离开了诠释，性理学将无法成为现实生活的根据；离开了性理，现实生活将无所归依。之所以漂泊无归，人心的沦落和解构在其中起到了推手的作用。

性理学的内在性不仅与个人的努力分不开，也与经典的传承密不可分。在深层的意义上，它指向的正是人的责任感和作为人的自觉，这种责任感和自觉可以用敬字来表达。内圣外王并非空幻的乌托邦，而是现实世界的意义和价值所在；不是外在的矫饰，而是一种有诸己的真诚实行。如果道理成为一种外在的想象，它将无法成为扣人心弦的教义，也无法起到唤醒人性的作用；若是当作一种外在的规范，则人生即是一场游戏而已："若无真切之心，虽日日定省问安，也只与扮戏相似，却不是孝。此便见心之真切，才为天理。"②成圣的追求不是在给人表演而已。即便是演员也有表演之道，若是不能惟妙惟肖，何能征服观众获得口碑、赢得票房呢？况且，性理学已将所有人全部涵括，只要行此道，不论其职业，都将有所成。所谓成，并不能保证人获得名利上的成功，而是让人得到一种精神上的自足，并激励人去自我实现。这种自足让人在不断努力的过程中完善了自我，也纯净了气质，也即变化气质。这里的关键就在于使道的普遍性原则（并非一种决定性的规律，至少不是一种可以用公式表达的客观律则）和规范成为一种内在的德性，从而使人的知行达到合一的状态，或者说是一种道德本体的自觉。

总之，思想的传承建立在对先贤典范的无穷诠释之中，学派的活力则有赖于人物和思想的融贯，而生活却建立在永恒的日用常行之中。作为真理性存在的道与钦敬的心灵是一个社会之所以和谐前行的基本保障，也是个人生活的意义所在。从历史过程而言，一个

---

① 贺麟：《近代唯心论简释》，第4页。
② 陈荣捷：《传习录拾遗》，王阳明：《王阳明全集》（新编本）卷三十九，吴光等编校，第1553页。

学派之所以形成，源于创始人的人格精神感召力、理论洞见力和学派凝聚力，一旦他成为历史人物、历史事件和历史背景之后，往往被人作为各种工具来利用，无论是政治的还是哲学的还是其他。对于常人而言，哲思的意义在于让人更加有意义地找到自己内在的希望或者超越的精神；对于学者来说，社会思想的意义在于透过历史的迷雾发掘其中值得我们珍视的价值，并对其予以个人化的阐释。以下，我们从"修己以敬"的话语分析开始对阳明学的探索之旅。

第一章

修己以敬：敬道心筌的经典话语

子思问于夫子曰：「物有形类，事有真伪，必审之，奚由？」子曰：「由乎心。心之精神是谓圣，推数究理不以为疑，周其所察，圣人难诸？」

——《孔丛子·记问第五》

夫子说「执事敬」，就是教人做一件事要郑重地去做，不可以苟且，他又说「出门如见大宾，使民如承大祭」，都是敬事的意思。

——胡适《治学与方法》

敬德、敬道和居敬，是中国传统思想的本位理念。"古人谓之'居敬'，浅言之则谓之'留心'。"①古人所谓世事洞明皆学问，其实就内含着对于学问本身的敬意。对此，现代的社会思想史研究也有所回应，比如在《中国社会思想早熟轨迹》一书中，王处辉教授提出可以把"敬德"的传统思想观念视为事关"心理调适机制"，将它理解为中国古代的学者关于个人与社会关系的一种睿见，体现了古代中国人注重"心理与行为"的人文关怀，其特点是社会成员，即行动者在行动时选择和决定与环境相适应的行为，以保持社会生活秩序的和谐。②据现存的古籍文献和出土文献，我们知道，"敬"的观念渊源已久，不仅是一种个人修养的功夫和人格素养，更是关系到社会行动与社会制度的良性运转，否则朱子所谓"'敬'之一字，真圣门之纲领"③和阳明所谓敬是孔门"一个最紧要的字"④的说法就不可理解。因此有必要从经典理论阐释的视域对此加以探析。实际上，"敬天法祖""敬天保民""务修敬德""敬厥德"等观念皆为古代经典和古代社会思想家所一直传述不息，它既是维系中国社会的基本规范，早已融入一般人民的日常伦理生活之中，同时是知识分子反复讨论的核心课题。

《尚书·尧典》开篇说："曰若稽古，帝尧，曰放勋，钦明文思安安，允恭克让，光被四表，格于上下。"注疏谓："钦，敬也。""允，信。克，能。光，充。格，至也。"按照注疏的解释，敬、明、文、思，都是在身之德。古圣之所以为古圣，是因为他具有敬明文思之德，从而美名远闻，而"旁行则充溢四方，上下则至于天地"⑤。《尧典》又谓："钦若昊天，历象日月星辰，敬授人时。"在农业社会里，天时关系到人的基本生存，敬天之节，方能广其功而风俗大和，才能有社会的谐和。这就十分明确地表明了在先贤看

①林纾：《示林琮书》，《林纾家书》，夏晓虹、包立民编注，商务印书馆2016年版，第106页。林纾说："无论如何，即使出洋不出洋，总离不开'道德'二字。何谓'道'？遵正途而行也。何谓'德'？谨守吾应为之事，不涉邪慝之谓也。"（林纾：《示林琮书》，《林纾家书》，夏晓虹、包立民编注，第129页）

②参见王处辉：《中国社会思想早熟轨迹》，人民出版社1996年版，第51页。

③朱熹：《朱子语类》卷十二，《朱子全书》（修订本），朱杰人、严佐之、刘永翔主编，第371页。

④王守仁：《传习录上》，《王阳明集》卷一，王晓昕、赵平略点校，中华书局2016年版，第36页。

⑤孔安国传，孔颖达疏：《尚书正义》（整理本），廖名春等整理，吕绍纲审定，《十三经注疏》整理委员会：《十三经注疏》，北京大学出版社2000年版，第29—30页。

来，敬德不仅是一种人生的修养，更与天地自然，与人间秩序同时产生了先天的关联性。其后，敬与礼的关系更是广为人知。古代繁复无比的礼数甚至可用"毋不敬"一语概括言之，可见敬德绝非后人的虚构，而是传承有自的古典人文传统。郭沫若（1892—1978）在《青铜时代》（1945）一书中已经用大量的出土文献证据表明："这种'敬德'的思想在周初的几篇文章中就像同一个母题的和奏曲一样，翻来覆去地重复着。这的确是周人所独有的思想。"[1] 郭沫若认为："德的客观上的节文，《周书》上说得很少，但德的精神上的推动，是明白地注重在一个'敬'字上的。敬者警也，本意是要人时常努力，不可有丝毫的放松。在那消极一面的说法便是'无逸'。……德不仅包含着正心修身的工夫，并且还包含有治国平天下的作用：便是王者要努力于人事，不使丧乱有缝隙可乘；天下不生乱子，天命也就时常保存着了。"[2] 这种"天道""德政""天命"等的维系均离不开人的敬德，而个人的成长与修养同样要立足于敬德。这样的思想，当然是社会思想。

那么，"敬德"的社会理论意涵及其现代学术的价值如何呢？在本书导论中，我们对此展开了初步的讨论，即在宋明时期的性理学发展脉络中，特别是在阳明学那里，我们可以很清晰地发现，"敬德"具有了方法论意义上的统摄地位，即它同时具有理论意义和行动意义（实践意义），因而是理解阳明学的核心命题，也是进一步理解中国社会思想中本位文化的关键命题。在此意义上而言，"敬道心筌"就意味着借由古典学的诠释路径，透过社会学的理论考察，发现贯彻于阳明学和朱子学之间的关键性理念。本章在前文的基础上进一步梳理"敬"的经典理论意涵，由王阳明《朱子晚年定论》"'敬'字之功，亲切要妙乃如此"[3] 往前推进，基于孔子"修己以敬"观念展开，尝试将"敬道心筌"扩展至中国早期社会思想的脉络以及后世对此的多元诠释之中。

①郭沫若著作编辑出版委员会编：《郭沫若全集历史编》（第一卷），人民出版社1982年版，第335页。
②郭沫若著作编辑出版委员会编：《郭沫若全集历史编》（第一卷），第336—337页。
③王守仁：《答林择之》，《王阳明集》卷三，王晓昕、赵平略点校，第123—124页。

第一节　规范基石：几种不同的进路

　　汉语表达的丰富性、中国社会思想的延续性、社会理论的多元话语诠释的可能性，是我们进行中国社会思想研究时首先需要有所把握的理论起点。在当下的中国，从事社会思想的研究，除了东西南北的空间感之外，还需要古往今来的历史感。在《社会思想》一书中，孙本文（1892—1979）曾明确提出："社会思想的范围，广义言之，纵的方面可以包括从太古到现代的思想；从横的方面可以包括各国各民族的思想。"①此即我们所谓的历史感和空间感的社会理论的统一。袁方先生曾更明确地提出中国传统社会思想是以人为中心开展思考和讨论的，具有社会学上的普遍意义，"一是从空间维度来理解，即是说它们不仅属于中华民族，不仅是中华民族的精神财富；而且也是人类社会思想中的一个重要组成部分，失之即不能使我们达到对人类社会思想整体的完整理解。二是从时间维度上来理解，即是说它们不仅属于过去，不仅对过去的人们有重要的参考价值，而且作为人类文化的一种积累，对今人，甚至对于未来的人们都具有永恒的启迪作用"②。换句话说，我们对中国社会思想的研究就是要在多重维度上展开，并揭示其历史意义和现实价值。

　　中国古代丰厚的历史积累，给予我们立足的依据的同时，要求我们需要根据时代进行有效择取；西方社会思想的多重诠释，丰富了我们进行理论批评和体系建构的想象力，同时提醒我们理论的建构离不开对思想的沃土进行切近的观察。对此，从20世纪以来，中国的社会理论家们已经做出了很多有益的探索。③关于敬德的社会理论分析有几种不同的进路：第一，是将敬德视为现代国民道德准则，是培养现代国民必不可少的伦理，因为它是社会规范所要求的责任，也是社会得以维系的基本准则。此种提法似乎在民国以后逐

---

①孙本文：《社会思想》，《孙本文文集》（第4卷），社会科学文献出版社2012年版，第288页。

②袁方：《序》，王处辉：《中国社会思想早熟轨迹》，第2页。

③王处辉：《中国社会思想史研究的历史回顾与瞻望》，《社会学研究》2000年第1期。

渐被移出了教科书，而以下两种说法日渐成为教科书的常见表达。第二，是将其视为古代道德伦理的规范加以阐释，也就是说敬德是在中国古代社会的某种伦理。这种诠释方式经过几代学者的努力，已经形成了较为完善的叙事，几乎是尽人皆知的常识。第三，是将其视为社会理论的基石加以理解。此种诠释已有社会思想史家提出了初步的设想，尚待进一步展开。

学者们从何时开始将"敬德"视为一种道德规范，其来源为何，与社会学学者的研究有何种关系，似无从考索，亦无关宏旨。从笔者有限的阅读来看，至少在民国时期的中学修身科教材中，学者已经从社会伦理的意义上来讲述"敬德"的重要性了。当时，我国已废除了旧有的教育体制，正在逐步建立新的现代的学科制度。"修身科"曾在中小学普遍设立，以此为学生传授传统与现代的伦理价值观念的重要渠道。民国初年，商务印书馆曾编有《修身要义》上下卷两册，作为教育部审定的"中学校共和国教科书"而广为发行。[1]该书编者已有了社会学的基本知识，专列了《对社会之责务》一章。[2]在该章第四节《礼让》部分，编者认为基于爱敬之情的礼是社会调和的基础：

> 凡人对社会之责务，固当可以公义、公德括之。然欲联人我之情，完交际之道，使社会之间，能蔼然而调者，实恃有

[1] 该书有广告词"教育部审定批词""是书按照中学校课程标准分配，材料适当，条例分明，精义名言，惬心餍理。其针砭现今流弊尤为鞭辟入里。文字亦洁净畅朗，适于中学之用"。此书民国二年（1913）初版，至民国十二年（1923）已经发行至25版，其流行之程度可见一斑。该书的编纂者为樊炳清（1877—1929）、张元济（1867—1959），校订者为高凤谦（1869—1936）、庄俞（1876—1938）、蒋维乔（1873—1958）。孙本文《当代中国社会学》载，清光绪二十八年（1902）章太炎翻译的日本人岸本能武太《社会学》，由广智书局出版，为中国有整本的社会学书籍开端，这是社会学正式输入中国的初始之年。次年，严复翻译《群学肄言》。1902年，上海广智书局翻译日本人贺长雄《族制进化论》（即家庭制度），并标明为《群学》（即社会学）第三部。此书不署翻译者姓名。次年，社会学翻译著作有：吴建常译《社会学提纲》（日本人翻译吉丁斯《社会化论》之转译）；马君武译斯宾塞《社会学原理》；上海作新社印行编译自日文的《社会学》；某人所著《社会学原理》。（孙本文：《当代中国社会学》，商务印书馆2011年版，第15—17页）
[2]《修身要义》分甲、乙两篇。据该书《编辑大意》，原计划有三篇——"甲篇述实践道德，乙篇述伦理学大要，丙篇述本国道德之特色"但第三部分未见。甲篇五章，其中上卷三章：第一章论持躬处世待人之道，第二章为对国家之责务，第三章为对社会之责务；卷下三章：第四章为对家族之责务，第五章为对自己之责务，第六章为对人类及万有之责任。乙篇伦理学大要，第一章为伦理学之本质，第二章为行为论，第三章为良心论，第四章为至善论，第五章为义务论，第六章为德论，第七章为结论。

礼让焉。人之有礼让，犹车辖之脂，非此者，欲社会动作之所如无阻，难矣。

能尽礼让者，必知尊重他人之人格。凡人各有感情、意志、思想、信仰等，以别于他人。其独立而具备人格，无殊于我，故吾之所以尊重之者，非以其地位，故又以其人为一人之故而爱敬之。此即尊重人格之谓也。如仅以地位论，不将谀富贵、侮贫贱而陷于势利之交乎。夫人无论地位如何，有轻我辱我者，我必引为不快，则奈何不反而观之乎。我欲得人爱敬，必自我爱敬人始。孟子曰："爱人者人恒爱之，敬人者人恒敬之。"

由爱敬之情，而发见于外，则谓之礼。吾之爱敬人也，固出于尊重人格之一念，而非以其地位。然社会之间，既以智德之不齐、职守不同之故，而构成等级，则其形之于礼也，即不能无差别。故必从习尚、应时宜，各如其人，而与以相当之待遇。其既著为礼节者，即公众意见之所默认，自不得以私意改变之。苟有悖乎习惯尚反乎时宜之举动，人以为失礼矣。

礼以爱敬为本。苟不出于爱敬之诚，而徒拘牵于仪式，则或失之繁缛，或失之迂阔。率真之人，方且厌其虚伪，安得云守礼乎。[①]

这一段关于敬德的伦理学论述，是一种社会学论述。但这种社会学和现代意义上的西方社会学有所区别，仍有较强的中国社会理论特色。如上所述，编者认为，"敬德"是社会关系的基本准则之一，是从内而外的行为规范，也是构成社会礼制秩序的基本原则。这是中国社会理论的常识，属于编者所谓的"国民应有之道德"，故而编入教科书使之成为中等学校伦理道德教育的常识。

将"敬德"视为现代国民的道德规范，在一定程度上来说似乎并不为时代所接受，所以修身科后来也就取消了，不再成为现代国民教育的一个关键科目。再后来，社会思想学者们只能将它视为一种古代的道德规范了，比如王处辉教授在《中国社会思想早熟轨迹》一书中说：

---

① 樊炳清、张元济：《修身要义》（卷上），商务印书馆1923年版，第74—75页。

　　"敬"是春秋时期开始提出的一种道德规范，《左传》中即说"孝敬忠信为吉德"之说，后来孔子有"执事敬"的说法，即要人们办事严肃认真；又有"修己以敬"的倡导，即让人们修养自己，保持严肃恭敬的态度。而到了宋代，二程则特别把"敬"抬出来，作为一种修养的功夫。朱熹承二程之后，把"敬"看得更重，说这是"圣门纲领""入德之门""立脚之处""穷理之本""万事之根本"等等，以为"敬字功夫，乃圣门第一义，彻头彻尾，不可顷刻间断"。什么是"敬"呢？他解释说："敬只是一个'畏'字。""敬"并不是指做某一件事，而是指在做任何事情时，都能"收拾自家精神，专一在此"。换言之，就是小心谨慎地按"天理"所规范的道德和行为准则去看待问题，去选择行为。所以，他又认为，"敬"和"义"是相结合而为一整体的。有"敬"的内心修养，心情之发就不会出现偏倚，这就具备了良好的前提。至其表现为社会的行为时，又有"义"作为准则，行为也就不会出现邪妄了。……他认为只要内有"敬"的修养，外有"义"的规范，天理就和每个人的心理及行为融为一体，在此基础上所构成的社会，就是一个和协安定的社会了。[①]

　　此处，王处辉教授将"敬"视为中国古代社会思想中处理人与社会关系的核心命题加以阐释。王教授将"敬"视为春秋时的道德观念（它的确在春秋时期就已经成为一种为知识人阶层所熟知的观念），我们透过《论语》《左传》等书中相关的论述可以见到"敬德"为儒者所熟悉；同时，王教授又将它的重新揭示和解释的作者归于二程及朱子，则是另一学术常识。在阐释二程的社会规范理论时，王处辉教授说："从'义'与'敬'与'诚'的关系讲，'敬只是涵养一事'，是一种心理修养，诚与敬相辅相成，诚的目的是'居敬'。以敬与义相比，'敬只是持己之道，义便知有是有非'。因此，如果只知守敬而不知义，是毫无意义的。"[②]总之，在社会思想史研究者看来，"敬"是一种修养，而且是一种道德的修养，或者说是一

---

①王处辉：《中国社会思想早熟轨迹》，第48—49页。
②王处辉：《中国社会思想早熟轨迹》，第102页。

种态度，这种修养和态度对社会规范只是接受和遵行，因为遵守了社会的规范，就能够实现社会秩序的良好了。

这样的常识值得我们反思。如果将"敬"作为修养的功夫（工夫或者方法），则我们在伦理学的范畴中加以讨论即可。在伦理学研究中，学者明确表示，至少在孟子那里，"敬"已经是一种社会领域的范畴了，它绝非个人的道德修养那么简单。比如朱伯崑《先秦伦理学概论》提出，先秦时期关于修养方法有唯理论（孟子）、经验论（荀子）、内心体验论（老庄子）等三种不同的路径，而针对欲望的态度则有节欲主义（儒家、墨家、法家）、禁欲主义（道家）和纵欲主义（道家）三种不同的主张。[①]朱先生指出，在孔夫子那里，仁是其理论的基础和重点，但带有家族道德的意味，到孟子那里将仁义扩大成整个社会的道德，孟子所谓的敬是处理人与人之间关系的，也即社会的基本准则，[②]即"仁者爱人，有礼者敬人。爱人者，人恒爱之；敬人者，人恒敬之"（《孟子·离娄下》）。在朱教授看来，孔孟均将仁义视为是道德情操，而且是诸道德的根本。但是孟子扩展了孔子关于敬的论述：一是将敬变成社会准则，"臣固然要敬君，但君首先要敬臣"[③]；二是将义与敬等量齐观，"孟子所理解的义，不仅限于敬长，将'敬人'的意识加以推广，还指遵守自己的本分和尊重别人应有的权利"[④]。

陈定闳《中国社会思想史》[⑤]一书，在中国社会思想史的研究中具有指标性的意义，它为社会思想史研究者勾画了中国古代社会思想的全貌，提要钩玄地介绍了社会思想在古代中国具有何种可能，[⑥]

---

① 参见朱伯崑：《先秦伦理学概论》，北京大学出版社1984年版，第4页。

② 参见朱伯崑：《先秦伦理学概论》，第50页。

③ 参见朱伯崑：《先秦伦理学概论》，第51页。

④ 朱伯崑：《先秦伦理学概论》，第51页。

⑤ 陈定闳：《中国社会思想史》，北京大学出版社1990年版。

⑥ 据陈定闳教授的自我介绍，在民国时期，他已经写好书稿，准备出版，由于时代影响，学科废除，书稿散失。直到20世纪80年代，作者又重拾旧业，搜集资料，写了一部同名的新书。在观念上，作者认为没有根本性的变化，很显然的是，作者是严格按照20世纪后半叶以来的意识形态来重新评价古代社会思想的。当然，作者的分析还是使用了其师孙本文《社会思想》一书的基本模式。该书按照时代（上古至春秋战国、秦汉、魏晋南北朝、隋唐、宋元明、明末至清中期、晚清至民国）将孔子、老子、墨子、孟子、庄子、荀子、韩非子，《礼记》、贾谊、《淮南子》、司马迁、董仲舒、王充、王符、仲长统、王弼、嵇康、郭象、鲍敬言、韩愈、柳宗元、《无能子》、李觏、张载、王安石、程颐程颢、朱熹、陈亮、叶适、王守仁、李贽、王夫之、黄宗羲、顾炎武、龚自珍、魏源、洪秀全、康有为、严复、章炳麟等人或著作进行了社会学的分析。（参见陈定闳：《中国社会思想史》）

并在理论框架和论述模式上对以后的中国社会思想研究有深远的影响，或者说在某种程度上规定了中国社会思想史的写作样式。这部书批判分析的立场毫无疑问是中国马克思主义的，同时作者也毫不讳言其理论渊源于其师孙本文先生的社会思想体系。孙本文教授曾对中国社会学作出了愿景性的规划，将"中国社会思想史""中国社会理想史"作为中国理论社会学建立的首要任务。孙本文教授说："时无论古今，地无论中外，莫不有杰出之士，运其睿智之思，或传之口耳，或布之简册，以期觉醒世人，救济时弊，促社会之进步，增人生之幸福，其用心可谓深且远矣。"①所以，"汇合各时代各方面的社会思想而观其会通，必有足供个人生活与社会改进的指导价值"②。由于是教科书，所以孙本文教授的《社会思想》一书采取了将西方从古至今（至社会学成立而止）"以思想家为经，陈述各家各种思想；其间略依时代或派别，使相衔接，俾可以看出思想线索"，这样就为学者提供了一个较好的了解西方社会理论发展脉络谱系的图式。

陈定闳先生提出，孔子"修己以敬"的思想是"德化""人治"思想，是重视人的主观能动作用，是孔子以之进行社会批评的理论依据。③这应该是社会学家对于敬德的比较全面的社会理论分析。由此，我们可以认为这是对于传统敬德思想的一种社会理论认识（即认为它是理论建构的依据），也是关于敬德的第三种不同的思考路径。不过，由于《中国社会思想史》是通史的教材，陈定闳先生并未对此问题展开细致的讨论，只是作出了初步的判断。那么，我们是否可以进行进一步的探究呢？笔者认为可以从现代社会理论家那里寻求必要的理论启示。

德国社会学家马克斯·韦伯曾以社会理论的类型学方法细致地考察了世界各国知识分子的精神世界，并以非历史的途径系统地分析了欧洲、中国和印度的社会构造和精神机理，尝试性地使用了社会学框架去处理中国的历史和社会问题，至今影响颇巨。对于中国文化精神，韦伯认为"士人阶层"和"儒教的生活理想"是社会学

---

① 孙本文：《社会思想·自序》，《孙本文文集》（第4卷），第284页。
② 孙本文：《社会思想》，《孙本文文集》（第4卷），第287页。
③ 陈定闳：《中国社会思想史》，北京大学出版社1990年版，第53页。

（或者说是韦伯的经济伦理意义上的宗教社会学）研究中国必须关注的重点，因为"两千多年来，士人无疑的是中国的统治阶层，至今仍然如此。"①很奇怪的是，中国的士人阶层并非世代世袭，更没有严格意义的阶层固化，毋宁说，士人成长于一种优雅的世俗教养，接受的是一种人文的教育，其声誉的依靠是对书写的文献知识的精通和勇于担当政治改革的责任。韦伯说，虽然孔子及其门徒对中国的文化传统进行了整理，使之具有"实际教训意义"，这对当时的知识人来说是不言而喻的真理，对于现代的西方人（这对于现代的中国人而言也是一样的）来说，"它的实际教训意义大半都变得隐晦不明了"②。所谓"隐晦不明"，我们不能从黑格尔的意义上来理解，而应该从施特劳斯意义上理解。前者崇尚时代精神，以其自身的哲学体系为绝对真理自居，故而认为："孔子只是一个实际的世间智者，在他那里思辨的哲学是一点也没有的——只有一些善良的、老练的、道德的教训，从里面我们不能获得什么特殊的东西。"③后者坚持隐微书写的跨越时空性和永恒性，反对历史主义和虚无主义，认为"整个哲学史不是别的，就是记录了人们反复不断地试图充分把握那一至关重要的发现的（即自然的）内涵"④，因为"历史向我们表明，一切有关正义的原则都是变动不居的"⑤。并且，对后者来说，黑格尔所坚持的哲学事实上是一种反自然的反人性的现代哲学，因为他并非为了良好秩序或者合理之物，也非为了美好的生活，毋宁说是为了"追逐财富"和"个人的私利"，也就是一方面鄙弃自己所从事的事业，一面又痛苦的追求，"生活就是对于愉悦的毫无愉悦的追求"⑥。

所以，我们需要的是回归古典哲学，重新审视中国古典学的现代社会学价值。在此意义上，我们认为韦伯的洞见仍具有启示性的意义，韦伯说："孔子所持的传统观点是：谨慎要优于勇力，他不认为有智能的人应当将其生命拿去做不合宜的冒险。"⑦从此处，我们

①韦伯：《中国的宗教：儒教与道教》，康乐、简惠美译，广西师范大学出版社2010年版，第158页。
②韦伯：《中国的宗教：儒教与道教》，康乐、简惠美译，第167页。
③黑格尔：《哲学史讲演录》（第一卷），贺麟、王太庆等译，上海人民出版社2013年版，第118页。
④施特劳斯：《自然权利与历史》，彭刚译，生活·读书·新知三联书店2016年版，第83页。
⑤施特劳斯：《自然权利与历史》，彭刚译，第10页。
⑥施特劳斯：《自然权利与历史》，彭刚译，第256页。
⑦韦伯：《中国的宗教：儒教与道教》，康乐、简惠美译，第167页。

可以知道韦伯是很赞同这样的审慎的生活方式和学术道路的，用韦伯自己的话说就是："对于近代人，尤其是年轻人，最艰难的是去面对这种日常生活之事，而犹贾勇自恃。"①

我们很难将上述韦伯关于孔子的论断进行复原，也就是很难找到一一对应的中文原话表达，所以不少译本即省略了注释。我们看到，王蓉芬和康乐的中文译本中却有他们几乎是一致的尝试，即均将上述关于"谨慎优于勇力"的说法指向了孔子"临事而惧"的教导，即出自《论语·述而》的"子曰：'暴虎冯河，死而无悔者，吾不与也。必也临事而惧，好谋而成者也。'"②也就是说，译者认为孔子谈论的勇，指的是一种不愿意去进行的个人力量较量。这一点，我们今天常常理解为"蛮"，而不会将暴虎冯河视为"勇"，韦伯本人也未必一定会将这种行动视为勇敢的行动。我们看到《论语·述而》的全文为：

> 子谓颜渊曰："用之则行，舍之则藏，惟我与尔有是夫。"子路曰："子行三军，则谁与？"子曰："暴虎冯河，死而无悔者，吾不与也。必也临事而惧，好谋而成者也。"（《论语·述而》）

此一章所述的真正意涵，按照朱子引用谢氏的解说是："不谋无成，不惧必败，小事尚然，而况于行军乎。"③也即是所谓的"临事而惧"的意思。孔子对他的学生说，人生在世，即便是细微小事都应该谨慎小心地应对，更何况是军国大事这样的关系到普罗大众的政治事件更当要心存敬畏地去操持。由此看来，《论语》的这一章和韦伯的论证似乎并没有直接的关系。按照理雅各《中国经典·论语》中的翻译涉及 caution 的出自《论语·里仁》"子曰：以约失之者鲜矣。"④约，就是谨慎克制的意思。因此，我们可以说在孔夫子那里克制、谨慎乃是我们应该遵循的人生信条，唯有坚持奉行这样的原则的人，才可以称得上是一个儒者。

---

① 马克斯·韦伯：《学术与政治》，钱永祥等译，广西师范大学出版社2010年版，第184页。
② 韦伯：《中国的宗教：儒教与道教》，康乐、简惠美译，第167页。
③ 朱熹：《四书章句集注》，第92页。
④ 理雅各编译：《中国经典》卷一，华东师范大学出版社2011年版，第171页。

第二节　戒慎约制：修养自我的责任

韦伯《中国的宗教》中得出的结论是儒家对于君子的理想，或者说是对于什么是完美的人的理想，有相较于西方的新教伦理不同的认知：

> "典雅与威严"是表现于充分履行传统的义务。因此，首要的德行与自我完成的标的便意指生活的所有情境中，典礼与仪式上的得体。达到此一目标的适切手段是戒慎而理性的自我控制，以及抑制任何凡是可能动摇心境平衡的、非理性的情欲。[1]

所谓的"典雅与威严"，我们用《论语》中的话语来翻译，应该是："子夏曰：君子有三变：望之俨然，即之也温，听其言也厉。"（《论语·子张》）朱子解释说："俨然者，貌之庄；温者，色之和；厉者，辞之确。"[2]这样的人方符合我们所理解的君子形象。这样的人在其生活中保持着"温良恭俭让"的形象，让人肃然起敬。相反的，倘若真是如韦伯所言，一个人如果仅仅是为了传统的义务的完成的话，他的学术思想能够传承数千年而不衰，简直就是一个奇迹了。这个世界上，居然有能保持了三千年以上的传统，不论时代如何变化，社会如何变迁，更不用关心人是如何的不同？有这样的可能吗？人是理性的人，是活生生的活人，而不是某种传统的机械的传递者和保存者，他在不断地更新换代之中，如何能有一个虚幻的永恒的传统？事实上，儒学的主张之所以能在一般人的生活中起作用，成为日常生活的信仰，显然有它的社会历史原因；儒学的传承之所以能延续而不衰，自然是有一整套非关仪式内容的精神信仰。"典礼与仪式上的得体"绝非最为要紧的选项，毋宁说这只是细枝末节的问题，但是韦伯所指出的"戒慎而理性"确为孔子以降儒家

---

①韦伯：《中国的宗教：儒教与道教》，康乐、简惠美译，第304页。
②朱熹：《论语集注》卷十，《四书章句集注》，第176页。

思想的重要面向。

　　前人以"周孔"并尊的一个理由是二者在"礼"的问题上的先后相继，这种相继的关系并非将某一具体的礼一板一眼地做出来，相反更重要的是实现了某种精神上的传承。这种传承，即是敬德。因为，"周文"①形塑了早期中国的人文精神世界，而孔子延续并光大了周公制礼作乐的人文传统，也即圣人和君子的理想被传颂和实践。所谓的圣人之学，即以"俨恪"等词汇表示谨敬之意涵，表达了警醒、慎重、兢兢业业的态度和处事方式，这是由周代的人文所形塑的早期中国的人文精神世界的重要面向。《尔雅·释言》云："俨、恪、祗、翼、諲、恭、钦、寅、熯，敬也。"②与敬有关的众多词汇实际上表达了国人的思想表述方式和人们对于世界和自我的一种认知，即"周人建立了一个由'敬'所贯注的'敬德''明德'的观念世界，来照察、指导自己的行为，对自己的行为负责，这正是中国人文精神最早的出现；而此种人文精神，是以'敬'为其动力的……在此人文精神之跃动中，周人遂能在制度上作了飞跃的革新"③。杨懋春《中国社会思想史》中把《周礼》所记载的社会思想归于西周，认为这反映了周人在政治方面是民本主义，由此，周人所设计的社会理想和所推行的政教措施是为谋全民的福利的，概言之则为养民、安民、教民三项，而每一项目的具体安排均有"敬"的原则贯穿其中，比如"以祀礼教敬，则民不苟；以阳礼教让，则民不争"之类的，虽然其中有不容易为今天的话语所能解释的内容，但可以有正式教育、社会教育的内容，有伦理道德训示意味，而具体的执行者则派出专门的人员，即师儒，故有"设官分职，以为民极"的提法。④

　　"周人的哲学，可以用一个'敬'字作代表。"⑤敬所蕴含之德，则由君子之修为相辅而成，如《国语》录周穆王时祭公谋父之语，云："我先王不窋用失其官，而自窜于戎、狄之间，不敢怠业，时序

①周文：周初道德的人文精神。
②郭璞注，邢昺疏：《尔雅注疏》，顾宝田、杜苹苹校点，北京大学《儒藏》编纂与研究中心编：《儒藏精华编》（第124册），北京大学出版社2012年版，第49页。
③徐复观：《中国人性论史·先秦篇》，九州出版社2013年版，第23页。
④杨懋春：《中国社会思想史》，第115—116页。
⑤徐复观：《中国人性论史·先秦篇》，第22页。

其德，纂修其绪，修其训典，朝夕恪勤，守以敦笃，奉以忠信，亦世载德，不忝前人。"（《国语·周语上》）这种强烈的自我修为精神，即是孔子所向往的周文，此即周人的忧患意识中的敬的思想理念的表达，它表现了人类精神对物之世界、事之生发完成产生出一种责任感，即发现了事件吉凶成败与当事者的行为密切关联，则当事者在行为上应负其责，一方面是一种精神自觉的坚强意志、奋发和敛抑、集中，一方面是对事的精神、认真和对己的时时反省和规整。[①]"孔子与其及门弟子论个人与社会之关系时，均重视个人的重要性。个人如能善尽自修功夫，一方面发展其天赋善性，另方面严防其动物性泛滥为害。如此养成合乎理想的人格，社会就可成为安和富裕的社会。"[②]故此，在自觉继承和阐扬周文精神的儒者，修、为、治，都是作为行动者的儒者语汇，从语言表达上可以将其视为同一意义的不同表达，即均属于同义语，都表示作为君子的儒者的行动力。

孔子将周公制礼作乐所依据的天命观，以及借由人的德来建立的礼制秩序而维系的王朝天命，通过向内的超越而得以延续。余英时《论天人之际》中提出："孔子创建'仁礼一体'的新说是内向超越在中国思想史上破天荒之举，他将作为价值之源的超越世界第一次从外在的'天'移入人的内心并取得高度的成功。"[③]这种延续是在卿大夫阶层中逐渐兴起并长期存续的精神运动，即"修德"，"内在于人的'德'具有极大的潜力，远比任何外在力量更能保证国家的安全或解救其危机。自公元前7世纪中叶以来，无论大国或小国在面临安危的关键时刻，朝廷上的议论往往首先强调'修德'"[④]。所谓的修德，就是敬德。我们只有从敬德的意义上来理解修德，才能明白何以孔子以降的儒家社会思想影响了其后的整个中国社会。诚如施特劳斯所说："我们有必要从事历史研究，以进一步熟悉这个问题的全部复杂性。有的时候我们得充当一下所谓的'思想史'的研究者。与流俗的见解相反，这将会加剧而不是减轻进行持平的研

[①]参见徐复观：《中国人性论史·先秦篇》，第20—22页。
[②]杨懋春：《中国社会思想史》，第124—125页。
[③]余英时：《论天人之际：中国古代思想起源试探》，中华书局2014年版，第205—206页。
[④]余英时：《论天人之际：中国古代思想起源试探》，第212页。

究的困难。"①

"修德"或"敬德"并非虚言，对于精英阶层，特别是政治精英而言，就是要实现德化，即要将德落实在人民的经济生活上，要减轻人民的赋敛，发展生产。"他（孔子）认为要治理千乘之国，必须'敬事而信，节用而爱人，使民以时'（《论语·学而》），节用而爱人，可以体会为减轻负担；使民以时，是不违农时，发展生产。"也就是要实行"藏富于民的小康政策。"②对人民而言，则是"要'富之''教之'，教化必须在'富之'的基础上。可见教化并不是一句空话"③。因为君子具有了这样的政治责任，学者具有了培养这样的君子的义务，而学习者也必然有这样的要求，如此才能造就一个理想的社会，虽然现实的社会生活充满艰辛，但是作为老师的儒者和作为学生的儒者，都有乐观的理想主义精神，"人能弘道，非道弘人"（《论语·卫灵公》）。这样一来，"戒慎而理性"的具有主动性的人就具有了社会意义上的能动作用了。从实践的意义上来说，"'为仁由己'，'修己以敬'，'修己以安人'，'修己以安百姓'（《论语·宪问》），统治者以自己的行动影响被统治者，这样'子欲善而民善矣'（《论语·颜渊》）、'上好礼而民莫敢不敬'（《论语·子路》）"④。这可谓是孔门一贯的教旨，也是儒家社会理论的核心命题。

何以孔子及其门徒要强调并且反复讨论学习者的社会责任担当呢？因为"孔子把社会问题看成了'君子'，即承担统治职责的知识分子们'伦理的努力'问题"，而"周礼，即'君子'或有道德修养的知识分子实行'统治'和'小人'进行'生产活动'，是历史和社会不变的普遍（天下之通义）的社会秩序"⑤。孔子所推重、所实践的教育并非一种高悬于上的精神哲学，而是一种基于日常生活的修行，不仅要注重个人的修行，因为人的生命价值由个人所择取，同时也注意家庭、社会、国家的制度秩序，使社会之中的群己

---

①施特劳斯：《自然权利与历史》，彭刚译，第7页。
②陈定闳：《中国社会思想史》，第51页。
③陈定闳：《中国社会思想史》，第51页。
④陈定闳：《中国社会思想史》，第53页。
⑤宋荣培：《中国社会思想史：儒家思想、儒家式社会与马克思主义的中国化》，中国社会科学出版社2003年版，第86页。

关系能够理顺而前行。"自孔子之教言，群己即在一道中。为人之道即是为政之道，行己之道即处群之道。不仅是双方兼顾，实则是二者合一。就政治言，治人者与治于人者，同是一人，惟职责应在治人者，不在治于人者。其位愈高，其权愈大，则其职责亦愈重。故治人者贵能自反自省，自求之己。"①因为把个人的行为准则和社会的行为准则相融贯，把社会的问题看作是人的问题，才会一再强调人当以不懈地努力方可谓之为君子，但孔子也十分明了，这样做的难度不小，即便是圣人也难以做到，更何况是一般人：

> 子路问君子。子曰："修己以敬。"曰："如斯而已乎？"曰："修己以安人。"曰："如斯而已乎？"曰："修己以安百姓。修己以安百姓，尧、舜其犹病诸！"（《论语·宪问》）

这里，君子是一种道德的理想呢？还是一种价值的追求呢？还是一种伦理的规范呢？还是说三者均可呢？②我们从上述子路与孔夫子师弟间的三问答中可以发现，子路一再追问的是君子何以可能的问题，而夫子则循循善诱，其师弟授业传道之情形或可想象。孔夫子关于君子的论述颇多，也可以说，孔门教化最关键处即在君子之道的证成与君子之行的达致。于此，子路应多有所闻，故《论语·宪问》中所记录的子路问君子，似不可理解为子路询问或质疑"何谓君子"或"君子何为"，而应理解为子路对夫子的君子之说有所辩难，或"问为君子之法"。③所以我们可以认为，"无论是修己还是治人，儒学都以'君子的理想'为其枢纽的观念：修己即所以成为'君子'；治人则必须先成为'君子'"④。若是为君子之法，则可以说是孔门关于礼义的一贯主张，即可以说："修己以敬：即修己以礼也。礼在外，敬其内心。"⑤从社会关系的角度来说，古代

---

①钱穆：《孔子传》，生活·读书·新知三联书店2014年版，第101页。
②余英时认为，"'君子'到了孔子的手上才正式成为一种道德的理想，所以孔子对'君子'的境界规定得非常高，仅次于可望而不可即的'圣人'。……孔子不敢自居'圣与仁'（《述而》）。其实他也同样不敢自许已达到了圆满的'君子'境界"（余英时：《中国思想传统的现代诠释》，江苏人民出版社1995年版，第157页）
③皇侃：《宪问第十四》，《论语义疏》卷七，高尚榘校点，中华书局2013年版，第387页。
④余英时：《中国思想传统的现代诠释》，第154页。
⑤钱穆：《宪问篇第十四》，《论语新解》，生活·读书·新知三联书店2015年版，第353页。

的士人君子负有上下联系的责任，是社会安宁的责任人，"一己之不修，即政府群僚皆为之不安，连及于天下众庶亦为之不安。人道莫大于能相安，而其端自安己始。安己自修敬始"①。在《宪问》中记载了子路与非儒者的对话："子路宿于石门，晨门曰：奚自？子路曰：孔氏。曰：是知其不可为而为之者与？"（《论语·宪问》）可见，当世之人对于孔门之徒的认知是：此乃勇往直前、有所担当之人。当然，我们也可理解为："道之行不行属命，而人之无行而不可不于道亦是命。孔子下学上达，下学，即行道。上达，斯知命矣。"②这样的孔门之徒，如何"知其不可为而为之"？显然，子路对此有惑，故请教于孔子，孔子即以"修己以敬"一语启导，在子路一再追问之下，孔子最后也不得不承认：即便是君子的最佳典范——尧舜——也很难做到，所以君子只能是不懈追求的理想，或者说即便在孔子看来，尧舜这样的得道者，其君子境界也是一不断寻觅的目标和愿景，君子理想是儒者在生活中永不停息的旋律。

经过数千年儒家文化熏染，《论语》话语、孔孟的教义早已成为社会生活中的常识性的语言。这种日常化的语言，无所不在地影响着人们的生活，即便社会曾经发生了剧烈的变迁，甚至传承在很长一段时间成为不可言说的故物，它仍然在某种程度上发生着独特的作用，那么，"修己以敬"对我们来说有何独特意味？或者说作为君子之学、圣人之道的"修己以敬"所表述的一种理想的生活和人格，对我们的理论思考有何洞见？

首先，从文本来看，"修己以敬"又有古本作"修己以敬人"。③李方《敦煌〈论语集解〉校证》引日本篁墩本《论语集解考异》按语曰："'敬人'与下二句'安人''安百姓'句法相同，然与孔注不合，或是郑氏之本与？"李氏按语是："皇疏云：'故君子自修己身而自敬也。'与孔注'敬其身'义同，均系敬己，而非敬人。可证集解本'敬'下无'人'字。"④此处，李氏提出了几点值得讨论的话题：一是，修字、敬字的意涵在儒者的注疏诠释中有何种差

---

① 钱穆：《宪问篇第十四》，《论语新解》，第353页。
② 钱穆：《宪问篇第十四》，《论语新解》，第349页。
③ 李方录校：《宪问第十四》，《敦煌〈论语集解〉校证》，江苏古籍出版社1998年版，第657页。
④ 李方录校：《宪问第十四》，《敦煌〈论语集解〉校证》，第657—658页。

异，其差异处是否关系到儒学义理的诠释？二是，"修己以敬"在新儒学话语体系中有何意义？或者说宋明儒者如何在前贤的话语基础上加以新的义理诠释？三是，吾人今日如何诠解修己以敬？或者说修己以敬给我们何种现实的理论观照和经典洞见？

其次，从社会理论的角度来说，我们需要对日常话语诠释予以关注。离我们常识性的理解最有现实影响的是宋明以来的义理的性理的诠释，他们的纾解一方面源自他们对汉唐诸儒的注疏的理解，一方面也有他们对所处时代的思考。时至今日，我们当然可以广泛使用和引证前人的研究成果，进而对经典中的典范式的话语加以有效且富有活力的解读；同时，我们还可以选择以社会理论的立场重新思考经典的命题，在儒学义理脉络之中进行相关的研究和认识所面临的共同问题，从而让我们的思考更富于生活价值。

第三节　自我表达：君子的人文精神

仅从文字训诂而言，"修己以敬"之"修""敬"二字尚存多义，我们如何明了其中的意旨呢？钱锺书《管锥编》云："一字多意，粗别为二。一曰并行分训……二曰背出或歧出分训。……若用时而只取一义，则亦无所谓虚涵数意也。心理事理，错综交纠：如冰炭相憎、胶漆相爱者，如珠玉辉映、笙磬和谐者，如鸡兔共笼、牛骥同槽者，盖无不有。赅众理而约为一字，并行或歧出之分训得以同时合训焉，使不倍者交协、相反者互成。"①所以，在社会理论的讨论中，我们并不需要过于纠缠字义本身所谓的原义或者本义，因为所谓的本义并非只有一种答案，但不论如何理解，我们都需要对古代知识分子是如何塑造其自身形象的过程有所了解。

"修己以敬"乃是君子的自我形象表达。阳明说，"古者……士以修治"②，其义显白。在阳明那里，古代的知识分子之所以能够成为后世所敬仰的对象，并不在于他们获取了权位或者有了知识上的优先权，而是因为他们表达的自我形象成了一种永恒的记忆，这种记忆值得后来者反复去回忆，尽可能地把这种关于知识人的历史记忆变成现实。这唯有依赖知识分子本身的努力。正如王叔岷所说："治，犹为也。（《淮南子·原道篇》：'治在道，不在圣。'高注：'治，为也。'）……'有治在人'，犹言'可为在人'。自然则非可为者也。"③对于正统儒学而言，治道虽为一事，但道更符合孔门教旨，故陈际泰《四书读》云："治者，法术之名；道者，仁义之用也。"④古人通过对往古君子的向往表达了他们所期待的一种理想的人的形象和风范，这种人叫作君子。君子的命名，在孔夫子及其门人那里极为重要，可以说它塑造了儒者的基本形象，同时也塑造了人们对于儒者的社会认知。君子是现实世界中的具有理想信念的行

---

① 钱锺书：《论易之三名》，《管锥编》，生活·读书·新知三联书店2007年版，第4页。
② 王守仁：《节庵公墓表》，《王阳明集》卷二十五，王晓昕、赵平略点校，第799页。
③ 王叔岷：《天地第十二》，《庄子校诠》卷二，中华书局2007年版，第438页。
④ 程树德：《学而上》，《论语集释》卷一，程俊英、蒋见元点校，中华书局1990年版，第26页。

动者，是身体力行之辈，故孔安国注云："敬其身也。""人谓朋友、九族也。"①君子的理想要求有志于儒行的学习者努力在现实生活中锻造君子人格，如果有可能掌握了权力的话语，则要为实现君子国度而负起责任。

君子理想，一般认为源于周文（周初道德的人文精神），"人开始对自己行为有了真正的责任心，也即是开始对自己的生活有了某程度的自主性"，②孔子就曾说"吾从周"，所谓从周，并非一种简单的梦想愿景，或者一种乌托邦的幻想，而是切实以周文的以敬为基本内核的周礼为君子准则，落实于人的生活世界的修行其道。正是由周文所创制和历代贤儒的不断阐发，君子的这种修为精神渗入人心，成为儒者的自我意识和文化自觉。

第一，修治是对治道的追求。何晏《论语集解》释"道千乘之国"章云："马融曰：道，谓为之政教……包氏曰：道，治。马融依《周礼》，包氏依《王制》《孟子》，义疑，故两存焉。"③释"敬事而信"则只引包氏曰："为国者，举事必敬慎，与民必诚信。"④朱子《四书章句集注》取包咸之释，并加以新解云："道，治也。……千乘，诸侯之国，其地可出兵车千乘者也。敬者，主一无适之谓。敬事而信者，敬其事而信于民也。时，谓农隙之时。言治国之要，在此五者，亦务本之意也。"⑤道，并非玄谈的哲理，而是要落实在具体的社会生活中的一种治理，即是一种社会秩序的追求。在此，敬具有了根本性的作用，因为没有敬作为保障，社会秩序的维系将无迹可寻。

但如前子路所遇见的晨门隐者，多以之为不可为。《庄子·天地》亦有一则子贡遇圃者的故事。庄子告诉我们，当圃者听说子贡告知他已经有了一种"用力寡得功多"的机械，圃者讥讽子贡可能导致忘人之心，因为"有机械者必有机事，有机事者必有机心。机

---

① 皇侃：《宪问第十四》，《论语义疏》卷七，高尚榘校点，第387页。

② 徐复观：《中国人性论史·先秦篇》，第30页。

③ 何晏：《论语集解》，《影印日本〈论语〉古钞本三种·二十郎盛政传钞清家点本》，高桥智解题，吴国武校勘，北京大学出版社2013年版，第12—13页。道亦作导，详见李方录校：《学而第一》，《敦煌〈论语集解〉校证》，第24—25页。

④ 何晏：《论语集解》，《影印日本〈论语〉古钞本三种·三十郎盛政传钞清家点本》，高桥智解题，吴国武校勘，第13页。

⑤ 朱熹：《论语集注》卷一，《四书章句集注》，第51页。

心存于胸中，则纯白不备；纯白不备，则神生不定；神生不定者，道之所不载也"，又强调说："身之不能治，而何暇治天下乎？"[1] 子贡惊诧而回，并将此事告知孔子。孔子对子贡说："彼假修浑沌氏之术者也。识其一，不识其二；治其内而不治其外。"[2] 王氏校诠云："（孔子谓圃者之徒）徒知向古，不能顺今；徒守素朴，不能应俗也。"[3]《庄子》与前述《论语》所述晨门者的论述的所具有的评判意旨相同，均以孔子之徒为"博学以拟圣""知其不可为而为之"者，孔子对此的回应是，出世隐者不顺今不应俗，徒居高义，是治其内不治其外者。所谓治即修、为之意，修为即是儒者日新生生之道。可见儒者对于修为的理解即在于内外兼修，内圣外王。因此，儒者之道即是此修治、修为之道。

第二，修为必从自我身心出发。荀子云："尧、禹者，非生而具者也，夫起于变故，成乎修修之为，待尽而后备者也。"（《荀子·荣辱》）又云："非孰修为之君子，莫之能知也。"（《荀子·荣辱》）修是修行、治理、整治之意，为是作为、行动之意，均指向君子的德性操行，即便是圣王亦须修为之，况于常人乎？在此意义上，所谓修己与为己乃是同一意涵的不同表达方式，都与儒者入世、在世的行动密切相关。故孔子说："《易》有圣人之道四焉：以言者尚其辞，以动者尚其变，以制器者尚其象，以卜筮者尚其占。是以君子将有为也，将有行也，问焉而以言。"（《周易·系辞上》）韩康伯说："此四者，存乎器象，可得而用也。"[4] 如此，我们可以说，修己者即是修为己之学者。所谓为己并不是为自己而是有所作为、有所行动，其行为动作则需要以圣人之道为最终的评判准则，圣人之道并不是一个单一的标准而是包括了言辞行动、生活规范等各个面向中的日用常行之道，而君子之术、为己之学都在此道的指引和启发下，以人的身心为本根而生发开来，因此孔安国解释"修己"为"敬其身也"[5]。修为均指向作为主体的具有能动性的人自身，故《中庸》九经首列修身并称："为政在人，取人以身，修身以道，修

---

① 王叔岷：《天地第十二》，《庄子校诠》卷二，第442—443页。
② 王叔岷：《天地第十二》，《庄子校诠》卷二，第448页。
③ 王叔岷：《天地第十二》，《庄子校诠》卷二，第450页。
④ 王弼：《周易注校释》，楼宇烈校释，中华书局2012年版，第241页。
⑤ 皇侃：《宪问第十四》，《论语义疏》卷七，高尚榘校点，第387页。

道以仁。"

第三，修为、修治是君子的教养。一方面，儒者在以一种积极进取的态度来应对社会事件和人生的疑问；另一方面，儒者在以一种强烈的具有鲜明入世情怀的方式来观照自我、教养自我并推己及人，以求得社会秩序和自我的安定。但这种修、为、治在非儒者看来却很吊诡，因为在自然与天下（社会）之间存在无法跨越的鸿沟。所以修也表达一种教化的意涵，即在个人的自我修养之外，君子必须担负起社会群体教化的责任，《国语》中这样说："夫膏粱之性难正也，故使惇惠者教之，使文敏者导之，使果敢者谂之，使镇静者修之。惇惠者教之，则遍而不倦；文敏者导之，则婉而入；果敢者谂之，则过而不隐；镇静者修之，则壹。"（《国语·晋语七》）教导、修为均为因应人之复杂性而行，其目的显然是为了使人的行为处事符合一般意义上的君子准则，这既是社会教化的基本目的，也是其最高准则。但修为、修治在后世儒者看来，更侧重的或注重的是自我的修治，教化则是对能够教化的对象的教化。

第四，修为乃长久之道。《中庸》云："至诚无息，不息则久，久则征。征则悠远，悠远则博厚，博厚则高明。"朱子说，这就是郑玄所谓的"至诚之德，著于四方"的意思。[1]征，是人之证于天地精神者，即以至诚感通天地；征，是天地精神贯注、征验于人者，即以乾坤精神贯注于人，以人之自觉自立以凸显天道。故"征"字非因果式的展开，非次序式的演化，非时空式的限定。在儒学哲理而言，它是一种精神的交融、含茹与贯通，一面为道在天地间，人在天地中，人能弘道，故征；一面是天地及自然，自然生生，至诚其神，故征则久。然而非圣人君子孰能征之，孰能久之？阳明说："圣人如天，无往而非天。三光之上，天也；九地之下，亦天也。天何尝有降而自卑？此所谓大而化之也。"[2]君子修己以圣贤自期，原因就在于圣贤所以其征于天地且自征之，其精神气魄留于天地间，其效为大，其功为巨，其心惟诚，其意惟敬，其行惟谨，因其谨敬而与天地精神合一，即是以精神至诚，敬守良知，坚守初心，日新又新，乃得其明。故孙奇逢说："圣贤立训，无非修己

---

① 朱熹：《中庸章句》，《四书章句集注》，第35页。
② 王守仁：《传习录上》，《王阳明集》卷一，王晓昕、赵平略点校，第21页。

治人。"①又云："只一修己以敬，其事便了明。德在民上明修，己在人与百姓上修。人与百姓有未安，便是己之昏昧放逸处。尧舜犹病，病非病，人安之未尽，实病已敬之未至耳。"②从心学的修治而论，修己以敬就必然是圣贤君子立身立命的基础，故可以说这是儒学的真谛所在。

不过，在朱子学，修不是上述修治、修为之意，而毋宁是一种圣贤立法，故"修，品节之也。性道虽同，而气禀或异，故不能无过不及之差，圣人因人物之所当行者而品节之，以为法于天下，则谓之教，若礼、乐、刑、政之属是也。盖人之所以为人，道之所以为道，圣人之所以为教，原其所自，无一不本于天而备于我。学者知之，则其于学知所用力而自不能已矣"。③这种品节的诠释容易给人一种修饰作伪的感觉，故阳明驳之，《传习录》云：

> 道即性即命，本是完完全全，增减不得，不假修饰的，何须要圣人品节？却是不完全的物件。礼乐刑政是治天下之法，固亦可谓之教，但不是子思本旨。若如先儒之说，下面由教入道的，缘何舍了圣人礼乐刑政之教，别说出一段戒慎恐惧工夫，却是圣人之教为虚设矣。④

对阳明而言，在人世间的修与为是一种生命的自觉，它必然要围绕性、道、教而展开。这里，性是人性，道为人道，教是涵养本原之性，成人之所以为人之道。修己即是修道，修道即是儒者之学。人之所以要修为并不是因为有圣人品节在前，也不是由于道外于人，而是人因其俗、缘其情而使其性不得为本原，即所谓蔽。人所修为之道是使人复归其正，即所谓正本清源，因此修道即是复性即是道学，即所谓率性之谓道。而人的修为，按照《中庸》的说法则是戒慎恐惧。

第五，修为是要训练出学习者对于生命的直觉感受。直觉感受

---

①孙奇逢：《凡例》，《四书近指》，张显清主编：《孙奇逢集（上）》，中州古籍出版社2003年版，第368页。

②孙奇逢：《四书近指》，张显清主编：《孙奇逢集（上）》，第487页。

③朱熹：《中庸章句》，《四书章句集注》，第19页。

④王守仁：《传习录上》，《王阳明集》卷一，王晓昕、赵平略点校，第35页。

是人在生活的经验中所获得的一种对于历史智慧的感受，它在一定程度上来说有助于我们把握社会现实，直面人生的各种困境；直觉感受可以通过学习的过程让人有所体会，当然除了学习之外的也并非毫无办法，但学习的途径是最佳的选择；直觉感受让人能够对社会问题有更深刻的洞见，因为"直觉是一种经验，复是一种方法。所谓直觉是一种经验，广义言之，生活的态度，精神的境界，神契的经验，灵感的启示，知识方面突然的当下顿悟或触机，均包括在内。所谓直觉是一种方法，意思是谓直觉是一种帮助我们认识真理，把握实在的功能或技术。就直觉之为经验言，是一种事实，可有可无，时有时无。即使素来反对直觉的人，如果突然有了直觉，他也无法加以反抗，驱之使去。就直觉之为方法言，是一种工夫，可用可不用，时有用时无用"①。作为经验和方法的直觉，对不同的人来说有不同的体验和觉悟，同样的老师教育出来的学生虽然会有某种家族类似，但是往往会各不相同，其中最大的影响因素就在于各自所感受到的东西可能完全不同。所以，孔子殁后，儒分为八，这并非儒者之道的衰败，恰恰相反，这意味着孔门之学在这些人的感受中得到了应验，成为一种具有个体生命意义的事件。

---

① 贺麟：《近代唯心论简释》，第73页。

第四节　礼制要求：社会规范性表述

从社会理论的立场而言，个人生命意义的真实完成在于社会的价值理想的实现，而不是相反。在社会理论的论述中，社会与个人、群体与群体、阶层与阶层之间无处不在的对立紧张关系却无从调解，作为理性的个体的人如果需要成就，则必须通过社会化的过程以因应社会的需要，否则就是社会化的失败，也就是个人的堕落或者非理性的选择。然而，现实中往往是那些社会化的失败者引领了社会的变革，特别是当原有的社会原则与社会生活的实际出现冲突之时。如此，社会理论家只好不断地提出新说以修补理论，比如压抑与认同，疏离与偏见，革命精神与创新之举，规训与惩罚等等。这样，社会理论似乎一直可以创新下去，每个理论家都能提出一套属于他和他的时代的理论体系来，过了一段时间，自然会有新的理论因为出现了新的理论家而被建构起来。

我们看到的中国传统社会思想似乎与上述这种设想有较大的差异，以至于我们很难看到理论体系不断地更新换代的情况出现。之所以有如此的感受，是因为我们所知的社会理论是表现的而不是实现的，"中国文化根本精神，为自觉地求实现的，而自觉地求表现的；西方文化根本精神，则为能自觉地求表现的，而未能真成为自觉地求实现的。此处所谓自觉地求实现，即精神理想先全自觉为内在，而自觉的依精神之主宰自然生命力，以实现之于现实生活各方面，以成文化，并转而直接以文化滋养吾人之精神生命、自然生命。而此所谓自觉地表现的，即精神先冒出一超越的理想，以为精神之表现，再另表现一企慕追求理想，求有所贡献于理想之精神活动，以将自己之自然生命力，耗竭于此精神理想前，以成就一精神之光荣，与客观人文世界之展开，而不直接以文化滋养吾人之精神生命、自然生命"[1]。这种实现的内在需要有恒久的力量使之保

①唐君毅：《中国文化之精神价值》，《唐君毅全集》（第九卷），九州出版社2016年版，第331—332页。

持理想的朝向，否则"一切所谓高明之智慧，博雅之学识，仪态万方之礼节，皆成为虚伪，成助人堕落的装饰。人之精神到此，亦即极善于作伪。此即成为中国传统知识分子之大病痛"①。所谓的社会希望无非是一乱一治的循环，希望总在天下安定之后以礼乐教化之，此种礼乐教化也就成了乱世思治的良药，可惜没有服用；也成了救世的良方，医患的矛盾却总以医者的退场而收场。所以，虽然历史的悲剧一再上演，而人民依旧寄望于贤能政治，因为我们相信圣贤之道可以和睦乡党，可以怀柔人民，可以安贫乐道，可以大同和谐，可以为万世之法式。

如此，则"礼"成了治乱安危之所系，成了社会人生之所依。"礼"是社会中的人的规范性表达，而不是现实社会的条文式法律表达，正如荀子所说："孰知夫出死要节之所以养生也！孰知夫出费用之所以养财也！孰知夫恭敬辞让之所以养安也！孰知夫礼义文理之所以养情也！"（《荀子·礼论》）礼可以说培养或者养成，是人所以成人，社会所以成为社会的关键。但是，不管怎么说，礼并非外在于人的社会规律，而毋宁说是为了完善人的生命意义的一种社会保障，"故绳者，直之至；衡者，平之至；规矩者，方圆之至；礼者，人道之极也。然而不法礼，不足礼，谓之无方之民；法礼，足礼，谓之有方之士。礼之中焉能思索，谓之能虑；礼之中焉能勿易，谓之能固。能虑、能固，加好者焉，斯圣人矣。故天者，高之极也；地者，下之极也；无穷者，广之极也；圣人者，人道之极也。故学者，固学为圣人也，非特学无方之民也"（《荀子·礼论》）。这里，古代的知识人需要做的事情，就是要以圣人之学为指针，在日常生活中挺立其自身的精神，也就是行道。

在现代社会中，知识人往往并不具有传统社会的阶层性，甚至知识人本身也不再有他们自己所属的认同，在学者看来，"知识分子已经不再像以前那样，作为某个社会等级或者社会阶层——对于他来说，这个社会等级或社会阶层那带有学究气的思想方式就代表了思想本身——的成员而存在了"②。这样的认识，对于中国

---

①唐君毅：《中国文化之精神价值》，《唐君毅全集》（第九卷），第332页。
②曼海姆：《意识形态和乌托邦：知识社会学引论》，霍桂桓译，中国人民大学出版社2013年版，第13页。

古代社会的知识分子看来是不可想象的。在他们那里，知识分子天生就负有知识阶层的社会责任，他们必须要为了这种责任的担当而付出个人的努力，这种努力，是礼制的内在要求。《阳明讲学答问尺牍》有周道通的人生体验文字，周氏说："吾圣人之学，曰'执中'，曰'建极'，曰'不逾矩'，皆指是枢机而言也。其所以恒是道者，曰'思'，曰'兢兢业业'，曰'小心翼翼'。而其示人求之之地，则曰'独'，曰'良知'，曰'不睹不闻'。其工夫则曰'诚'，曰'敬'，曰'戒慎恐惧'，曰'不愧于屋漏'。皆令就本原体认以求自得耳。"阳明批曰："只消说此两句，即前面许多说话，皆□□□。"①原文字迹有磨损，但阳明批语大义是很清楚的：他认为诚敬、自得乃是真正的圣人之学，也才是儒者所当学。至于周氏所说的其他性灵，所谓理气、所谓心性等，皆不外以诚敬自得为根基。阳明又云："致良知便是择乎中庸的工夫，倏忽之间有过不及，即是不致良知。"②致良知无外乎自修自证，无外乎诚敬自持。这也就是所谓的中庸功夫和致良知功夫。阳明主致良知之学，一般认为是得子思、孟子学之传，也是圣人之学即是儒者之学。阳明又谓："学者只是致其良知，以行其尊祖报本之诚，则所谓虽不中不远矣。忙中不及细讲说。然虽细讲说，亦空谈无益。"③学者往往以讲说为业，但儒者并不仅仅因其善讲说方为儒。

"儒"不仅仅是一种作为职业的儒士，也是一种作为生活样式的儒行，这一生活样式不仅仅要求儒者具有博学的知识，同时也具有一种精神状态，即一种立足于生活又超越于生活的精神。从生活样式来看，它集中在"礼"上，而礼并非简单的繁文缛节，而是要回归到敬慎上，离开了身心的敬慎，礼就成为空头讲章。所以孔子说，"为礼不敬，临丧不哀，吾何以观之哉"（《论语·八佾》）。我们亦可进一步说，儒学源自生活，儒学立足经典，儒学追求好的生活与好的社会。④生活的回归实有赖于人心之敬的挺立。

慎重、节制、谨慎，是人们日常生活中依照某种礼制的内在自

---

① 王阳明：《周道通问学书批语》，《王阳明全集》（新编本）卷四十五，吴光等编校，第1857页。
② 王阳明：《周道通问学书批语》，《王阳明全集》（新编本）卷四十五，吴光等编校，第1858页。
③ 王阳明：《周道通问学书批语》，《王阳明全集》（新编本）卷四十五，吴光等编校，第1862页。
④ 向辉：《"莫见乎隐、莫显乎微"浅论》，《关东学刊》2016年第6期。

觉或者说是理性的选择，它直接关系到治道的达成。皇侃《论语义疏》云："礼以敬为主，君既好礼，则民莫敢不敬，故易使也。民莫敢不敬，故易使之也。""身正则民从，故君子自修己而自敬也。""言当能先自修敬己，而后安人也。""先修敬己身，然后乃安于百姓也。""言先能内自修己而外安百姓，此事为大难也，尧、舜之圣，犹患此事为难，故云'病诸'也。"① 而其释"敬事而信"则云："为人君者，事无大小，悉须敬，故云敬事也。《曲礼》云'毋不敬'是也。又与民必信，故云信也。"② 这种礼的节制，以哲学言之，则有消极、积极之二分。从外在而言多为约束人之行为、敛聚人之性情、规范人之活动，故可谓之节，发而中节谓之和就意味着人的性情所发符合礼的节制、节度，此节，为礼的消极意义。礼的积极意义则在成人之敬。敬非虚伪的举手投足，非夸张的感泣流涕，而是对人对事发自本心的认真对待，即所谓祝其事之始，庆其事之终，美其事之成，慰其事之败，皆礼敬也。人之衣食住行之有礼敬，非所以待人接物，其实归于成己成物合一，知行合一，以见己之自敬其生活扩充而极以至于宇宙之无穷，故曰生生不息。敬之大者，对其本己生命所自生而言，莫大于敬其宗族之祖，即敬宗收族；对其道德生命、文化生命而言，莫大于敬仰圣贤忠烈，即敬承德性；对人与万物之自然生命而言，莫本于敬天地，即敬天法地。依乎礼本乎敬，则人可超越其生物本能，以及个人生活中之既有者，而使其人勘破我执、破解迷障、消融是非非无尽纠缠而臻于成熟化境。③

当然，从日常生活而言，敬慎往往意味着对自我言行和生活行为的一种克制，如钱锺书《管锥编》中提到："武王《机铭》：'皇皇惟敬，口生垢，口戕口。'"钱氏说："'惟敬'者，惟慎也，戒慎言之《金人铭》即入《说苑·敬慎》篇。"④ 又云："(《周易·颐》)《象》曰：'君子以慎言语，节饮食。'……刘禹锡《口兵诫》曰：'我诚于口，惟心之门。'……诸如此类，皆斤斤严口舌之戒而驰口腹之防，亦见人之惧祸过于畏病，而处世难于摄生矣。"⑤ 钱氏以为

---

① 皇侃：《宪问第十四》，《论语义疏》，高尚榘校点，第387页。
② 皇侃：《学而第一》，《论语义疏》卷一，高尚榘校点，第11页。
③ 参见唐君毅：《生命存在与心灵境界》，中国社会科学出版社2006年版，第519页。
④ 钱锺书：《全上古三代秦汉三国六朝文二》，《管锥编》，第1378—1379页。
⑤ 钱锺书：《颐》，《管锥编》，第42页。

敬慎的真义在于言行的谨慎小心，儒学非口耳之学，故敏于事而慎于言。从养身的角度来看，节制饮食是生活品质的保障；从趋利避害的角度来看，严口舌是保全性命的方法。这当然是在特定的时代环境中，人为了内心自由和生命权利而采取的有效措施，也是一种重要的修养工夫，以此出发而对治浑浊的世态，并以此保持一种自我良知的清明。

准此，分别言之，则有慎终追远之敬畏虔敬和谨小慎微之忧患意识的区别；就工夫而言，则有戒慎恐惧和慎独的差异。值得注意的是，这种分别并非用人的理智或理性思维将事物截然二分，并使其呈现出一种井然有序的逻辑感和秩序感，其根本意旨所在毋宁说是着眼于人身、人心，故可以说戒惧即慎独，敬即慎，即敬即慎方是致中和。故阳明说："名虽不同，功夫只是一事。就如《易》言'敬以直内，义以方外'，敬即是无事时义，义即是有事时敬，两句合说一件。如孔子言'修己以敬'，即不须言义。孟子言'集义'，即不须言敬。会得时横说竖说，工夫总是一般。若泥文逐句，不识本领，即支离决裂，工夫都无下落。"[1] 儒者所谓致中和即是根据人自身的修为而各有侧重，换句话说即是按照圣贤提点的仁字的意涵去规训自我，故阳明说："仁是造化生生不息之理。虽弥漫周遍，无处不是，然其流行发生，亦只是个渐，所以生生不息。……惟有渐，所有便有个发端处；惟其有个发端处，所以生；惟其生，所以不息。"[2] 之所以不息不止，乃是因为秉承着上述社会思想的人从根本上并非发生颠覆性的变化，这也是旧有的文化传统在当下的社会理论反思中仍具有其现实意义的依据所在。

---

① 王守仁：《传习录上》，《王阳明集》卷一，王晓昕、赵平略点校，第31页。
② 王守仁：《传习录上》，《王阳明集》卷一，王晓昕、赵平略点校，第24页。

第五节　人性自觉：弘毅的儒者情怀

儒学是情本体论的，此为李泽厚哲学的主张。在他看来，"情本体是乐感文化的核心"，即认为"'情'为人生的最终实在、根本"。[①]"什么是'情'？非情感也，乃事实、真实、情况。……由实体、本质、真理、情况之情转而为情感、感受、感情之情，意义更大。二者有某种重要连接。……《礼记·礼运》：'何谓人情？喜怒哀惧爱恶欲。'此情即此二者（实质与情感）之某种交会与转换：情感乃人的本质、实体、真实、真实，所谓人性，即在此。所以儒家重视陶情养性，成就人生。"[②]虽然李泽厚以情为本为当代儒学主张中最为引人注意者，但在他并不认为敬是情，至少不是他的情本体意义上的情，它仅仅是源于祭神的畏惧感情，是对父母的尊敬、敬爱之私德和以某种神圣情感为根基的社会性功德，即对道德律令的敬重，[③]是一种理性化的生活结果，也是儒学塑造人性的一个重要范畴，经历了由敬畏鬼神到敬畏人事到敬畏理则的三重转化，但正是这种转化使其失去了内在情理的本体性，故其诠释"修己以敬"为"修养自己，严肃认真地对待政务"[④]。如果按照这样的理解，敬是否还具有儒学内圣外王之道的意义就存在疑点。这样，在李氏的视野中，郭象以即人事即自然的内圣外王之道诠解庄子就必然是混世的、片面的、曲解的，也就失去了抨击批判精神和进步意义。[⑤]然否？

在魏晋时期，八王之乱、永嘉之乱，先后而至，乱象频仍，豪族名士可能随时死于非命，知识分子如何方能在忧患的现实中找寻到出路成为玄学产生的精神动力，其以自然与名教的紧张关系的阐发与突破为主旨，试图消弭现实的忧患处境，因此玄学家并不认可

---

①李泽厚：《实用理性与乐感文化》（修订本），生活·读书·新知三联书店2008年版，第54页。
②李泽厚：《子路第十三》，《论语今读》，中华书局2015年版，第243页。
③参见李泽厚：《为政第二》，《论语今读》，第30页。
④李泽厚：《宪问第十四》，《论语今读》，第283页。
⑤参见李泽厚：《中国古代思想史论》，生活·读书·新知三联书店2008年版，第207—208页。

君子能以修治之自我而至于化境，化境只能无为而治，修己以敬因此成为君子孤立自守、道德坚守的唯一立足点，它是立足于人性的情与理的自觉。故郭象注"修己以敬"云："夫君子者不能索足，故修己者索也。故修己者仅可以内敬其身，外安同己之人耳。岂足安百姓哉？百姓百品，万国殊风，以不治治之，乃得其极。若欲修己以治之，虽尧、舜必病，况君子乎？今见尧、舜非修之也，万物自无为而治。若天之自高，地之自厚，日月之明，云行雨施而已，故能夷畅条达、曲成不遗而无病也"。①

在郭象思想中，"百姓百品，高下自陈，皆天理自然，故当'以不治治之'……人之所能与所不能者，非假修可得到的，全由其所具有之'自性'"，故即便是圣人亦必勤思而力学，用其情以教之。②郭象所持的"无心而任自然"的观点，"并非是在现实世界之外的超现实的彼岸世界，而是指在现实世界中的一种精神境界"，随遇而安，则独化于玄冥之境；以之为治，则是行"内圣外王之道"。③"用郭象的话来说，理想目标应该是'神器独化于玄冥之境'，使名教合乎自然，各种关系处于最完美的和谐状态；策略手段应该是无为而治，'因天下之为自'，'无心而付之天下'。"④他认为，"即令是黄帝这样的圣人，也不能把万物的奥妙都探究出来，必须'任彼之自明'，'付人之自德'，'任其自动'"，⑤这是由于在郭象看来"万物皆得性谓之德"⑥，"德者，得其性者也。礼者，礼其情者也。情有可耻而性有所本，得其性则本至，体其情则知至"⑦。在郭象那里，名教即自然，自然即名教。⑧修己之教，必然是事理、人情的统一而非分离，唯有如此才能实现名教中自有乐地之境界。

"儒学作为一个有现代生命的精神传统，确是一个人的修养为其核心所在。"⑨现代人所需要的精神修养必须包括道德与知识，并

①皇侃：《宪问第十四》，《论语义疏》卷七，高尚榘校点，第387—388页。
②汤用彤：《郭象与魏晋玄学》（增订本），《汤一介集》（第2卷），中国人民大学出版社2014年版，第216页。
③汤用彤：《郭象与魏晋玄学》（增订本），《汤一介集》（第2卷），第241页。
④余敦康：《魏晋玄学史》（第二版），北京大学出版社2016年版，第395页。
⑤余敦康：《魏晋玄学史》（第二版），第401页。
⑥程树德：《为政上》，《论语集释》卷三，程俊英、蒋见元点校，第64页。
⑦程树德：《为政上》《论语集释》卷三，程俊英、蒋见元点校，第69页。
⑧参见余敦康：《魏晋玄学史》（第二版），第373页。
⑨余英时：《朱熹的历史世界：宋代士大夫政治文化的研究》，第908页。

在普通理性所可及的范围之内，古代圣哲关于人生修养的思想或观念都是为了提高人的修身境界和改进人的品格，孔子的指点尤为亲切，乃是其在生活中实践了的智慧，"修己以敬"即后来程颐"涵养须用敬"一语之所本，其为内圣功夫是无可置疑的，"'内圣'的修养主要是为了造就富于精神资源的'君子'，使他们可以安顿好人群的生活，直到天下所有的'百姓'都能分享这样的安顿为止"①。从郭象的注解中我们可以看到，他并不期望所谓的圣王之治，即便是有圣王出世，也未必能解决当下的问题，唯有君子自索、自求、自修，方能超越时空的界限。但任何超越均需立足于现实，也就是说需要在现实生活的根基之上提高人性修养水平，体认到本体，安顿自我的同时安顿同于己者，或许还有回归"名教即自然"的机会，否则只是空中楼阁，镜花水月，于事无补。这样，作为自然的天地精神也就成为人们所能依凭的文化价值和精神家园。宋明新儒学显然也接受了这样的观点，并在经典中找到了理论根据，同时根据时代的要求加以重新疏解，如程颢《答横渠张子厚先生书》云："夫天地之常，以其心普万物而无心；圣人之常，以其情顺万事而无情。故君子之学，莫若廓然而大公，物来而顺应。《易》曰：'贞吉悔亡。憧憧往来，朋从尔思。'苟规规于外诱之除，将见灭于东而生于西也。非惟日之不足，顾其端无穷，不可得而除也。"②天地、圣人均非作为对象的自然之人与物，而是一种人格化的具有义理性质的天道流行和圣贤境域。明道先生的这一论述显然是将传统的智慧加以融贯的结果，并将天地精神自觉内化为君子之学的最高境界。儒家所讲求的并非超越于现实生活的理想境界或者乌托邦，而是从常道窥见人生意义所在，这也就是中庸之用。

内圣虽须从个人修养开始，并且也为个人提供了一个安身立命的精神领域，但却不能即此而止，仅仅在个人层面上获得完成，那就完全成为一种自利的孤立，非儒者所为。儒家的内圣基本上是一个公共性或群体性的观念，必须从小我一步步推广，最后及于大我的全体。孔子心中的内圣外王大致即是仁与礼，只有在尧、舜的礼治秩序之下，仁的功效才能发挥到安百姓或博施济众的极限。仁之

① 余英时：《朱熹的历史世界：宋代士大夫政治文化的研究》，第913页。
② 程颢、程颐：《河南程氏文集》卷二，《二程集》，王孝鱼点校，第460页。

实践在于能近取譬，内圣（仁）的外王化应当由近及远，由局部至全体；在尧、舜这样的得位的圣人不存在的情况下，不能期待仁的功效可以随时变天下无道为天下有道，所以人即君子或士的生活周边的种种人，其最自然的始点则是家人。儒家的内圣外王为一不可分的连续体，归宿与秩序重建；所谓秩序重建并不专指政治秩序（治道）；人一生下来便置身于重重秩序之中，因此，秩序重建可以从最近的家开始，家则须以情教之，非以外在之理衡之。

故阳明说："知性则知仁矣。仁，人心也。心体本自弘毅，不弘者蔽之也，不毅者累之也。故烛理明则私欲自不能蔽累，私欲不能蔽累，则自无不弘毅矣。弘非有所扩而大之也，毅非有所作而强之也，盖本分之内，不加毫末焉。曾子'弘毅'之说，为学者言，故曰'不可以不弘毅'，此曾子穷理之本，真见仁体而后有是言。学者徒知不可不弘毅，不知穷理，而惟扩而大之以为弘，作而强之以为毅，是亦出于一时意气之私，其去仁道尚远也。"[1]基于仁性的敬德，既不是外在于人的客观真理，也不是凌驾于人之上的绝对真理，毋宁说它是一种在肯定人的生命的内在意义的人文教化，它首先肯定人性的先天良知，即性善，认为这是人之所以为人的根据所在、基点所在，这就是人心本体本原。

同时，它也直面现实的污浊、幽暗和忧患，认为人能以其良知解除、祛解私欲、世俗的不正而使之归于正，即是致良知。由外而言，人立足于宇宙之中，宇宙运行的准则即是天理流行的大道，它廓然大公、生生不息，并不因为人出现了大善大恶而发生本质性的改变，也不因为人遵循或者违背其本性而使之动辄得咎，而是给人修行的机会、机缘、时空境域，在此人可以以其文化自觉而参与造化，可以化民成俗，可以优入圣域；由内而言，敬乃是人挺立提撕的关键枢机，以此可以超越其本能而成就生命的意义，由此可以感悟生命精神，以己证道，以己弘道。故阳明说："心之体，性也；性之原，天也。能尽其心，是能尽其性矣。"[2]《中庸》云"唯天下至诚，为能尽其性"，所谓至诚即是人立足于属人的世界的敬义精神挺立，故阳明说："至诚能尽其性，亦只在人物之性上尽。离却人

①王守仁：《答王虎谷》，《王阳明集》卷四，王晓昕、赵平略点校，第135页。
②王守仁：《传习录中》，《王阳明集》卷二，王晓昕、赵平略点校，第40页。

物，便无性可尽得。能尽人物之性，即是至诚致曲处。致曲工夫，亦只在人物之性上致，更无二义。但比至诚有安勉不同耳。"①至诚尽性，关乎道，关乎人心，以人情事理为本，以遵道循道为据，是儒学教育的根本所在。

————— | 敬道心筌——王阳明的教化哲学 |

①陈荣捷：《传习录拾遗》，王阳明：《王阳明全集》（新编本）卷三十九，吴光等编校，第1554页。

第六节　理性复归：尽心尽性的创造

　　何以敬德是学者所必须有所把握者？如前文所述，它是一种理性的自觉，是衡量学者自身修行的指标。清儒阮元曾著《释敬》一文，其中提到："古圣人造一字必有一字之本义，本义最精确无弊。敬字从苟从攴，篆文作苟（音亟）非苟（音狗）也。苟即敬也，加攴以明击敕之义。警从敬得声得义。故《释名》曰：'敬，警也，恒自肃警也。'此训最先最确，盖敬者，言终日常自肃警，不敢怠逸放纵也。非端坐静观主一之谓也。故以肃警无逸为敬。凡服官之人，读书之士，当终身奉之者也。"①之所以要"终身奉之"，乃是它并非一种外在于人的法则，而是内在于心的准绳。当然，从我们的日常生活来说，由于人性的复杂性，很难持续地保持一种警醒的自觉，非理性的行为往往成为日常行动的常态，因此，我们也可以认为二程重提"敬"字，具有重要的理论意义。

　　儒者所论之心学不是现代哲学所谓理学、心学互为对立的学派，而是注重自身修养，强调自我作为，主张修养身心的尽性尽心之学。尽其性即是使人性得以充分彰显；尽其心即是使赤子之心得以回归其正，使心性合一，也就是知行合一。阳明说："圣人之学，心学也。尧、舜、禹之相授受，曰'人心惟危，道心惟微。惟精惟一，允执厥中。'此心学之源也。中也者，道心之谓也；道心精一之谓仁，所谓中也。孔孟之学，惟务求仁，盖精一之传也。"②良知精察明觉的是天道，致良知所汲汲以求的是致中和，天道、天理内在于心，是就其本原处而论，由于习染、人情的缘故，它可能被遮蔽、隐晦，故需求之、修之、慎之、敬之，由是感而遂通。

　　对于儒者来说，天命、天道乃通过忧患意识所生的敬而步步展开，贯注到人的身心之上，使人作为主体彰显其主体性并肯定其本体性的过程，并由此使一种天人合一的道德秩序和宇宙秩序成为可

①阮元：《释敬》，《研经室续集》卷一，中华书局1985年版，第33页。
②王守仁：《象山文集序》，《王阳明集》卷七，王晓昕、赵平略点校，第217—218页。

能。因此在敬之中，我们的主体并未朝向上帝，或走向自我否定或朝向虚无，而是自我肯定、贞定，即在敬的过程中，天命、天道得以层层下贯而肯定和实现真正的主体。这里，敬不仅仅是一种戒慎虔谨的态度，更是一种应然的合理行为。[①]所谓合理，一方面是合于天地自然之理，一方面是合于人性本然之理，归根结蒂则是君子之道。邢昺《论语注疏》云："此章论君子之道也。子路问于孔子，为行何如可谓之君子也。'子曰修己以敬'者，言君子当敬其身也。'曰如斯而已乎'者，子路嫌其少，故曰：君子之道，岂如此而已？'曰修己以安人'者，人谓朋友九族。孔子更为广之，言当修己，又以恩惠安于亲族也。'曰如斯而已乎'者，子路犹嫌其少，故又言此。'曰修己以安百姓'者，百姓谓众人也。言当修己，以安天下之众人也。'修己以安百姓，尧、舜其犹病诸'，病犹难也。诸，之也。孔子恐其未已，故又说此言，言此修己以安百姓之事，虽尧、舜之圣，其犹难之，况君子乎！"[②]所谓敬其身，是指对人的生命的珍视，唯有尊重生命才能有所依据，有所警悟，因此修道即是敬道，修己即是敬身，这是在肯定人的精神中使人自觉其参天地造化之功，据守德性，以诚恳虔敬的心态来创造所在的世界，使之由小到大逐步完善和谐。

朱子学将"敬"用"恭敬"来诠释之，并将其提升至无上高度，这就意味着敬是圣人才能达至的境界，即是天地自然之道。朱熹《四书章句集注》引程子之说云："君子修己以安百姓，笃恭而天下平。惟上下一于恭敬，则天地自位，万物自育，气无不和，而四灵毕至矣。此体信达顺之道，聪明睿知皆由是出，以此事天飨帝。"[③]朱子主张："敬义夹持，涵养省察，无所不用其戒谨恐惧，是以当其未发而品节已具，随所发用而本体卓然，以至寂然、感通，无少间断，则中和在我，天人无间，而天地之所以位，万物之所以育，其不外是矣。"[④]在朱子看来，君子之学即是以圣贤自期，将此圣贤之

---

①参见牟宗三撰，罗义俊编：《中国哲学的特质》，第15页。

②邢昺：《论语注疏》，陈新校勘，沙志利标点，北京大学《儒藏》编纂与研究中心编：《儒藏精华编》（第104册），北京大学出版社2007年版，第803页。

③朱熹：《论语集注》卷七，《四书章句集注》，第150页。

④朱熹：《晦庵先生朱文公文集》卷六十五，《朱子全书》（修订本，第23册），朱杰人、严佐之、刘永翔主编，第3265—3266页。

道内化于心，将圣人境界化为工夫，见诸行事，时时事事磨砺之，如是则能一于天道而不贰，祛除人欲而归于天理，即是尽道。

此或为宋儒的共同圣人情怀，如蔡节（生卒年不详）在朱子之后，据二程子之说，集朱子与张栻（1133—1180，字敬夫，号南轩）之论，并以己意对《论语》义理加以诠说，主张"洙泗垂训之书，莫非帝王传道之要。存心为大，主敬以胜百邪，克己实难，为仁以该众善。能博文而约礼，复笃志而近思，视明听聪，截然天理人欲之辨"。［淳祐五年（1245）《进论语集说表》］蔡节认为作为君子之道的孔孟学问的关键点即在于"修己以敬"。蔡节《论语集说》说："君子之道，不越乎修己以敬而已。盖一于笃敬，则修己之道尽。推之国家以及于天下，皆是道也。极其至而天地位万物育，况于安人、安百姓者乎？'修己以敬'一语，言君子之道本诸身，理亦无不尽者。子路疑其未足，则告知以修己以安人。安人是己之所推而已。又疑其未足，则告知以修己以安百姓。安百姓是安人之备者而已。曰尧舜其犹病诸，欲子路无忽于斯也。凡覆载之内，尧舜固欲己之泽均被之也，有未能焉。是尧舜之所病也。此修己以敬无穷意（南轩张氏）。致堂胡氏曰：可愿莫如善，敬立则百善从；宜远莫如邪，敬立则百邪息。故敬也者，存心之要法，检身之切务也。"[1]在蔡节看来，敬意味着承认性善，肯定善性，遵循善的指引而行，它是人心唯一的依凭和人性挺立提撕的基点，人以敬自立即是修己以敬，故而首先指向人的精神自觉和文化自觉。

人的社会生活实践，是在敬的精神或心法的观照之下自然而然地朝向其天性复归；而社会对个人而言，是为人的这种生活创造群体性的条件。这既是所谓的性理学的信念，也是宋明理学家所共同认可的圣人之学。如真德秀（1178—1235）[2]作为朱子学的继承人和诠释者，对于敬的问题在朱子学的基础上提出了新的诠释，他在《大学衍义》一书中将"敬"列为诚意正心的首要德目，认为"崇敬畏、戒逸欲者，诚意正心之要也"。[3]真德秀说："九经之说，朱

---

① 蔡节：《论语集说》卷七，北京图书馆出版社2003年版，第38—39页。
② 孙先英认为，真德秀一生致力于朱子学的阐发和弘扬，但形成了以诚敬为核心的心性论，以合知行为一的方法论，以求仁为终极指向的心学取向。详见孙先英：《真德秀学术思想研究》，上海人民出版社2008年版。
③ 真德秀：《〈大学衍义〉序》，《大学衍义》，朱人求点校，华东师范大学出版社2010年版，第2页。

熹尽之矣。或谓：《大学》先言诚意、正心而后修身，《中庸》九经之序乃自修身始，何耶？曰：齐明盛服，非礼不动，此所谓敬也。敬则意诚、心正在其中矣。熹之以一为诚，何也？曰：天下之理一则纯，二则杂，纯则诚，杂则妄。修身不一，善恶杂矣。尊贤不一，邪正杂矣。不二不杂，非诚而何？故舜曰'惟一'，伊尹曰'克一'，《中庸》曰'行之者一'。"①真德秀将敬畏合说即崇敬畏，认为"敬畏之心存而后能适道"②。其中敬分为修己之敬、事天之敬、遇灾之敬、临民之敬、治事之敬等五个不同层面，并提出了操存省察之功和规警箴戒之助等具体的操作方法。

真德秀云："尧、舜、禹、汤、文、武，皆天纵之圣，而《诗》《书》之叙其德必以敬为首称。盖敬者，一心之主宰，万善之本原。学者之所以学，圣人之所以圣，未有外乎此者。圣人之敬，纯亦不已，即天也；君子之敬，自强不息，由人而天也。圣人之敬，安而行之。然成汤之日跻、文王之缉熙，虽非用力，亦若未尝不用其力者。盖日跻者，进进不已之意。缉熙者续续无穷之功。此汤、文之所以圣益圣也。人主而欲师帝王，其可不用力于此乎？"③《大学衍义》一书在明代影响较大，在经筵讲习、学校讲习、科举出题中，其主要思想或为士林周知的常识。对此，阳明亦是相当熟稔，故云"须是恭敬奉承，然后能无失"④，其编《朱子晚年定论》即称朱子以后，真德秀、许衡（1209—1281）、吴与弼（1391—1469）皆对此有所见，是谓传承朱子之学，可证其对真氏之说的认可。不过在讲说流行、心无所守的时代，阳明更强调知行合一的重要性，即所谓"不说闲话"，"在自己身心上用功"，以紧切着实的工夫立志、修行，故阳明《答窦文卿》说："为学之要，只在着实操存，密切体认，自己身心上理会。"⑤《稽山承语》云："往时有几个朴实头的，到能反己自修。及人问时，不肯多说，只说'我闻得学问头脑只是致良知'，不论食息语默，有事无事，此心常自炯然不昧，不令一毫私欲干涉，便是必有事焉，便是慎独，便是集义，便是致中

①真德秀：《大学衍义》卷一，朱人求点校，第20页。
②真德秀：《大学衍义》卷十，朱人求点校，第158页。
③真德秀：《大学衍义》卷二十八，朱人求点校，第441—442页。
④王守仁：《传习录上》，《王阳明集》卷一，王晓昕、赵平略点校，第5页。
⑤王守仁：《答窦文卿》，《王阳明集》，王晓昕、赵平略点校，第123页。

和。又有一等渊默躬行、不言而信，与人并立而人自化。此方是善学者，方是为己之学。"①《大学》之明明德，是自明其德，修齐治平从自修始，而格致诚正无非是自修之道。为己之学，并非要用话语来掩饰，而是人在社会的生活中去实践、修治。善学也不过如此而已。

阳明虽然一再谦称其学乃是口耳之学，但实际上其讲学正是针对口耳之学而发，故阳明学的真精神宜在躬行践履，其所说"圣学之要以敬为先"即在于说明君子之学首先须立志成人，谨守其心，因为"虽尧、舜、文王之圣，然且兢兢业业，而况于学者乎！后之言学者，舍心而外求，是以支离决裂，愈难而愈远，吾甚悲焉"②。正是由此悲悯之情怀，阳明才能在九死一生中孜孜以求圣贤之道，最终以良知指点人心。在阳明，诚敬实为一，诚意之诚即是恭敬奉承之心，故其云："诚字有以工夫说者：诚是心之本体，求复其本体，便是思诚的工夫。明道说'以诚敬存之'，亦是此意。"③后世学者或以其说虽直指本心，然不免游骑无归，不亦惑乎。

最后，尚需特别说明的是，敬德的精神，在教育活动中有最为显明的体现。在中国传统的教育中，师者与学者之间存在一种密切的关系，所教所学皆为一种生活的整全式的教育活动，孔孟设教，徒众追随服役，乃因其人格素为人所敬重，而非其办班发证，获得某种职业资格的认证。秦汉以后，有独抱遗经，开坛授徒之宿儒，追随者亦非为纯粹知识的传授，而是诸儒能折服学者，爱师重师的另一面是择徒与重徒，故汉代有马融的"郑生今去，吾道东矣"、宋代有程颢"吾道南矣"的师者故事，皆因其有传其道之徒而傲然于世。为师者人格学问伟大，学者沐其风而受教，感染其风度，为师者之思想与精神，乃得以世代相传，并及于学者所处之社会。"此中学者之学问道德，无论如何过于其师，然饮水思源，则不能泯其爱敬。夫然，而中国学术文化之师师相传，以日趋进步，后人仍可终不忘其宗师与祖师。学术文化之统绪，遂因以成。"④另外，即

①朱得之：《稽山承语》，王阳明：《王阳明全集》（新编本），吴光等编校，第1614页。
②王守仁：《谨斋说》，《土阳明集》卷七，王晓昕、赵平略点校，第235页。
③王守仁：《传习录上》，《王阳明集》卷一，王晓昕、赵平略点校，第33页。
④唐君毅：《中国文化之精神价值》，《唐君毅全集（第九卷）》，第191页。

便是没有直接的师承关系，学者仍可以读其书而私其人，私淑之，且尊之敬之，照样成就其学术，从学术的直接授受而言，孔、孟、朱、王皆是如此。

小　结

　　对于我们当代人而言，要理解古代社会思想，就要对经典有所把握，正如邢昺《论语注解》疏所云："夫子既终，微言已绝。弟子恐离居已后，各生异见，而圣言永灭，故相与论撰，因采时贤及古明王之语合成一法，谓之曰《论语》也。……论者，纶也，轮也，理也，次也，撰也。以此书可以经纶世务，故曰纶也；圆转无穷，故曰轮也；蕴含万理，故曰理也；篇章有序，故曰次也；群贤集定，故曰撰也。"①时异势殊，对于经典文本中的话语难免存在诸多不同诠释路径，探究其经纶之意则莫能入心入脑。显然，"修己以敬"乃是心理事理的交融，是个人、家庭和社会之间彻上彻下的关系准则，是社会理论建构的基点。正如阳明后学侯一元（1511—1585，字舜举，号二谷山人）所说："程子主敬之旨，谓前人所未发，殆非也。千古以来，只有此学。《尧典》第一义曰钦，降女、命官、治历、熙载，无不曰钦者。孔子曰修己以敬，笃恭而天下平，戒慎恐惧，临深履薄，皆是也。盖敬者，警也，常存其心之谓警。成性存存，道义之门。故存其心，所以养其性。视听言动，无一而不敬，不间于出门使民，不限于人己，即所谓自强不息，所谓敬以直内。久而熟焉，则恭而安，而至诚之无息，亦天运之不已矣。"②随着时代的变迁，后世儒者的诠释错综交织，显示出儒学的人文情怀，既有对前贤往行的敬仰倾慕，也有自敬其身的修身俟命；既有兢兢业业的忧患意识，也有敬畏天道人心的道德惠见；既有精察明觉的善性情怀，也有圆融合一的理性睿见。因其敬，据其修，本诸己，成己成人成物，故亲切要妙。对经典阐释的理论建构而言，敬道心筌的探究仍将继续。

　　总之，"修己以敬"是孔子学说的核心话语之一，是儒家社会思

①邢昺：《论语注疏》，陈新校勘，沙志利标点，北京大学《儒藏》编纂与研究中心编：《儒藏精华编》（第104册），第575页。
②侯一元：《一谷山人集》，《侯一元集》，陈瑞赞编校，黄山书社2011年版，第182页。

想的核心命题，它形塑了我国传统社会理论的基本形象，同时也为当下中国社会理论的反思与建构提供了富于历史感和时代感的伦理洞见。在当代的社会思想史研究中，"修己以敬"被视为是"国民道德伦理的准则"，或者"古代的道德伦理规范"，或者"社会理论批判的基础"。将其理解为过往社会的伦理规范最为简单，得到了广泛的认同，但对于当代社会理论的反思而言尚有研判的必要。在"敬道心筌"的理论系统中，"修己以敬"是儒者君子之道的枢机，是圣人心法，是内圣外王的关键，是关联古今的社会理论的核心命题之一。敬德这一中国传统的社会思想所蕴含的修为工夫话语和实践理论体系，敬德在君子的形塑、礼制的要求和人性的自觉等方面所具有的社会思想洞见，无不预设了一种可供我们选择的生活样式。这种生活样式，为阳明学所揭示，亦为阳明学人所阐释，是为下一章。

第二章

知义敬守：《朱子晚年定论》

读朱子书，玩其生活，觉得他时时在在，如对神明。此种独与天地精神往来的生活，直令我有虽欲从之莫由也已之感。

——熊十力《十力语要》

澄（陆澄）尝问象山（陆九渊）在人情事变上做工夫之说。先生曰：「除了人情事变，则无事矣。喜怒哀乐非人情乎？自视听言动，以至富贵、贫贱、患难、死生，皆事变也。事变亦只在人情里。其要只在「致中和」，只在「谨独」。」

——王阳明《传习录》

　　一个人成为历史上的人物，意味着他曾经活在过去；一部书成为古籍，意味着它是古人撰写刊行的书籍。历史上的人物和古代的书籍，没有想过几百年后他们还以某种方式活着，曾经的他们只是那个时代活生生的人和为当时的人所阅读、在读者之间讨论和传递的书籍。"历史上的人物和古代的书籍"，只是我们回看遥远过去的时候给他们的一个名称。这种名称并不意味着过往就是已经烟消云散的传说，相反，它意味着历史就在当下。如果说一切历史都是当代史的说法可以为我们所接受的话，我们也可以说：历史之所以成为当代史是因为人物的思想世界和书籍世界所呈现的历史就在我们身边，被我们所认知、感受和批评。历史不曾远去，为了更好地认识、感受、批评我们的人生，我们需要依凭历史，因为总有一天，今天也将成为历史，不管是微不足道抑或辉煌灿烂。

　　学者的生命中，经典是无法跨越的永恒话题。如何阅读经典，并激活经典，是学者首要面对的课题。在《象山语录》中记载了一段陆九渊与其学生关于经典的对话①，时至今日仍有启发意义。陆九渊曾对学生提出这样的问题："学问应以什么作为依据？"学生用"笃信圣人的话语"来回应。陆九渊接着提出了一个更具体的问题："《礼记》一书没有注释的文本有九万九千零二十字，其中有'子曰'的部分都是圣人话语，请问是该全部笃信？还是有选择的笃信？"学生无法回答。之所以无法回答是因为，《礼记》中"孔子曰"一百一十六次，"夫子曰"二十次，②如何笃信这些子？陆九渊说，如果全部都笃信的话，怎么信？如果有选择的话，却又不是笃信。这就与所谓的笃信圣人话语相矛盾。陆九渊所提出的，是一个困惑所有学者的问题。每个人在面对经典时，都必须回答这样的问题，才能使经典成为自我生活的一部分，才是儒者所谓的为己之

①伯敏尝有诗云："纷纷枝叶谩推寻，到底根株只此心。莫笑无弦陶靖节，个中三叹有遗音。"先生首肯之。呈所编《语录》，先生云："编得也是，但言语微有病，不可以示人，自存之可也。兼一时说话有不必录者，盖急于晓人，或未能一一无病。"时朱季绎、杨子直、程敦蒙先在坐。先生问子直："学问何所据？"云："信圣人之言。"先生云："且如一部《礼记》，凡子曰皆圣人言也，子直将尽信乎？抑其间有拣择？"了直无语。先生云："若使其都信，如何都信得？若使其拣择，却非信圣人之言也。人谓某不教人读书，如敏求前日来问某下手处，某教他读《旅獒》《太甲》，《告子》'牛山之木'以下，何尝不读书来？只是比他人读得别些子。"（陆九渊：《象山语录》，杨国荣导读，上海古籍出版社2000年版，第73页—74）
②使用"中国哲学书电子化计划"检索：http://ctext.org/liji/zhs?searchu=%E5%AD%94%E5%AD%90%E6%9B%B0.》，20170304。

学。朱子《近思录》说："圣人之道，坦如大路，学者病不得其门耳，得其门，无远之不到也。"①由前贤的经典入门，寻求圣人之道，则需要"知其义而敬守之"，阳明为吾人作出了示范。

---

① 朱熹、吕祖谦：《朱子近思录》卷二，严佐之导读，上海古籍出版社2000年版，第40页。

第一节 圣学之门：圣可学而至

生活在官宦之家，阳明并不缺少世俗的利禄。他未曾设想将其一生迷失于利禄中，而是希冀找寻到即凡即圣的儒者之道。关于阳明的早期生活，记载不充分，后世神话之，模糊且神奇。吾人无法知晓，阳明究竟从何时开始试图在世俗的利禄之外找寻人生的精神家园。其求学的大致情形自有公论：他的童年时代在家乡余姚度过，后因其父王华任职京城而随往，见识了世俗的繁华和学术的争鸣；十七岁时，他回乡迎娶诸氏，在这期间见到了一个改变他人生的导师——娄谅。阳明在京城时已就学国子监，度过了一段较为严苛的学生生活，虽已比较松散但仍有章可循的监生生活①。当时国子监的学者也并非不知学问为何物的官僚，但或许阳明并没有从他们的讲学中看到成为圣人的希望。他拜访娄谅，并诚心求教，这对阳明一生的影响至为关键。笔者的论述从此开始。

娄氏是一位较为著名的学者，他的学术传承可以追溯到明初大儒吴与弼。黄宗羲《明儒学案》即以吴与弼开篇。在黄氏看来，康斋开启了明代为圣之学的醇儒典范。他的成圣方法论是："敬义夹持，诚明两进"②；学道的方法是："谢去举事，独处小楼，尽读四

---

①国子监对师生均有详细的规定，特别注重道德教化和是非规矩。有学规五十六条，禁令十二条等等。比如规定监生"务要礼貌端严，躬勤诵读，隆师亲友，讲明道义，互相劝勉为善""三日一次背书，每次须读大诰一百字，本经一百字，四书一百字，不但熟记文词，务要通晓义理"[《学规》，《皇明太学志》卷三，《太学文献集成》（第5册），学苑出版社1996年版，第25—26页]等等。明代国子监的原始资料主要见于郭磐《皇明太学志》（《太学文献大成》第5—8册，学苑出版社1996年版），清人文庆等纂修的《钦定国子监志》（郭亚南等点校，北京古籍出版社2000年版）对前代国子监有较为粗略的记录。有关明代国子监的研究详见马炎心：《明代国子监述论》，《许昌学院学报》1988年第4期；王凌皓：《简论明代国子监教学管理的几个特点》，《吉林教育科学》1994年第12期；王凌皓：《简述明代国子监教育行政管理的几个特点》，《行政与法（吉林省行政学院学报）》1994年第4期；荣宁：《试论明代国子监规制度》，《廊坊师范学院学报》2001年第1期；杨现昌：《明代国子监若干问题研究》，安徽大学2006年硕士学位论文；张光莉：《明代国子监研究》河南大学2006年硕士学位论文；张建仁：《试探明代国子监的管理体制》，中国地方教育史志研究会、《教育史研究》编辑部：《纪念〈教育史研究〉创刊二十周年论文集（3）——中国教育制度史研究》，2009年版，第5页。

②黄宗羲：《崇仁学案一》，《明儒学案》（修订本）卷一，沈芝盈点校，第16页。

书五经、洛闽诸录，沉潜义理，足不下楼者二年"；教学方法则别具一格：陈献章曾从学于吴氏，"白沙来受学，公绝无讲说，使白沙刷地、植蔬、编篱，公作字，使白沙研墨，或客至，则令接茶。如是者，数月而归"①。后世学者对于前辈儒者的这种描述，可见学者将他们视为师范。吴氏用其求道经验，告知后来者，读书是求道的一种方法，而日常生活同样是一种方法。

娄谅作为吴与弼的学生，对于这一学说应有所见，所以当阳明与他见面论及圣人之学时，娄谅告诉阳明，圣人之学是可以通过学习而达致的，"圣人必可学而至"，这也被阳明的传记作者记录在案。随后不久，阳明参加科举考试，中举后，连续两次会试皆名落孙山，第三次方侥幸过关。和他的状元父亲王华的成绩比较起来，实在不太理想。比较模糊的是，阳明从娄谅那里得到的可学而至的具体方法是什么？后人皆不得而知。

阳明对圣人可学而至的学说的笃信，并不意味着他就已经找到了学的方法（得其门）。儒者之学是一种教化的学说，是一种立足于人的生命的学说，是既超越又内在的学说，阳明对圣人之学的认同，需要在自己生活中找出一具体而微的方法论。没有落实到人生的学说，不是生活的智慧而是技术的信息。在阳明的传记作者看来，他早期并未找到，一直等到龙场悟道时才真正找到这一方法。从阳明的早期生活来看，他并非没有找到方法，只是没有形成一种方法论。这种方法，我们可以认为即是吴与弼的"敬义夹持，诚明两进"的方法。这种方法，在儒学中即是来自孔子的"修己以敬"和宋儒程颐的"涵养须用敬，进学则在致知"。也就是说，圣人的学问可以通过"敬"和致知的方法来达成。

所谓"敬"，在后世学者的解说中被视为"主一"，主一的含义并不十分确定；致知的方法则很明确，博学审问，慎思明辨，即是致知的具体方向。关于主一的问题，阳明和他的学生后来也进行过讨论②，这就表明，阳明曾经出现过的问题，在他的学生那里同

---

① 孙奇逢：《吴康斋与弼》，《理学宗传》卷二十，万红点校，凤凰出版社2015年版，第339—340页。
② 陆澄问："主一之功，如读书则一心在读书上，接客则一心在接客上，可以为主一乎？"王阳明：《传习录上》，《王阳明全集》（新编本）卷一，吴光等编校，第12页。

样也存在。阳明明确地告知他的学生，主一不是专一，专一的意思是专注于某一项具体的工作，阳明曾经真诚地专注过各种学问，比如书法、诗歌、文章、佛教、道教、骑射、兵法等，应该说在饱满的精力和专一的追求中，他在这些项目上都取得了比较好的成绩。就书法而言，后世无不认为他的书法独具特色；论诗歌，他的诗作当世就已被视为可以和宋代诗人相较高下；论文章，他不仅和当时以文章著称的"前七子"相互唱和，所作的文章也被多种书籍收录成为写作的范本；论兵法，他不仅精研而且还亲自实践，取得了赫赫战功；论佛道二教，他与当世高僧交谈中所透露出的造诣令人叹服。这样看来，将主一理解为专一似并无大问题。但阳明说："好色则一心在好色上，好货则一心在好货上，可以为主一乎？是所谓逐物，非主一也。主一是专主一个天理。"①这样，阳明讲主一，便与宋代以来儒者关于圣人之学的诠释统一起来。这是阳明自己在探求圣人之学过程中的所得。

从教化历史的过程来看，《朱子晚年定论》②是王阳明教化哲学的一部标志性著作。阳明《朱子晚年定论》的编纂出版造成了思想史上的一个景观，"引起强烈反动，弄成一巨大风波，鼓动一百五十年，为我国思想史上一大公案。"③"盖自阳明致良知之说一出，近世但是谈学者都知驳刺朱子即物穷理之说之为支。"④引起朱子学

①王阳明：《传习录上》，《王阳明全集》（新编本）卷一，吴光等编校，第12页。
②目前学界对于《朱子晚年定论》最为完备的研究，笔者认为当属台湾大学文学院哲学系蔡龙九的博士论文《朱子晚年定论之相关探究》〔2009年，该文已收入林庆彰编《中国学术思想研究辑刊十一编》第28、29册，花木兰文化出版社2011年版（标题被改为《〈朱子晚年定论〉与朱陆异同》）〕。蔡氏认为《定论》或是"朱陆异同争论史"中的诸多著作，不外乎"考据""诠释""门户之见"等方面。调和者与反调和者双方并非全无调或是批判效力，只因其中细节问题并未解决而已。蔡氏指出，阳明与朱子之间有异同，其同为儒家学者的共识，阳明所欲谈论的重点是"思想上的同"而非"晚年"。蔡氏所谓延伸谈论问题包括：一是朱子、陆九渊和王阳明之间异同的具体内容；二是参与讨论异同的学者所持的观点及论证的方式；三是如何厘清调和和反调和论之间的问题；四是如何以一种更加清晰的方式呈现所谓的异同论。蔡氏提出可以用"工夫心"，即回归孔子的立论核心，将范围设定在"实践层面"上，排除过多的形上旨趣，以"作工夫"时的谈论范围内来求"同"。但蔡氏也认为"工夫心"的谈论仅能"弱化"朱、陆、王对"天理"或"性善"产生的本源立论（心即理、性即理）在"实践中"的差异性，至于"天理"或"性善"之相关论述且偏向"形上旨趣"的谈论内容，无法一并处理。蔡氏博士论文考据的方式采取的立场是从儒学发展史的视野重新诠释儒学核心问题。
③陈荣捷：《王阳明〈传习录〉详注集评》，华东师范大学出版社2009年版，第262页。
④耿定向：《与赵汝泉三》，《耿定向集》卷六，傅秋涛点校，华东师范大学出版社2015年版，第243页。

者反动，著书立说者先后相继，百余年不息，如罗钦顺（1465—1547）《困知记》、陈建（1465—1547）《学蔀通辨》、冯柯（1523—1601）《求是编》、孙承泽（1592—1676）《考证晚年定论》、陆陇其（1630—1692）《问学录》、阮元（1764—1849）等先后著书立说，可谓"巨澜击荡"。[①]

在性理学脉络中，读书与著述并行不悖，均指向人生之完善和秩序之重整，即归于道，或者说止于至善。在性理学家的论述中，具体性的历史事实（圣贤典范人物的言行）之铨衡和揭示，与普遍性的原则（如道或理）的最终成立，两者之间须有敬道之心的绾合，所谓敬贯动静、彻上彻下是也。故性理学的著述越出了集部的范围，不再以诗文为主，而是涵括了学者所有著述，不仅包括了精心雕琢的诗文，师友间的书信、读书心得、讲学语录，也包括对前贤言行的整理选择后的著述。之所以如此，与性理学强调"道在六经"的主张，即尊重圣贤人物及其言行示范，有着密切关系。既然六经是圣贤之道的垂范，则后世从祀孔庙诸先贤先儒的言行，在某种意义上都是道的见证和道在人身的证成，同样也是后世学者修行之资。显然，没有任何一个性理学家会认为道是自我证成的，它不是外在于人的绝对超越的道德伦理（以理杀人的指责是后世的口号，与真正的性理学家本人无涉），而是内在于人的体验、体证、实践的心性性理。

因此，一方面性理学家强调读书的重要性，一方面又反对功利的读书法，认为后者不如不读书；一方面以著书立说为外在之事而不特重之，一方面又随着出版业的繁荣大力参与各种书籍的编纂和传播。在诸多性理学的著述中，语录成为重要的人生修行教科书，

①参见陈荣捷：《王阳明〈传习录〉详注集评》，第264页。陈氏主要关注了反对者，实际上另有若干支持者或调和者，如季本（1485—1563，字明德，号彭山，著《说理会编》）、来知德（1525—1604，字矣鲜，号瞿塘，著《心学晦明解》）、孙奇逢（1584—1675，字启泰，号锺元）、汤斌（1627—1687，字孔白，号荆岘，又号潜庵）、李绂（1675—1750，字巨来，号穆堂，著《朱子晚年全论》）等等。详见蔡龙九：《〈朱子晚年定论〉与朱陆异同》，林庆彰编：《中国学术思想研究辑刊十一编》（第28、29册）。

其中以朱熹、吕祖谦所编《近思录》最为典型①，而阳明《朱子晚年定论》最为焦点。将后者视为失败型的典范，似亦不为过。②然而，我们需要的不是这种简单的价值判定，而是要探讨何以阳明要编纂刊行这么一部书？它在阳明学中起到了什么样的作用？我们如何阅读这部书并对之加以评价？在回答这一问题之前，我们先对晚明书籍的生产情况作一初步的了解。

---

①关于《近思录》的研究，详见陈荣捷《近思录详注集评》，华东师范大学出版社2007年版；程水龙《理学在浙江的传播：以〈近思录〉为中心的历史考察》，上海古籍出版社2010年版；朱高正《近思录通解》，华东师范大学出版社2010年版；程水龙《〈近思录〉集校集注集评》，上海古籍出版社2012年版。《近思录》的多种不同版本的影印汇刊可参见翟奎凤、向辉主编：《近思录版本丛刊》，凤凰出版社2016年版。

②如林月惠认为："虽然《朱子晚年定论》学术上的价值不高，但却是探讨阳明与朱子关系的重要线索。因此，从阳明论及朱陆之学，至其《朱子晚年定论》之作，皆显示出：就主观心态而言，基于阐明圣学之共同理想，阳明回护朱子之情甚殷。足见朱子之于阳明实是一条不可割断的脐带，而阳明许多思考问题之论点，亦因而不自觉地受朱子的影响。"[林月惠：《阳明"内圣之学"研究》，林庆彰主编：《中国学术思想研究辑刊十一编》（第20册），花木兰文化出版社2009年版，第25页]

第二节 纷纷籍籍：著述及刊刻

对于后世的藏书家而言，晚明的书籍大多不具备珍藏的价值。一则当时刊书数量极多，无法显示出藏家追求稀见性的高雅品位；首先，诸多书籍在文本校勘上极为粗率，文字错误开卷即是。原因何在？叶德辉《书林清话》认为，这是经济因素和社会风气因素共同作用的结果。晚明刻书产业发达，而产业工人的薪资则价格低廉，叶氏感叹便宜没好货。其次，当时的社会风气方面，但凡读了数十年书，考过一次科举，必要刻出一部书稿来。贩夫走卒死后都要请人写一篇墓志铭，著述对于社会而言，已经不是什么难以企及的传说。[①]其实，明代人早有类似的观察。明人陆容（1436—1494）[②]就曾感叹明代中期书籍刊刻过多的问题：

> 古人书籍多无印本，皆自钞录。闻《五经》印版自冯道始，今学者蒙其泽多矣。国初书版惟国子监有之，外郡县疑未有，观宋潜溪《送东阳马生序》可知矣。宣德、正统间，书籍印版尚未广。今所在书版，日增月益，天下古文之象，愈隆于前已。但今士习浮靡，能刻正大古书以惠后学者少，所刻皆无益，令

---

① 叶德辉谓："蔡澄《鸡窗丛话》云：先辈云：元时人刻书极难。如某地某人有著作，则其地之绅士呈词于学使。学使以为不可刻则已，如可，学使备文咨部。部议以为可，则刊板行世，不可则止。故元人著作之存于今者，皆可传也。前明书皆私刻，刻工极廉。闻前辈何东海云，刻一部古注《十三经》，费仅百余金。故刻书者纷纷矣。尝闻王遵岩、唐荆川两先生相谓曰：数十年读书人，能中一榜，必有一部刻稿；屠沽小儿，身衣饱暖，殁时必有一篇墓志。此等板籍，幸不久即灭，假使尽存，则虽以大地为架子，亦贮不下矣。又闻遵岩谓荆川曰：近时之稿板，以祖龙手段施之，则南山柴炭必贱。'"（叶德辉：《明时刻书工价之廉》，《书林清话》卷七，《叶德辉诗文集》卷一，张晶萍校点，长沙：岳麓书社，2010年，第164页）萧穆谓："余二十年前于新阳友人赵君静涵元益寓斋，见有旧钞本云间蔡澄练江所著《鸡窗丛话》一卷，皆考订经史，并记吴中康熙以前故事。蔡公盖康熙雍正间人，未详其生平，盖亦绩学之君子人也。"（清萧穆《敬孚类稿》卷九《记江文摘谬》）这部《鸡窗丛话》的作者蔡澄是清初人，他的生平不可考，不是历史上的名人，但他的《鸡窗丛话》因为叶德辉《书林清话》的引用而广为人知，但原书至今仍是稀见之书。

② 陆容（1436—1494），字文量，号式斋，成化二年进士（1466），官至浙江右参政。其《菽园杂记》颇为后世所重，有魏"本朝记事家当以陆文量《菽园杂记》为第一""明代说部第一"者。详见陆容：《菽园杂记（及其他一种）》，中华书局1985年版。

人可厌。上官多以馈送往来，动辄印至百部，有司所费亦繁。偏州下邑寒素之士，有志占毕而不得一见者多矣。尝爱元人刻书，必经中书省看过，下有司，乃许刻印。此法可救今日之弊，而莫有议及者。无乃以其近于不厚与。①

书籍越来越多，内容越来越复杂，让不少知识分子有了危机感。陆容希望刻书必须要经过审查之后才准刊行，他所在的明朝，刻书不为政府部门限制，什么样的书都有刻本。而政府官僚刻书又多为礼物往来，一部书要印上几百部之多，都是政府支出，纯属浪费。他认为应该恢复元代的制度。吊诡的是，陆容的《菽园杂记》并未在他生前刊刻，长期以写本形式存在。直到嘉靖年间才有陆仲絜的单刻本，又有万历间陈于廷《纪录汇编》本。若不是有刻本的话，陆容的这部书可能也早就不复存在了，也就没有什么人知道他曾经有这样的想法了。陆容的理想后来一度成为现实，结果是无书可读，也就造成了空虚的历史。

陆氏之后，顾炎武更是在其《日知录》中反复声称明朝王室对书籍只知保藏而不让人民知之。在他的文字中，明代的书籍世界不仅黑暗，而且毫无希望。他一则说："自洪武平元，所收多南宋以来旧本，藏之秘府，垂三百年，无人得见。而昔时取士，一史、三史之科又皆停废，天下之士于是乎不知古。司马迁之《史记》、班固之《汉书》，干宝之《晋书》、柳芳之《唐历》、吴兢之《唐春秋》、李焘之《宋长编》，并以当时流布。至于《会要》《日历》之类，南渡以来，士大夫家亦多有之，未尝禁止。"②一则说，明代监刻"二十一史""校勘不精，讹舛弥甚，且有不知而妄改者，偶举一二"云云，结论是"此则秦火之所未亡，而亡于监刻矣。"③一则说，"自永乐中命儒臣纂修《四书大全》颁之学宫，而诸书皆废"。而他认为明初《四书五经大全》基本上都是抄袭，"仅取已成之书抄誊一过，上欺朝廷，下诳士子，唐、宋之时有是事乎？岂非骨鲠

---

① 陆容：《菽园杂记》卷十，《菽园杂记（及其他一种）》，第116—117页。
② 顾炎武著，黄汝成集释：《秘书国史》，《日知录集释》卷十八，栾保群、吕宗力校点，上海古籍出版社2014年版，第403页。
③ 顾炎武著，黄汝成集释：《监本二十一史》，《日知录集释》卷十八，栾保群、吕宗力校点，第405—406页。

之臣已空于建文之代，而制义初行，一时人士尽弃宋、元以来所传之实学，上下相蒙，以饕禄利，而莫之问也？呜呼！经学之废，实自此始①。从顾炎武这些议论引申出来的所谓"明代思想界昏腐论""明人刻书而书亡论""明代无经学论"等，无不成为后世学者认识明朝文化事业的常识。叶德辉等人对于明代刻书的认识也多少受到了顾炎武等人的见识及议论的影响。

然而，我们必须注意到的是，有明一代的各种书籍刊刻无论是从数量还是从质量来说，要比前代和其后很长一段时间内的书籍刊刻要更具有明显优势，最重要的是明代以来大量平民著作的刊刻成为了可能，各种著作反复刊印，特别是近代学者所关注的市民文艺作品，如小说、戏曲之类的文学作品广为流传，而这一时代的性理学著作也更是远超前代。顾炎武的个人观察更多的是一种假借历史评论来表达自己见解的书写，离历史有着较大的差距。当然，我们并非要驳斥顾氏的意见，也并非要为其著作作校释，我们所要做的是另外的工作，即通过对明代书籍世界的考察来揭示这个时代的文化景观。

阳明对刊刻著作持相当谨慎的态度。钱德洪说："嘉靖丁亥（嘉靖六年，1527）四月，时邹谦之（邹守益）谪广德，以所录先生文稿请刻。先生止之曰：'不可。吾党学问，幸得头脑，须鞭辟近里，务求实得，一切繁文靡好，传之恐眩人耳目，不录可也。'谦之复请不已。先生乃取近稿三之一，标揭年月，命德洪编次；复遗书曰：'所录以年月为次，不复分别体类者，盖专以讲学明道为事，不在文辞体制间也。'"②按照钱德洪的解说，阳明本人认为口传心授是讲明心学的主要方法，通过书籍传播是不得已的选择。

然而，并非所有人都能得以面授，特别是在印刷时代，书籍乃是我们获取知识的主要手段之一。阳明本人就曾为书籍生产留下了诸多文字记录。阳明文集中收录了他的多篇书序文字，或为他的自编书所写的解说文字，或为他人所编书所撰的阐释文字，其中《紫阳书院集序》《朱子晚年定论序》《大学古本序》《礼记纂言序》《象

①顾炎武著，黄汝成集释：《四书五经大全》，《日知录集释》卷十八，栾保群、吕宗力校点，第410页。
②钱德洪：《刻文录叙说》，王守仁：《王阳明集》旧序，王晓昕、赵平略点校，第7页。

山文集序》等，钱德洪将之编入《正录》（通行本全书《文录》四），以为是"纯于讲学明道者"，这些文字足以"明其志"；而《罗履素诗集序》《两浙观风诗序》《山东乡试录序》《气候图序》《重刊文章轨范序》《文山别集序》《金坛县志序》等则列入《外集》（通行本全书《外集》四），以为是"酬应"文字，可以"尽其全"。

不论怎样，阳明从来没有主张要限制书籍的刊刻，也没有像《菽园杂记》的作者那样将书籍的增多视为洪水猛兽。事实上，阳明在其读书生涯中不仅直接参与到了书籍的发展繁荣事业之中，并且还带动其学人群体积极参与其中。这才是阳明的书籍世界。

第三节　聚讼不息：两极的诠释

学术与政治之间存在着复杂的关系，阳明学亦不例外。阳明殁后，桂萼等人曾专门就此上书，对阳明学术事功加以全面矮化：

> 守仁既卒，桂萼奏其擅离职守。帝大怒，下廷臣议。萼等言："守仁事不师古，言不称师。欲立异以为高，则非朱熹格物致知之论；知众论之不予，则为《朱熹晚年定论》之书。号召门徒，互相倡和。才美者乐其任意，庸鄙者借其虚声。传习转讹，背谬弥甚。"①

桂萼并非诋毁阳明的最后一人。其后万历元年三月，兵科给事中赵思诚则更加以渲染之：

> 守仁党众立异，非圣毁朱。有权谋之智功，备奸贪之丑状。使不焚其书，禁其徒，又从祀之，恐圣学主一奸窦，其为世道人心之害不小。因列守仁异言叛道者八款。又言其宣淫无度，侍女数十，其妻每对众发其秽行。守仁死后，其徒籍有余党，说事关通，无所不至。擒定宁贼，可谓有功，然欺取所收金宝，半输其家，贪计莫测，实非纯臣。章下该部。②

从桂萼等人之论至赵思诚之说，阳明之学不仅不是圣学之传，且是危害极大的伪学邪说，且其人私生活不检点，又号召门徒，是为不安定之因素。其书又反朱子学，故焚其书禁其说可也。这种过激之论，后世学者不取。但其中关于《朱子晚年定论》的"知众论之不予，则为《朱熹晚年定论》之书"的揣测式评价却被后世学者继承之而无有更改，如秦家懿认为："阳明在1518年曾刊刻《朱子

---

① 张廷玉等：《王守仁》，《明史》卷一百九十五，第5168页。
② 顾秉谦等：《明神宗实录》卷十一，中研院历史语言研究所校勘本，1966年版，第366—367页。

晚年定论》，并在序中述说自己的求学过程与发现朱熹晚年对于早年论说之误，有所后悔。""王阳明若是公开反对朱熹的学说，也是不得已的。他明知自己与朱熹都是圣门之徒。他也不完全否定朱熹所说的一切。他认为朱熹是贤人，生平勃勃好学，并以重兴儒家为己任，可惜著述过多，犯支离之病。"①吴长庚说："王阳明乃作《朱子晚年定论》，援朱入陆，弥合朱陆，为王学的发展争取空间。"②劳思光也认为："今考王氏所取代表朱氏'晚年定论'之资料，多出自中年，故王氏此书未可凭信也。"③总之，诚如孙锲所言，很多学者将《朱子晚年定论》视为阳明的乡愿心态之作品。④因此，在论述阳明学时，此书并无重要地位。

这些说法无甚意义，既未考察阳明良苦用心，更未了解当时士人心态。唯有梁启超的说法颇有见地，他从学术习气的角度解释了何以阳明有此《朱子晚年定论》之作，并进而论及其后果：

> 唐代佛学极昌之后，宋儒采之，以建设一种"儒表佛里"的新哲学，至明而全盛。此派新哲学，在历史上有极大之价值，自无待言。顾吾辈所最不慊者，其一，既采取佛说而损益之，何可讳其所自出，而反加以丑诋；其二，所创新派既并非孔孟本来面目，何必附其名而淆其实？是故吾于宋明之学，认其独到且有益之处确不少，但对于其建设表示之形式，不能曲恕，谓其既诬孔，且诬佛，而并以自诬也。明王守仁为兹派晚出之杰，而其中此习气也亦更甚，即如彼所作《朱子晚年定论》，强指不同之朱陆为同，实则自附于朱，且诬朱从我。此种习气，为思想界之障碍者有二：一曰遏抑创造，一学派既为我所自创，何必依附古人以为重？必依附古人，岂非谓生古人后者，便不应有所创造耶？二曰奖励虚伪，古人之说诚如是，则宗述之可

---

① 秦家懿：《王阳明》，生活·读书·新知三联书店2017年版，第96页。
② 吴长庚：《鹅湖之会与朱陆异同"早晚论"的历史演变（代序）》，程敏政等撰，吴长庚主编：《朱陆学术考辨五种》，江西高校出版社2000年版，第1页。
③ 劳思光：《新编中国哲学史（三）》，生活·读书·新知三联书店2015年版，第300页。
④ "王学本独有千古，可俟百世。何必借朱子为定论？况明言其不必尽出于晚年哉？观'委曲调停'四字，先生盖犹有乡愿之见。而王学所以予人口实者，正在此也。今世学者既鲜专尊朱学以攻王学者。故本书之末，武昌本、江西本均附刻《定论》，今删之。"（陈荣捷：《王阳明〈传习录〉详注集评》，第151页）

也；并非如是，而以我之所指者实之，此无异指鹿为马，淆乱真相，于学问为不忠实，宋明学之根本缺点在于是。[①]

梁启超先生在近代高倡阳明学[②]，写过《王阳明知行合一之教》，但他似乎并不认可阳明《朱子晚年定论》的编撰方式。不过很有意思的是，他自己又采用了这种做法，著名的例子就是其三十三岁时（光绪三十一年，1905）选编《节本明儒学案》[③]。梁氏的"遏抑创造"和"奖励虚伪"这两大论断，基本上判了阳明《朱子晚年定论》的死刑。即，首先此书仅仅是阳明以一种不怎么高明的方法来论证自己的学术主张，论者首先关心的是所谓"晚年定论"是否真的是晚年定论，一旦文本中发现了非晚年之论就将其全盘否定；其次关注的是阳明所摘编之论是否真的为朱子学的核心问题，一旦发现文本中有非朱子学认可之朱子面目就可全盘否定之；最后关注的问题是此书乃朱陆争议之文本，阳明名义上支持朱子，实际上是以朱子反朱子，更重要的是他根本无力支持陆学。陈荣捷《从朱子晚年定论看阳明之于朱子》一文以为诸家批评阳明之处，不外四点：

> 一为其误以中年之书为晚年所缮；二为其以《集注》《或问》为中年来定之说；三为其断章取义，只取其厌烦就约之语与己见符合者；四为其误解"定本"，且改为"旧本"。[④]

①梁启超：《清代学术概论》，朱维铮导读，上海古籍出版社1998年版，第8页。梁氏这一说法在近代颇有影响，如缪天绶选注《明儒学案》之新序云："毕竟朱学是'官学''绅士学'，是最普遍的。阳明这般的和朱抵牾，因而'攻之者环四面'（《与安之书》），在先程篁墩（敏政）作《道一编》，主张朱陆是始异晚同。阳明至此亦节取朱子的书说三十余条，名《朱子晚年定论》，专主向里一路，以示自己未尝与朱子离异，以为护身符。这是中国学者最大的弱点——托古，即以力量最大的阳明亦不能免。"（缪天绶：《新序》，黄宗羲：《明儒学案》，缪天绶选注，商务印书馆1931年版，第20页）
②竹内弘行：《梁启超与"阳明学"》，《传统文化与现代化》，1994年第1期；吴义雄：《王学与梁启超新民学说的演变》，《中山大学学报（社会科学版）》，2004年第1期。
③朱鸿林认为，梁启超服膺王学并终身贯之，《节本明儒学案》的编纂一方面表明梁启超对宋明理学论说的德育哲理和方法的自我受用，同时也希望以此向同志之士广为推介，助其精进。一言以蔽之，梁启超之精研《明儒学案》，始终是与他的政治和教育事业的发展分不开的。参见朱鸿林：《梁启超与〈节本明儒学案〉》，《〈明儒学案〉研究及论学杂著》，生活·读书·新知三联书店2016年版，第326—327页。
④陈荣捷：《王阳明〈传习录〉详注集评》，第264—265页。

论者攻击阳明在于维护朱子学说之纯洁性，然而并未论及此书究竟是阳明学说还是朱子学说？如果是阳明学说，只是他采用了述而不作的方式，那么我们考察的应是文本中所涉及的各类问题。如果不是阳明学说而是关涉到朱子学说的根本问题，那么我们就需要像李绂（1675—1750）《朱子晚年全论》①和王懋竑（1668—1741）《朱子年谱》那样，对朱子学进行细致分析，进而论证《朱子晚年定论》所论在多大程度上属于朱子学的核心范畴。不过这种考据的工夫并不能从根本上让我们了解阳明学和朱子学之间的差异性及其融合性。

在阳明学的发展过程中，此书的意义非同一般，因为大人物表现其思想的创造性，并不能直接出自表面上看起来清晰的或者符合逻辑的形式，相反，它往往蕴藏在那些表面上看起来毫无关系的侧面。②如果我们承认这一点，那么蒙培元先生所论证的，阳明所发展的心学体系，一方面是对朱子心学思想的继承，同时也克服了其学说本身所具有的矛盾，因此可以说，阳明的哲学是朱子哲学的完成；同时，它又是对陆九渊的简易工夫和朱子精密论证的融合。这样，阳明的心学同时展现出简易的特征，又不乏精密的论证。③"事实上阳明是在朱学的熏陶下翻出来的一条思路，所以提出问题的方式像朱子，而在精神上则接上象山。既要跳出朱子的窠臼，自不能不与朱子的思想对反，但又不可以完全抹杀这一背景；虽说是接上象山的精神，但象山的思想完全缺少分解的展示，故以之为粗些而极少加以征引。王学乃是在这样的情形之下产生出来的新思想。"④正如徐复观所说，中国古代思想家表达其思想有两种不同的路径：其一是《论语》《老子》模式，即用自己的语言和风格；其二是《春秋》模式，即用古人的言行来证成自己的思想。⑤这两种不同的思想表达方式一直延续到近代，阳明的《朱子晚年定论》就是第二种方式。

抛开写作方式不谈，在实质问题上，前述梁启超的看法明显与

---

① 李绂：《朱子晚年全论》，段景莲点校，中华书局2000年版。
② 参见葛兰西：《狱中札记》，曹雷雨、姜丽、张跣译，河南大学出版社2014年版，第495页。
③ 蒙培元：《理学的演变：从朱熹到王夫之戴震》，福建人民出版社1984年版，第307—308页。
④ 刘述先：《朱子哲学思想的发展与完成》，第464页。
⑤ 徐复观：《两汉思想史（三）》，《徐复观全集（九）》，九州出版社2013年版，第1页。

薛应旂的观点相左，梁氏认为宋明儒学者之学术建设所取路径是"儒表佛里"的范式，虽然有其历史意义，但有极大的思想障碍，特别是依附古人的态度极不可取。不过细考之则可发现，薛氏所论针对的是尊重传统的世道人心之教化，而梁氏则侧重在进化史学的学术思想发展，面对同一文本，基本上是得出了完全相反的结论。梁氏这一论述虽是在反对阳明学和明学的立场，但梁氏的论述自有其思想史的意义。不过，这样的立场往往容易导向毫无根据的反对，进而无法了解学术发展历程中的复杂性，极有可能导致一种激进的批判运动。如果我们以一种更为温和的态度来反思此一问题，则可能会得出完全不同的答案，这也是教育的题中之义。

《朱子晚年定论》一书在后世学者中造成的两极分化的诠释，这可能既是思想家的宿命，也是文字本身的宿命，一旦文本形成之后，其诠释就必然脱离作者的理路而成为一种思想的质料。但无论如何，此书在阳明学和"反阳明学"中，都必然是一个无法避开的文本。不过，若是我们仅仅将其作为一个文本来阅读，那就远离了阳明学，亦无法从中了解阳明与朱子之间的文化传承关系，因为文化不仅仅是一种文字的传承，它更是一种崇敬和教养，是人类精神和知识的构成方式。如果我们从此种崇敬和教养的文化观之，则可以避免前述各种不必要的非议。这也是传统文化教育的精义所在。从维护并弘扬传统文化的立场出发，唐文治于1933年编纂并出版《紫阳学术发微》一书，在该书自序中，唐先生说："朱子之于象山也，高明沈潜，虚实相济，旧学新知，相观而善，琢磨同在一室，巧力各有千秋，所谓'道并行而不相悖'，'连而不相及'。而彼入主出奴者，哓哓于党同伐异之私，顾不陋哉！明王氏阳明编《朱子晚年定论》，考其年岁，大都在己丑悟道以后，故多涵养精微之论，而说者以为颠倒早晚，并宇宙间虚实之理不能辨，顾不隘哉！"[1]此论乃深得阳明之心者。其后唐氏又纂辑《阳明学术发微》七卷专门阐发阳明学义理。

学是习得智慧。唐氏《读朱子晚年定论》说："夫学者，必有平心养气之功而后可以论古人，亦必明实事求是之旨而后可以论古

---

①唐文治：《紫阳学术发微自序》，《紫阳学术发微》，乐爱国点校，华东师范大学出版社2014年版，第3页。

人之学。王阳明先生辑《朱子晚年定论》，攻之者固多，而信之者亦复不少。然彼信之、攻之者，亦尝考朱子平生学问之经历，深造自得之径途，而切实加以体验之功乎？……然则为朱学者，固当以息争为宗旨，而息争之道又非独为朱学者当然，为陆王之学者当然也。爰揭明斯义，俾天下后世知讲学先务息争而息争则必自讲学者始。"①如今，朱学、陆学、王学，均非必讲之学，其争论反复却有甚过于前人。唐氏此说，更见其慧矣。其实阳明对此亦非无深刻认识，他说："学绝道丧，俗之陷溺，如人在大海波涛中，且须援之登岸，然后可授之衣而与之食；若以衣食投之波涛中，是适重其溺，彼将不以为德而反以为尤矣。故凡居今之时，且须随机导引，因事启沃，宽心平气以薰陶之，俟其感发兴起，而后开之以其说，是故为力易而收效溥。不然，将有扞格不胜之患，而且为君子爱人之累。"②如果说阳明致良知说是予随波逐流的学者以衣食，则《朱子晚年定论》是援之登岸者，由此书进入阳明学则"为力易而收效溥"。

---

① 唐文治：《紫阳学术发微》卷十，乐爱国点校，第279—282页。
② 王阳明：《寄李道夫》，《王阳明全集》（新编本）卷四，吴光等编校，第178—179页。

第四节　提问方式：何谓与何以

众所周知，儒学实际上是一种教育机制，①儒学思想就是教育思想，它首先是一种社会的德教，即致力于为社会各个领域提供基本的道德规划和生活准则，这种德教指向社会秩序的和谐与个人生活的完善，即朝向善的、有序的文明。②因此，研究儒学教育史就是要彰显这种人文精神和教化之道，这在一定程度上当然也是"以古鉴今""以今论古"的方式。我们认为，更为重要的是在于如何更好的理解过去，因为不理解过去就无法理解当下。然而，过去的历史与现实的人生一样，充满着谜一样的故事，教育更是绚丽夺目，我们也就必须借助于提问进入历史，也必须使用概念来梳理历史，这样才能使珍珠成串，光线成彩虹，进而重建秩序。人类社会需要秩序，知识同样需要秩序。无序的历史不成其为历史，无序的知识不成其为知识。因此，我们对于传统教育的研究就需要通过提问和概念工具的创造来更好地理解其历史。

学术研究中，问题的提出不仅是拓展研究视野的基础，也是促进人类知识丰富的路径。但问题的提出并不意味着问题的解决，问题的解决需要使用概念工具。概念一方面是在问题意识中产生的，即它在一定程度上是对问题的具体化和深化；一方面又是对问题的常识性回应，即它在一定程度上是对问题意识所指向的学术课题的处理和解决的技艺。现代学术的建立离不开问题意识，同样也离不开各种概念工具。对此，教育史学研究也有其基本的问题，即如何理解并诠释古代教育的丰富思想。在《中国教育制度通史》中，李国钧、王炳照先生认为，教育制度史的研究必须为当代改革发展提供历史依据，因此它的任务就不仅仅是对既有研究成果的总结归纳，不仅仅是对历代教育制度进行史料的描述，毋宁说，它的主要任务是重新审视历史的变迁，考察历史的发展，洞悉历史与现实的

---

① 参见甘阳：《文明·国家·大学》（增订本），生活·读书·新知三联书店2018年版，第50页。
② 参见牟钟鉴：《中国文化的当下精神》，中华书局2016年版，第3页。

关联，总之是要将作为历史存在物的教育制度的特性与作为现实存在的教育改革的需要相关联，"古为今用，以史为鉴"。①

这里，教育史家明确提出了教育史的问题意识：即在现实的教育思想和制度的视野下，作为历史存在物的教育（思想和制度）何以可能？换句话说，教育史要回应的问题是教育史的历史可能和现实可能问题。从历史的可能来说，它过去存在的理据何在？它的内在逻辑何在？它的发展演变情形如何？吾人今日要如何评价？归结到一点即是：历史是否具有现实的可能性？若没有，为什么？若有，在何种意义之上？这个强烈的现实感的教育史学的方法（概念工具）是什么呢？

简而言之，教育史的提问是"何谓传统教育思想"，其方法则为史论和分类，所谓史论分为"由论入史"和"由史进论"两种路径；所谓分类是将历史上的教育史学以人物、思想为中心加以派别化（学派）区分。史论和分类上又强调统一性，即历史与逻辑的统一。②这种教育史学的问题模式及其概念工具，为我们理解我国教育的历史和现实提供了很好的理路思路和概念工具。它是针对整个教育史研究的提问方式，并提供了具体的概念工具。同时，针对具体的历史研究，我们还需要对这种提问加以细致化，否则就会笼统而不成其为问题。应用这样的提问方式和概念工具成功的案例有吴宣德的《江右王学与明中后期江西教育发展》③和毕诚的《儒学的转折——阳明学派教育思想研究》④，这两本书在分类和史论概念工具的使用上都具有典型的教育史特征，也从教育史的路径上回应了"何谓阳明学"这一问题。简而言之即是，阳明学是一种心学的、存在内在缺陷的、派系复杂的、由"心即理""知行合一""致良知"构成体系的道德教育学说。

---

① 参见李国钧、王炳照总主编：《中国教育制度通史·总序》，山东教育出版社1999年版，第1页。在王炳照、阎国华主编的《中国教育思想通史》绪论中也有同样的表述："探寻教育思想产生、发展及其演进的历程，挖掘历代教育思想的丰富内涵，总结前人认识教育现象、指导教育实践的成功经验和失败教训，揭示教育思想发展的客观规律，具有重要的理论价值和现实意义。"（王炳照、阎国华主编：《中国教育思想通史》，湖南教育出版社1994年版，第1页）所谓的探寻、挖掘、总结、揭示指向的问题，均是历史的现实可能性的问题，即要明确的是教育史并不以史实为最终目的，而是以理论创造和现实。

② 参见于述胜：《中国现代教育学术史论》，第235—248页。

③ 吴宣德：《江右王学与明中后期江西教育发展》，江西教育出版社1996年版。

④ 毕诚：《儒学的转折——阳明学派教育思想研究》，中国发展出版社2010年版。

　　"何谓"的问题是"何以"问题的一个侧面，但并不是全部。在此，历史学家的理解对我们有很大的启发意义。与教育史学者不同，历史学家的著述中反复回应的就是"何以"的问题。如在余英时看来，道统大叙事和现代哲学史，无一例外地将理学家从历史中抽离出来，要么成为孔孟的注脚，要么成为西方哲学系统的注脚，失去了对于理学家的同情考量。宋明儒者一开始就是为了重建秩序而努力的，即是要实现内圣外王之道，无论是道统的建构还是形而上体系的建构，都是为了重建秩序服务的。余英时提出了"何为儒家的整体规划"的问题①。为此，余氏先后提出了两个概念工具来理解之，即得君行道和觉民行道。他认为宋代的政治文化是一种君臣共治的模式，儒者所追求的是得君行道的上行路线；明代的政治文化是威权的独裁，学者只能走觉民行道的下行路线。得君行道和觉民行道为我们理解朱子学和阳明学提供了新的概念工具。有学者使用了"觉民行道"的概念来细致分析阳明学何以成为阳明学，如张艺曦《阳明学的乡里实践：以明中晚期江西吉水、安福两县为例》②、杨正显《觉世之道：王阳明良知说的形成》③。前者通过史料的细致梳理为读者展示了阳明学人通过家族式的努力，参与到地方社会秩序的重建之中，同时也为阳明学的发展提供了广阔的空间。王汎森《明末清初的人谱与省过会》④一文则通过对修身日记的大量出现和"省过会"流行的考察，说明了阳明学在世俗社会中所起到的道德修养作用，实际地说明了阳明学是如何觉民行道的。余氏的这种提问方式和概念工具的使用，为我们进一步研究阳明学提供了极佳的范例。

　　"觉民行道"的概念在政治文化上有力地解决了"阳明学何以成为阳明学"的问题。第一，它简要地勾勒了从朱子学到阳明学的历史演变过程；第二，它说明了朱子学和阳明学均在道的探寻上作出了贡献；第三，它十分鲜明地将阳明学置于社会运动的大背景

---

①参见余英时：《朱熹的历史世界：宋代士大夫政治文化的研究》，第920页。
②张艺曦：《阳明学的乡里实践：以明中晚期江西吉水、安福两县为例》，北京师范大学出版社2013年版。
③杨正显：《觉世之道：王阳明良知说的形成》，北京师范大学出版社2015年版。
④王汎森：《权力的毛细管作用：清代的思想、学术与心态》（修订版），北京大学出版社2015年版。

中，启示我们注意到士商互动的历史背景下阳明学的学术风气的变迁；第四，它直接明了地揭示了阳明学的贡献就在于其成功地通过觉民的方式实现了治道的追求。

但是，从前述教育史学的问题来看，觉民行道尚无法回应"历史是否具有现实的可能性？"这一问题。无论是得君行道还是觉民行道的概念（方法），都为儒者的整体规划服务，也就是说是为了恢复三代治道服务的，只不过因应不同的政治文化采取了不同的路径而已。然而，当我们回到阳明学的历史发展过程，我们发现有诸多问题无法解决，《朱子晚年定论》《居夷集》等书的出版、流传，与"觉民行道"的论述存在张力。而且至关重要的是，就思想的传承而言，在得君和觉民的二分法中，朱子学和阳明学是一种断裂式的重建，而不是承继式的发展。这与笔者的观察存在距离，与历史的阳明学也有一定的区隔。

因此，我们认为，除了"觉民行道"之外，还需要另外的概念工具来回应"阳明学何以成为阳明学"这一课题。"敬"这一概念工具是本书的选择。

第五节　为学之方：三种朱子学

　　层层累积的历史，迷雾重重。作为现实生活中的人，如何看待过去就成了为当下找寻意义的一个重要资源，甚至有时是唯一的资源，以至于成为一种负担。亨利·福特不客气地说，历史就是一件接着一件该死的事；麦克白则绝望地说，历史是充满无意义的喧嚣和愤怒的故事，是对言辞斗殴的记录，使人读后毫无收益。①或者用阳明师弟子的对话来说：经典著述是不可或缺的，比如《春秋》一书，如果没有三《传》（《公羊》《谷梁》《左氏》），则恐怕难以理解。而阳明的答案是：如果这样说，岂不经典成为歇后谜语？何以圣贤要故作此种艰深隐晦之词？实际上，所谓《左传》乃是鲁国的历史记录，否则孔夫子何必大费周章去删削？②正是在对生命智慧的追求中，人才能成其为人。若是该死的事或者无意义的喧嚣，当然毫无意趣可言；若是艰深隐晦且须传记以补足，圣人岂非故意作弄后人？显然，从读书的角度来看，历史的记录需要启迪人的智慧才有其意义，因此著述以明道才成为最终的追求和衡量的准则。中国传统学术史哲结合，"以舒解人间苦难，提升人类生命为其目的，所以既求'真'更求'善'，使中国史学成为'以个案建构的哲学'；而中国哲学则因具有强烈的时空性而有其历史的厚度与视野"③。真正有品格的著述不是为了现实的名利，不是为了与人作无谓的争辩，更不是为了树立自我的声望而抹黑前贤，其最终的追求是为了智慧的人生。这种智慧的人生，首先是对历史的温情和敬意，是对圣经贤传的体悟。由此，我们进入和理解阳明学就不再是一种信息的提取，不再是一种为反对而反对的呓语，而是一种生命的体验和智慧的充实。

　　朱子学何以成为朱子学？这是阳明学面对的一个大课题。

---

① 参见瑞安：《导言：对政治的思考》，《论政治（上卷）》，林华译，中信出版社2016年版，第2页。
② 参见王阳明：《传习录上》，《王阳明全集》（新编本）卷一，吴光等编校，第9页。
③ 黄俊杰：《儒家思想与中国历史思维》，台湾大学出版中心2014年版，第83页。

　　如果我们放宽历史的视野，从长时段的大历史观来看，考察阳明学发展史，必然要追溯明代朱子学的发展。性理学经过宋元儒者的几代人努力，已经形成了丰硕的体系，道学的范式已经确立，朱子学最后在诸家竞争中脱颖而出，在学术与政治的交互作用下，朱子学成为性理学的标准。对于如何理解和诠释朱子学却并没有统一的准则，以至于呈现出致知和躬行的不同派系，前者坚持"涵养须用敬"的宗旨，以居敬存诚、涵养心性为重；后者坚持"进学在致知"，以格物致知、博学多识为工夫。[1]学者都寻求朱子学的认同，不单单是因为他的著述丰硕，而是他作为一个学者体现了传统学术的精髓。

　　如何将其所揭示的知识转变成自我生命的智慧，则离不开学者自我的修养，曹端"立基于敬，体验于无欲"，主张"事事都于心上作工夫，是孔门之大路"；薛瑄以敬为德性修养唯一之德目，主张"千古为学要法，无过于敬。敬则心有主而诸事可为""常主敬则心便存""心才敬则人欲消而天理明"；吴与弼涵养性情，克己安贫，主张"大抵圣贤授受紧要，惟在一敬字"，"人须整理心下，使教莹净，常惺惺地方好，此敬以直内工夫也"；胡居仁之学旨在心，以敬为修养，主张"圣人教人，只教以忠信笃敬，使学者便立得各根基本领，学问可次序进"，"敬则心专一，专一则精明"，"心精明是敬之效"等，无不显示出明儒注重存养与义理之性之实践[2]，无不显示出学者对于生命智慧的不懈探求。

　　生活在此人文精神传统之下的阳明，其对诸儒的思想应有其亲切感受，特别是阳明曾经为国子监生，不可能不参与到国子学的各种礼仪程式之中，在性理学的文化氛围中，他也不可能不以圣贤之学为立足点和出发点。同时，明代的精神世界也日渐丰富多彩，特别是当时的复古风潮和创新思潮鼓荡争艳，佛道思想也在整个社会中有着较大的影响，而阳明的个性属于较为宽容的类型，所以也比较容易接受多元的传统，但这种多元的传统造成了内在的紧张。一

---

[1]参见张学智：《明代哲学史》（修订版），第1页。

[2]参见陈荣捷：《早期明代之程朱学派》，万先法译，《朱学论集》，华东师范大学出版社2007年版，第215—227页。不过陈荣捷认为，早期明儒最重要的思想成分如敬，在陈献章及王阳明学说中未获重视，又认为，陈献章之静养与阳明之必有事焉，为两儒自家之居敬工夫。

方面是他对于性理学所设定的圣人理想的坚守，一方面是他对于各种思想的接受，一方面是政治文化的动荡，均影响着个人思想体系的建立。他反复阅读朱子之书，希望从中发现圣贤之学的秘诀，在诸多朱子学的著述中并没有现成的答案；他求助于朱子学之前的经典，在四书五经中寻找答案，似乎找到了一条出路，于是写出了《五经臆说》；宽容的他，并不敢百分百地确信，于是回到朱子学，在朱子之书中确证了这种生命的智慧，这就是《朱子晚年定论》写成的背景。

性理学谱系中，阳明之前，朱子最为圣贤。钱穆推重孔子与朱熹，认为此二人在中国历史上具有举足轻重的地位，在学术史、思想史、文化史上具有无可替代性。特别是朱子，一方面对北宋以来的性理学加以整理、阐发，一方面又对孔子以后之学说加以发挥，故可称之为集大成者。"自有朱子，而后孔子以下之儒学，乃重获新生机，发挥新精神，直迄于今。"[1]钱穆以讲学、著述为其一生的事业，他也是阳明学的重要阐发人，他写出这样的话并不奇怪，因为阳明亦以为"文公精神气魄大""力量大"，[2]然"程氏四传而至朱，文义之精密，又孟氏以来所未有者。其学徒往往滞于此而溺其心"[3]。那么，朱子学何以成为朱子学？并没有现成的答案。阳明不得不沉潜反复，穷究于心，其留下的可征之文本即《朱子晚年定论》一书。

正是在此书的序言中，阳明将朱子学谨慎地区分为朱子之说、朱子之书、朱子之心，进而云"自幸其说之不谬于朱子，又喜朱子之先得我心之同"[4]。

作为朱子之说的朱子学，是世儒诠释之学。它是经官方认可且加以表彰的朱子学，从最一般意义上来说，我们所接受的朱子学必然是朱子之说式的朱子学，经众多朱子学者的反复阐释加上官方的权力运作，朱子之说变成了一种基本的学术常识，举凡生活在儒家文化圈内的所有人，不可避免或多或少地成为朱子之说的接受者、

---

①钱穆：《朱子学提纲》，第1页。
②王阳明：《传习录上》，《王阳明全集》（新编本）卷一，吴光等编校，第31页。
③王阳明：《朱子晚年定论》，《王阳明全集》（新编本）卷三，吴光等编校，第154页。
④王阳明：《朱子晚年定论》，《王阳明全集》（新编本）卷三，吴光等编校，第140页。

转述者和践行者。可以说，此一类型的朱子学于中国传统文化和士人生活影响最巨，同时可能造成的各种值得反思的后果亦最强烈。

作为朱子之书的朱子学，是朱子本人著述和朱子弟子记述的综合。由于朱子以讲学著述为生活核心，其生活世界主要集中在论说之中，形成了极为丰富的著述资源。而朱子门下弟子极多，细致记录了朱子的各种话语，甚至是琐细的呢喃。更为关键的是，朱子门人对于朱子学的理解与朱子本人存在着一定的区隔，后世的整理者们则不加区分地一概以为凡是朱子本人的著述及其门人的记述，都毫无例外地属于朱子学，那么这一数以千万字计（截至2022年最全的整理本《朱子全书》按四部分类法，以经、史、子、集排次，编为32巨册，约1620万字①）。在书籍印刷远逊于今日的传统社会里，其著述超过六百卷，非一般家庭所能承受，也非一般士人所能全部搜集并阅读。这也造成了前述朱子之说的流行，而朱子之书式的朱子学逐渐沦为考据家、收藏家和皇家的藏品，甚至一些基层的学校都无法购置朱子之书，仅仅留下诸如"《朱子语录》四本、《近思录》二本、《小学》二本"②的记录。对于学者来说，朱子之书式的朱子学虽然其书俱在，但要逐一考索，并非易事，反不如朱子之学式的朱子学来得简易。即便遍读考亭之书，如果没有一定的判断能力，将朱子著述与朱子门人记述混同，将朱子在不同场景下的话语作为一种统一的且具有内在逻辑的思想来诠解，也未必就是真正意义上的朱子学。

作为朱子之心的朱子学，即是"敬"之道。从表面上看来，世儒所诠释的朱子学与书籍所记载的朱子学就足以令人服膺或者敬仰，可为何阳明非要在前述二种朱子学之外加上朱子之心？朱子学之所以能够成为朱子学，首先在于朱子本人而非朱子学者，探究朱子本人的思想和情感也就具有了逻辑和情理上的基础，进而，我们亦可认为从心理、情感和人的本性来说，朱子本人与后来者应具有互通互感的可能性，只有我们能够以一种同理或者感通的心态来理

---

① 《〈新订朱子全书（附外编）〉出版》http://acc.gzu.edu.cn/2023/0322/c5685a183999/page.htm.

② 朱麟：《（嘉靖）广德州志》卷五，明嘉靖十五年刊本。复初书院藏书目录记载，这些书籍为时任判官邹守益所购置。

解朱子时，才能理解朱子学。朱子之心式的朱子学就顺理成章地成为最重要的朱子学范式。由此，我们或许可以理解何以阳明要将敬视为圣学之要，因为如果没有对圣贤之学的崇敬、感通、体悟、省察，则朱子之心式的朱子学亦无法自足，其后果将会是灾难性的。当然，朱子之心式的朱子学未必就能得到人们的认同，至少在前两种朱子学来看，这一学说严重威胁了自身，需要进行有力的回击。这种回击，一直延续至今而未曾停息。

在某种意义上说，《朱子晚年定论》一书确立了阳明学的范式。所谓范式有两个基本特征：第一是它的成就如此之大，使得一批学者坚定地支持它，并同时脱离旧有的教科书模式（或者与之竞争的其他学说），从而继续产生类似的成就；第二是这些成就可以让后来者以之为范本去实践，同时也留下了很多有待后来者解决的课题。[1] 儒者论及前贤之学问必将其所述归于孔孟之学，先儒各述宗旨，虽有异同，均离不开孔孟之旨，因为孔夫子自述其道时说"吾道一以贯之"。然而学者对于何谓"一贯"的认知却存在较大争议。对此，阳明后学耿定向[2] 准确指出，良知实际上是一种生活的智慧，是使人成为人的智慧。

从历史的眼光来看儒学发展，三代以前学术一统于圣王之学，其后则异说风起竞争，要么走向玄想思辨，要么朝向繁文词章。有鉴于此，孔子提出仁学主张，即以人为中心，讲述人之所以成为人的学说。孔子之后，列强争竞，权力与欲望纠葛，权术与智术相亲，人所以为人之学成为迂阔之谈耳。当此之时，孟子提出义学主张，即义即仁，仁以义为辅弼，义以仁为鹄的。魏晋六朝时，孔孟之学亦成故物，当时名节者或屠或戮，或隐或狂，唯有道家空虚玄妙成为一时风尚，德性之仁义在现实面前表现无力，此即为道德无力感。至宋，儒者重提主敬主张，号召以礼制恢复人心的德性，即

---

① 参见库恩：《导读》，《科学革命的结构》（第四版），金吾伦、胡新和译，北京大学出版社2012年版，第15—16页。

② 耿定向（嘉靖三年至万历二十四年，1524—1596），字在伦，号楚侗，谥恭简，世称天台先生，湖广黄安人（今属湖北红安），嘉靖三十五年（1556）进士，官至户部尚书。耿氏政治生涯长久且相对顺利，在学术思想上属于阳明学的泰州学派，亦受佛教禅宗影响。他认为终极真理（道）会在心中发现，道可以通过事来培植，故良知是现成的，只需在行动中实践。（参见富路特、房兆楹主编：《明代名人传（3）》，第979—981页）

所谓集义存仁，试图以此回归孔孟之学，进而恢复社会秩序，安顿人之心灵。不过礼制很快沦为权势者的工具和功利者的门径，科举格式和章句训诂成为掌握真理的唯一准则，圣人的成为人的教诲再次蒙尘。至明，王阳明提出致良知之学，所谓良知即是智慧，此智慧能识别人的真心，由此真心人方能成为人。因此，可以说良知之学继承了孔孟和宋儒的主张，最终均指向人如何成为人。虽然儒学主张看似纷繁复杂，但其核心则始终如一，"举一即该其全"。[①]举一该全的就是"修已以敬"，即是诚敬："以古所称百辟之刑，不显惟德，百姓之安，修已以敬，圣圣相传正脉，若是其易简也。而不善学者，顾以繁难杂之，汨没于传注，支离于度数，摹拟于事功，精力愈竭，岁月愈迈，而漠然于性命无关，故真伪错杂，学术遂为天下裂。非濂洛之真，力排异说，揭圣学之要，辨性之功，则绵绵一线，几于所矜式。先师（阳明）之学，其继濂洛而兴乎者？迹其力谏以祛奸，恺悌以宜民，运筹以翦寇，诛乱贼以安宗社，诱掖善类以继往而开来，虽颠沛逆旅中，澹然不以约乐滑和，皆修道以仁之实功也。"[②]

人所以成为人，首先需要一种精神的支撑和引导，后世学者将其解释为道德理性或知识理性，亦未尝不可。正是有了对于心灵智慧的自觉，儒学方才在诸多贤儒的反复探寻中不断前行，并日渐渗入常人的日常生活世界，使之成为公共的知识资源和信仰源泉。而传统教育正是一种人格的教育，即使人成为人，在教养过程中接受典范人格的熏陶，正如《荀子·劝学》所说："学莫便乎近其人，学之经，莫速乎好其人。"以亲师取友、尊师重道的方式，承先启后，为往圣继绝学。[③]阳明良知之学是对孔孟之学的阐释，也是对宋儒，

---

① "惟昔三代以降，学术分裂，异学喧豗，高者骛入虚无，卑者溺于繁缛，乃夫子出而单提'为仁'之宗。夫仁者，人也。欲人求而得其所以为人者，学无余蕴矣。逮至战国，功利之习，薰燔寰宇；权谋术数，以智舛驰，益未知所以求仁矣。孟子出而又单提一'义'字。要之，义即仁，特自仁之毅然裁制者言也。下逮晋魏六朝，时惩东汉之以名节受祸，或清虚任放，或靡丽蔑质，德益下衰矣。宋儒出，而提掇'主敬'之旨。主敬，礼也，即所以集义而存仁也。后承传者又失其宗，日束于格式行迹，析文辨句干训诂之余，而真机牿矣。乃文成出，而提掇'良知'之旨。良知，智也，欲人识其真心耳。人识其真心，则即此为仁为义为礼矣。夫由仁而义而礼而智，圣人提掇宗旨若时循环，各举其重，然实是体之举一即该其全。此本天命造化使然，立教者亦未知其所以然而然也。"（耿定向：《示应试生》，《耿定向集》卷五，傅秋涛点校，第193—194页）
② 邹守益：《辰州虎溪精舍记》，《邹守益集》卷七，董平编校整理，第398页。
③ 参见韦政通：《中国的智慧》，吉林出版集团有限责任公司2009年版，第90页。

特别是朱子主敬学说的一种传承，是"举一该全"的身心之学。之所以如此，并非要故意立其新说，而是有感于后学对于先儒学问的过于执着，失去了其根本的宗旨。或者可以说，后来者的学术创见必然是对前儒学术的继承和发扬。故此可知，阳明《朱子晚年定论》一书非泛泛而论，实际上是事关孔门学旨的重要著述，也是阳明学继承朱子学的一重要典范性文本。

这部书曾经给予学者的智慧冲击，今人已无法细致考察，历史已被湮没在无尽的时间洪流之中。不过，当我们考察各种藏书目录时，发现诸藏书家目录中多有记录该书者，如明代黄虞稷《千顷堂书目》、晁瑮《晁氏宝文堂书目》、陈第《世善堂藏书目录》、朱睦㮮《万卷堂书目》、清代钱谦益《绛云楼书目》、曹寅《栋亭书目》等。从上述明清诸家书目所载来看，无论是读者还是藏家，都对这部书有着各自的兴趣，由此亦可证明此书有不同版本行世。明人薛应旂①《方山先生文录》就曾复刻孔氏刻本。薛氏以为之所以要重刻该书是因为它在教育上具有重要意义，即在教学中能够起到"撤蒙障"的功能：

> 曩岁乙巳冬，余以谪官赴旴江道，出武林。值文谷孔君董浙学政，送余浙江驿下，携所刻《朱子晚年定论》见示，盖阳明先生所辑，谓将以撤蒙障也。越七年，余亦以视学至浙，进诸生而问焉，乃蒙障犹若未尽撤者。而文谷所刻，则既散逸矣。余为之慨悼者久之。检诸故箧，向所示原本则固宛然在也。因命工翻刻之。夫朱子豪杰之才，圣贤之学，其论何至晚年而定哉？特以蚤岁亟于进人，不容忘言，解经释传，遂涉训诂，而以言求者，于是多蹊径矣。唯是晚年深自懊悔，屡形翰牍，亦冀学者之反求自得耳。观其尝自咏曰："独抱瑶琴过玉溪，琅然清夜月明时。只今已是无心久，怕山前荷蒉知。"又曰："琴到无弦听者希，古今唯有一钟期。几回拟鼓阳春曲月，满虚堂下

① 薛应旂（弘治十三年至万历三年，1500—1575）字仲常，号方山，武进（今属江苏）人。嘉靖十四年（1535）进士，官至南京考功郎中。著有《宋元资治通鉴》《考亭渊源录》《四书人物考》《方山先生文录》《甲子会记》《宪章录》《高士传》《薛方山纪述》等。详黄宗羲：《南中王门学案一》，《明儒学案》（修订本）卷二十五，沈芝盈点校，第592页。

指迟。"噫，朱子之心胸，可想矣。学者三复而质诸定论，当自有得矣。不然则阳明之辑是，而吾党之刻之也，不将为赘庞也乎。①

薛氏所说之蒙障，是指当时学者不求自得而求于辞章文字的学风。阳明选择朱子的语录，虽然不及其总量之万一，但这正是阳明阅读朱子书的自得，也是与朱子之心相映的地方。读书如此方是真读书。知识分子阅读前贤著述，体验其用心，加诸自我身心体验，基本上是传统社会中学者的必由之路，故孙奇逢说："读前圣前贤之书，总借以触发我之性灵。不能触发性灵，不能强为之喜也；能触发性灵，不能强为之不喜也。"②那么究竟在士人的世界中，阳明编纂的这部《朱子晚年定论》是否起到"撤蒙障""触发性灵"之效呢？答案是肯定的。

为了解历史的细节，需要作细致的考察。除了那些高倡阳明学的阳明学者之外，在底层的士人中，《朱子晚年定论》曾经发挥过它的积极意义，如清人李士棻《（同治）东乡县志》卷十三记载了一位清初士子的故事就颇有意趣："国朝夏云字逸飞，普涵塘人。风格绝俗，读书务求心得，所为古今文，皆根柢性情，中灵外朴，达其衷之，所欲言而止。年五十，犹困童子试。雍正甲辰，侍郎吴士玉典江西试，云赀以文，亟加延赏，由是知名。周龙官太史称其'时文高格大模，雅调细律，如熟饭香茗，养人而不伤人'，遂专用以课其孙，务令熟复三思，不以他文杂进。然云卒无所遇，以诸生终。著有《秋远堂文集》。"③雍正二年甲辰（1724），吴士玉④任江西会试考官时，夏云献以著述，以求功名，知名却不得志，以诸生终老而已。夏云曾为富家子弟塾师，以普通书生，终其一生，未有世俗所谓的大建树。历史虽然离不开那些各色大人物，至少也应是吴士玉辈，史学研究亦往往只关注他们的思想交锋，对于夏氏之类

---

① 薛应旂：《重刻朱子晚年定论序》，《方山先生文录》卷九，明嘉靖三十三年东吴书林刻本。
② 孙奇逢：《理学宗传》，张显清主编：《孙奇逢集（上）》，第847页。
③ 李士棻：《（同治）东乡县志》卷十三之二，清同治八年刻本。
④ 吴士玉（康熙四年至雍正十一年，1665—1733），字荆山、号璺庵。康熙四十五年（1706）进士，入史馆二十余年，累官礼部尚书，谥文敏。著有《吹剑集》，编有《骈字类编》《子史精华》等。

小人物基本上可以忽略不计。可正是这位生卒年不详、生平事迹不详的夏云，写下一篇读书笔记，并被地方志作者记录下来，为笔者考察《朱子晚年定论》一书有了更为细节的资料，因为它展示了阳明之书在一般士人的生活和思想中的影响力：

> 其《读朱子晚年定论》云："阳明文章勋业节，概为前明第一人。顾其为学，常倚附象山，而与朱子多所抵牾。世儒缘此，遂黜之为异端，痛加掊击。呜呼，甚矣！夫象山与朱子，渊源本一，殊途同归，固不可为异，而又乌必以此异阳明哉。读所定《朱子晚年定论》一书，细观朱子所以自悔，益知逐物丧己，贪外忘内之病，朱子已自惩之，而阳明之学果不与朱子异也。子夏曰：'小人之过也，必文'；子贡曰：'君子之过也，如日月之食焉。日月有食，原无伤于日月，君子有过，必不侪于小人。'大圣贤语言行事，固已如是。即其著书立说，以垂教万世，亦莫不如是。非若后之文俗士得一知半解，便自炫长护短，伐异党同，以封固其垒培也。此正是圣狂之界，贤愚之分，有志学道者不宜以此自限。朱子性质不异曾子，孔子尝谓'参也日益'，而世之学朱子者，反取其中年未定之书，欢欢然坚守庄诵，而以诋斥阳明，其亦不达之甚矣。朱子易箦前三日，犹改定《四书集注》。然则朱子之书，朱子实有不自安者。圣贤苦志虚心，谅非文俗士所略窥也。阳明之徒，不能得其传，每好挟其师说以轻议程朱，其中诚不为无罪。若阳明之所论著，其为朱子功臣，无疑也。世儒不察，望见'良知''良能''明心见性''精微最上'之语，即指为阳明之学，聚而攻之，不遗余力，俾孔孟真种，竟与杨墨、释老同科。呜呼，此皆以誓读书而不以人读书也。尚何说哉。"彭端淑观察称："云古文无意于朴，而手起笔落，皆诚意所发，自有一种苍渊之气。"读此篇足觇其心得与文格矣。①

从夏云《读朱子晚年定论》一文可见，至清初之时，阳明学不受主流学术或者说世儒的欢迎。在一般学人看来，却给他们一丝希

---

① 李士棻：《（同治）东乡县志》卷十三之二，清同治八年刻本。

望、一线生机和无尽的力量，即世儒亦无力把持学术的评价，对于学术的判定只能征诸五经四子以及学者之本心。小人物说出了大道理。夏云此文提出世之学者于圣贤所取的态度，或"以誓读书"抑或"以人读书"？值得教育学者深思。吾人似宜从其生平事业、为人处世之风采来获得对于道的了解，亦可通过著述文字来分享圣贤的思想世界，如果先保持一种不宽容不敬畏的心态，那就很难达到学习的目的。与其争道统辨异同，不如苦志虚心、本诸己得，此亦为儒者读书之传统。

况且，阳明《朱子晚年定论》一书并不能简单理解成是为朱陆争异同、争道统者，而应从阳明的事功和学术整体观之，前贤已有此论。[①]阳明被视为三不朽之完人并非近世方有之论，阳明之所以从祀孔庙[②]，其中一重要原因就在于其学说得到了当时士林的基本认可，认为其学术足以与孔孟道统相续，故万历十二年（1584）甲申耿定向《议从祀疏》称："守仁之学，措之行履，信在乡邦；发之事业，功在宗社。""若王守仁、陈献章二臣者，其议祀已久，舆论已孚，伏乞敕下该部先行从祀，庶令后学者知所向往，而道术由是以大明，我昭代之休美且将轶光于前代，垂鸿于奕世矣。"[③]几番庙堂争论之后，阳明学方才获得了官方的认可，所谓"身濒危而志愈壮，道处困而造弥深。绍尧孔之心传，微言式阐；倡周程之道术，来学攸宗"[④]的《诰命》绝非虚辞浮语而已。

不过，阳明学说所面临的争议却并未因为从祀而休止，反而因

---

① 参见陈荣捷：《王阳明〈传习录〉详注集评》，华东师范大学出版社2009年版；成中英：《论王阳明朱子晚年定论》，李翔海、邓克武《成中英文集》（第2卷），湖北人民出版社2006年版。
② 关于阳明从祀孔庙相关历史分析参见朱鸿林《孔庙从祀与乡约》。朱鸿林认为，阳明从祀孔庙议案经隆庆元年（1567）、隆庆六年至万历二年（1572-1574）、万历十二年（1584）三次反复，最终于万历十二年在内阁大学士申时行的运作下，与陈献章一道入祀。阳明一旦获得从祀而被朝廷认定为真儒，他的学说和他对儒家经典的诠释也变成了正统之学，并且可以用于各级科举考试的答题上。对于读儒书而求出仕的士人来说，这不仅丰富了他们的儒学诠释内容，也影响了他们对于儒学实质的认知。（参见朱鸿林：《孔庙从祀与乡约》，生活·读书·新知三联书店2015年版，第175页）黄进兴认为："万历从祀，新学崛起，代表道学多元化。整体而言，'明道之儒'有代替'传经之儒'之势。""历代孔庙从祀制……体现历史上儒学的正统观。由于儒生强调'道统于一，祀典亦当定于一'，使得历代从祀与道统思想彼此对应，而不同时代的从祀制恰好代表不同的圣门系谱，其中包含了丰富多变的学术讯息，值得我们细心解读。"（黄进兴：《优入圣域：权力、信仰与正当性》（修订版），中华书局2010年版，第238、250页）
③ 耿定向：《议从祀疏》，《耿定向集》卷二，傅秋涛点校，第62、64页。
④ 朱载堉：《诰命》，王阳明：《王阳明全集》（新编本）卷五十一，吴光等编校，第2027页。

为后世政治、学术等诸多缘由有加剧的趋势。特别是明清易代时，阳明学成为重要的替罪羊，对阳明学抱有同情之心的士人不得不一再辩论之。清乾隆时，徐垣《劝修王文成公祠序》云：

> 说者谓先生讲学，与朱子相抵牾，往往为学者之所诟病。不知此非善视先生者。……况先生刻《朱子晚年定论》书示人，则心源又本无不合。而章句迂儒，见与《集注》稍异，即斥为非；又谓事功茂而学术未纯。夫古今无学术外之事功，断无有学术不正而事功卓卓如此者。综观先生行事，微之为忠孝廉节，显之为经济文章，讲学论道而体无不明，遗大投艰而用无不达，洵可谓一代之完人矣。……《诗》曰："民之秉彝，好是懿德。"余于虔民，益征信之也。是为序。时乾隆二十年岁次乙亥小阳月。[1]

所谓章句迂儒，实际上就是大多数读书人。这类人大多随波逐流，少有主见，在社会学中，此类人被归于"狂热分子"[2]。霍弗（1902—1983）认为，我们习惯于用熟悉改造陌生，特别是当我们朝不保夕之时，愈发执着于熟悉的生活方式和固定的生活模式，唯有它才能使我们感觉到一点点对于生存环境的控制力，即人为地制造出这样的幻象：我们已经驯服了不可预测性的外在环境。[3]人的思想在一定程度上是生活方式的关键要素，因此，群众更希望固定化思考模式，反对那些与常识看起来不同的异见，他们的意见一旦得到某些大人物的支持，他们也就更加狂热地成为大人物的支持者。学界的诸多领袖也有意无意地利用之。不过，总有一些有独立判断并且用心去思考者。当然，我们并不能否认前者就全然无心，当新的生活秩序建立之时，他们也乐于接受新的观念，并坚守之。

《朱子晚年定论》一书，实为阳明学与朱子学相一致而非世儒所谓相反。王颂三《王文成学术论》云：

---

① 黄德溥：《（同治）赣县志》卷四十九之一，清同治十一年刻本。
② 霍弗：《狂热分子：码头工人哲学家的沉思录》，梁永安译，广西师范大学出版社2008年版。
③ 参见霍弗：《狂热分子：码头工人哲学家的沉思录》，梁永安译，第22页。

　　古无所谓道学也，至宋始名。故学道而求诸濂洛关闽之说，尚矣。虽然，求其说即足以入道乎？说，特濂洛关闽之迹耳。然则将何以入道也？孔子曰："神而明之，存乎其人"，又曰"精义入神，以致用道之人也"，亦视乎学者之心得耳。阳明先生生于明，远接孔曾思孟之传，近寻濂洛关闽之秘，特以致良知为圣学宗旨。"致知"二字本《大学》，"良知"二字本《孟子》，明白简易，真与周子之言"诚"，程子之言"天理"相类。谆谆教诲，出其心得以教人，诚可谓一代之儒宗矣。且致良知者，非空任一心，而无与于一切事物之理也。"致"字内有穷理功夫，有扩充功用。如《答崇一》则谓："集义即致良知。"《传习录》谓："事物之来，惟尽吾心之良知以应之。所谓忠恕违道不远也。"又谓："所恶于上是良知，毋以使下是致良知。"盖推其解则万变不穷，极其功则四达不悖。《孟子》曰："凡有四端，于我扩而充之"，其近之欤。①

　　王氏此文，首先将阳明学与宋儒道学之统相接续，并认为阳明学主旨与孔曾思孟传统一致，其所有主张均有其经典文本的依据，并非阳明独创新说以惑世。最为关键的是，阳明学之所以受到攻击是因为世儒的偏见：

　　虽当是时，惩末俗之卑污，招朋讲学，接引后进，多就高明颖悟之流，渐有放言阔论之失，未免稍偏，而世人即缘此而排击之。又徒见《大学古本》之复，"知行合一"之说，"格致诚正"之论，与朱子微有异同，而遂诋为"空虚寂灭"，近于禅悟，误矣。且夫学术者，功业之所从出也。先生平浰寇，擒宸濠，以及平两广，诸武功傲倪权奇，以之追踪武侯，无愧功业如此，岂空虚寂灭而能若是乎。此不待辨而知也。不特此也，先生之学，实心契于朱子，《晚年定论》一篇，与朱子同归一致。而世每病其出于象山，更未有以窥先生心得之深也。吾尝读先生《再答徐成之》"论朱陆异同之书"曰："晦庵之与象山，虽其所为学者，若有不同，而皆不失为圣人之徒。而世之儒者，

---

① 魏瀛：《（同治）赣州府志》卷七十三，清同治十二年刻本。

附和雷同，不究其实，概目之以禅学，则诚可慨也已。故余尝欲冒天下之讥，以为象山一暴其说，虽以此得罪无恨。"①

近世以来，论及阳明学就似乎不得不论及朱子学与阳明学之间的异同问题。在王颂三看来，《朱子晚年定论》一书之旨乃是合于朱子者，而世人之所以指摘者，无非章句之儒罢了。如果从道学的发展和道学与孔孟之学的传承来看，这种争议的意义并不大。如今儒学研究者虽对朱子学和阳明学各有不同的理解，但一般都认为：阳明学与朱子学均应视为构成宋明理学传统的重要部分且是孔孟所建构的儒学的延续和发展，而且很明显的是，"将'理学'与'心学'视为对峙之二系，乃后世逐渐形成之说法。在朱陆诸人，亦尚无此意。非程朱真标明一'理学'之旗帜，而否认有'心学'。……陆王虽皆以'心'为最高主宰，为义理之根源，亦并非否定有'理学'。……今观宋明之新儒学，则并非如此（无对峙确立之条件）。首先，在方向上，双方皆欲复兴先秦儒学——孔孟之教，则基本方向本无不同；其次，在判断标准方面，双方既有共同之目的，则达成此目的之程度高低，即直接提供一判断标准"②。

因此，我们如果从教育思想（教育哲学）史的视野来重新考量阳明编纂《朱子晚年定论》一书，就不能再纠结于朱陆异同问题（虽然这一问题对于儒学之道统衡定有莫大关系），更不能纠缠于是否别有用心的问题，真正关注的核心应该回到问题本身，即阳明学说的思维世界之中，让历史活在当下并使之成为我们反思教育或现实的一个思想基点。由此出发，我们可以更加恰切地使儒者精神成为一种继续活在当下的指引，而不仅仅是一种供人凭吊的历史遗迹，这也许是夏云等诸多普通士人真正的意义所在。阳明在回答朱子学何以成为朱子学的问题时找到的敬道的答案，是王阳明的教化哲学成立的关键。那么，何谓"敬"？

---

① 魏瀛：《（同治）赣州府志》卷七十三，清同治十二年刻本。
② 劳思光：《新编中国哲学史（三）》，第32页。

第六节 敬的诠释：何以为朱子学

朱子作为性理学的集大成者，在阳明时代早已是从祀孔庙的圣贤。明阳在朱子的影响下成长，阳明学也正是在朱子学的"敬"的诠释中得以成立。世儒或以为道之传承是一代代学者的接续，根本就有问题。如果道只能在几个人手中，学道何益？没有任何一个人能达到的目标，要么是用来骗人的诡计，要么是无聊的呻吟，和吾儒圣贤之道不可道里计也。所以，王阳明主张人人都是圣贤也就在情理之中了。

阳明对朱子学阐释的最大贡献就在于，通过敬道的方式回答了朱子学何以成为朱子学的问题，即以"敬"展开的朱子之心，成就了朱子学。任何人都有成为圣贤的可能，只在于是否选择去做而已。朱子学是圣贤之学，不是因为帝王成之，不是因为世儒成之，乃是自我证成的。所谓朱子之心，即是以诚敬之心求圣贤之学。

现代学者中，李相显《朱子哲学》和钱穆《朱子新学案》在朱子学研究中是典范式的巨著。李相显《朱子哲学》一书以朱子解朱子，将朱子学的分解为道、理气、性理、伦理与政治、工夫等五个范畴。他认为朱子学的工夫论就是敬和格物。"朱子在《程氏遗书后序》中，谓主敬与穷理为学之大要，若能主敬以立其本，穷理以进其知，则本立而知益明，知精而本益固，故敬与格物相辅而行也。"[①] "朱子在答程允夫书、已发未发说及与湖南诸公论中和第一书中，谓入道莫如敬，彻头彻尾，只是个敬字而已，故敬为第一工夫也。又谓未有致知而不在敬者，须是敬方能穷理，持敬以穷理，故格物必须敬也。又谓涵养需用敬，进学则在致知，舍持敬穷理则何以哉。故敬与格物相辅而行也。"[②] "杨骧己酉甲寅所录朱子之语及杨道夫己酉以后所录朱子之语，谓入道莫如敬，要当皆以敬为本，故敬为第一工夫也。又谓未有致知而不在敬者，故格物必须

---

① 李相显：《朱子哲学》，第597页。
② 李相显：《朱子哲学》，第598页。

敬也。格物所以必须敬者，盖敬则心存，心存则理具于此而得失可验，敬则此心惺惺，恁地则心便自明，然后可以穷理格物也。又谓涵养须用敬、进学则在致知，二者偏废不得。致知需用涵养，涵养必用致知，故敬与格物相辅而行。朱子底敬与格物的理论，至此时已完成；朱子以后再言敬与格物，皆不能超过此理论，不过对此理论，再加发挥而已。"①总之一句话，朱子的敬论是其论工夫的主要话语，朱子将格物与敬合二为一而论。

钱穆将朱子学分为五十八目，为五钜帙，其中导论部分《朱子学提纲》后单行，是对全书的总结。按照钱穆的疏解，朱子论敬遵从了二程，特别是程伊川的敬义夹持，涵养致知和居敬穷理并进的论断。自汉儒以来，为求社会秩序重建，学者更在于修齐治平的实际实物，对于心性本源问题较少注意。魏晋之后，道教、佛教兴起，在宇宙论和心性本源论上提出了新的见解。对此，宋儒措意宇宙论和心性论，特别是二程提出敬字，以为心地工夫的总头脑，总归聚处。但是二程所说难免有禅风的痕迹，比如其后学以常惺惺说敬即是证明。朱子对此有批评的继承，特别强调不能舍外而求内，不是块然兀坐的静工夫，而是打通内外，本末交尽，因此朱子言敬，"不能单靠一边，只恃一敬字。此是朱子言敬最要宗旨所在"②。朱子既然以程子言敬有偏，指出不能单靠敬，则又似立一新说，以取代程门言敬之地位者，此即克己说。如此则敬义夹持、涵养致知须分两途并进，还是第二等工夫，须如朱子所发挥的颜子克己工夫才是圣门为学第一等工夫，"明道曰：质美者明得尽，渣滓便浑化，却与天地同体。其次惟庄敬以持养。颜子则是明得尽者也。仲弓则是庄敬以持养之者也。及其成功一也"③。总之一句话，朱子论"敬"是在二程的基础上加以申论的，在二程"敬"是心性工夫唯一立足点的基础上，朱子则申论必须"敬"与致知并进，相较于克己而言，或可说克己是第一位的工夫。

对于钱穆关于朱子论敬源自他对二程的继承一说，吴震《略论朱熹敬论》一文有进一步申说。从史实出发，朱子提出敬论的缘

---

①李相显：《朱子哲学》，第603页。
②钱穆：《朱子学提纲》，第110—111页。
③钱穆：《朱子学提纲》，第126页。

由，首先是在与道南学派和湖南诸公（湖湘学派）辩难，所谓"敬只是此心自作主宰处""以敬为主而心自存""将个敬字收敛身心"等主敬的思想，并非道德本心的直接发动，而是对心的知觉意识的主动控制调整，或者如钱穆所说的克己，这并非单纯地回归程颐，而是通过对湖湘学派（道南学派）的先察识后涵养、以心求心等论点的批判中形成的，"主敬更为强调心在未发与已发的过程中自做主宰，强调须由敬契入，以提撕唤醒心的自存自省，而这一点才是朱熹论敬的最大特色之所在"①。

于述胜《朱熹与南宋教育思潮》一书中对朱子学的"敬"论有另一种诠释：由于朱子的教育方法论是以"觉""效"统一为逻辑基础的展开，理具于心，教育即觉和效的统一。在此，"敬"是朱子的自我修养论的超越工夫。它不是一种纯粹的心理状态，而是"伦理化了的心理状态"，②持敬是保持人的伦理生命的一贯性工夫，它使格物工夫不断持续，并使格物致知的成果"觉"长久存在，其真正意义恰恰存在于这个过程当中，而不只在于原初所经验到的对象性知识当中。敬一方面使心之良知处于发露呈现状态，一方面又使思维具有自觉地选择对象的作用，从而摆脱物交物的感应而实现理与理的交融。因此，持敬的工夫就在两方面进行，一是通过静养保证道德行为的内在必然性，二是洞察保证伦理行为的外在妥当性。这样，持敬工夫统合了程颐"主一无适""整齐严肃"、尹和靖"其心收敛，不容一物"和谢良佐"常惺惺法"等各种修养原则，并使之贯彻于行之中。总之，"敬构成了致知和力行的动力条件，使整个修养过程构成一个有机的整体，使所有修养原则得到贯彻，我们才说，持敬是一种超越的工夫"。③或者说，作为知行并进的修养方法，格物穷理为知为效，居敬涵养为觉为效；持敬是保持心之虚灵明觉的本然状态的功夫，一方面使内在之理"觉"，一方面使人心感物之行为"效"，并使知、行工夫持存和集聚，使觉和效在现实上统一，即以礼为依据。④

---

① 吴震：《略论朱熹"敬论"》，《湖南大学学报（社会科学版）》2011年第1期。
② 参见于述胜：《朱熹与南宋教育思潮》，山东大学出版社1996年版，第118页。
③ 于述胜：《朱熹与南宋教育思潮》，第124页。
④ 参见于述胜：《朱熹与南宋教育思潮》，第159页。

徐复观《程朱异同：平铺的人文世界与贯通的人文世界》①为其一生学术精神之最后总结。对于程朱关于"敬"的问题，他说：程朱陆王所继承的孔子学说从根本上来说即是为己之学，所谓为己并不是私己，而是将追求知识的目标设定在自我的发现、开辟提升和自我完成。自我是一种仁的自我，是在生命之内所呈现出的一种道德精神状态，由此君子才能"无终食之间违仁，造次必于是，颠沛必于是"。②二程将为己视为有诸己、自得，而有诸己和自得必须通过涵养省察而来，因此工夫的观念在程朱这里极为突出。③二程早年提出的是"敬以直内，义以方外"的敬义夹持工夫有主静重于主敬的意味在，其后伊川明确提出"涵养须用敬，经学则在致知"以敬概括静，工夫才得到贯彻动静内外的致力之方。程朱以平铺的人文世界论敬，主要切合在事上说，朱子承之，以为"敬之一字，圣学所以成始成终也"④。程朱均强调以敬贯通于格物致知之中。黄幹在朱子《行状》中说，"主敬以立其本，穷理以致其知，反躬以践其实，而敬者又贯乎三者之间，所以成始成终者也"，是对朱子学纲领的概括。⑤朱子还受到周敦颐《太极图》的影响，有二重世界（理的世界和事的世界之区别），用理的世界贯通事的世界，故用敬。但朱子晚年对此有转变，回归到平铺的人文世界，即事的世界，因此他最终认为："若论功夫，则只择善固执，中正仁义，便是理会此事处，非是别有一段根源的功夫，又在讲学应事之外也。"⑥在此，程朱陆王之间的差异性不再是知识性的争议纠缠，而是一种丰富我们人文思想的多样精神财富，其根本的方向就是人文的世界，即是走向现实且加以自觉承当的生活世界。⑦在此，"敬"是使自己内在的道德之心直发而无所蔽障，是躬行实践，用功着力，是

---

① 徐复观《中国思想史论集续篇》一书自序曰："《程朱异同》一文，以'为己之学'，贯通孔、孟、程、朱、陆、王学脉，老庄对知识与人生态度与儒学异，但其学问方向亦与此相通，此乃余最后体悟所到，惜得之太迟，出之太骤，今病恐将不起，以未能继续阐述为恨。一九八二年二月十四日口述于台湾大学附属医院九〇七病室床上，烦曹君永洋记录。"（徐复观：自序，《中国思想史论集续篇》，九州出版社2014年版，第4页）
② 参见徐复观：《中国思想史论集续篇》，第531—532页。
③ 参见徐复观：《中国思想史论集续篇》，第534页。
④ 徐复观：《中国思想史论集续篇》，第540页。
⑤ 参见徐复观：《中国思想史论集续篇》，第565页。
⑥ 徐复观：《中国思想史论集续篇》，第567页。
⑦ 参见徐复观：《中国思想史论集续篇》，第568页。

广博、谨严和精审。

依据朱子的文本，上述学者从哲学、历史学和教育学的不同视域，阐释了他们所理解的朱子的"敬"论。显然在敬的这个问题上，有若干诠释的路径。由于朱子之书无论从数量上还是从质量上都远超一般学者的研究能力，如何理解他的思想成为困扰学者的大问题。历代学者究心研究，诠释，讲论，总能从中找寻到各自的理据，甚至是完全相反的说法。这一方面说明了性理学家思想的深度，一方面也造成了各种困扰，直到现在为止仍是如此。

阳明的诠释又如何？

在明代，朱子学已经成为学者入道的基本话语，吕柟（1479—1542）说："晦翁者，诸经之所由明，往圣前贤之志亦赖以不死也。后学未能即其门庭，岂可肆然议之？然而造道之士，亦当自得所入。故虽以孔子之圣，其徒有笃信不敢违者，有反求诸己而不遽然信者。夫笃信者，固为学夫子，反求诸己者，亦未为背圣人也。今日之俗，其一好和光同尘，其一好立名以自异，此皆圣门之异端，古人比其害盛于佛老，吾辈不可不深察也。"[1]一方面，朱子学正在成为士人的共同话语基础和常识理解；一方面，后世学者对于朱子学的理解也形成了不同的诠释模式。这就导致了："朱子那种对根本原理进行理性探索与实在研究的精神，在阳明时代，已渐腐蚀琐屑，而成为阳明所谓的'支离破碎'。更坏的是，考试已不再是服务人群与获致治平之管道，而仅为个人利禄之阶梯。"[2]因此，学者们开始有意识地反思朱子学，并根据自我体验和对经典的理解加以重新说明，这样，既加深了对朱子学的理解，同时也对朱子学，特别是以传注章句为主体的朱子学提出了挑战，这种挑战并不意味着全盘否定朱子学，而是开始试图从身心的体验出发，找到新的经典诠释的出路。

阳明所主张的朱子之学，在《朱子晚年定论》一书中有较为完整的表达。仅仅从文本来看，阳明并未对朱子学的敬论加以诠释。因为该书除了阳明的一篇序文之外只是罗列了从朱子书信中选择的

---

[1] 吕柟：《泾野先生文集》，《吕柟集》卷二十，米文科点校整理，西北大学出版社2014年版，第670页。
[2] 陈荣捷：《中国哲学文献选编》，杨儒宾等译，第547页。

三十四条语录片段（从书信中截取部分段落且无任何诠释），一篇吴澄的解读以及一篇阳明门人的跋文。在全集本中，另有一段钱德洪的简要说明。总字数仅七千不到。如此简短的著述，在性理学家中极为罕见。那么，这部书说了什么？在说明此问题之前，我们先对其中的文字和朱子文集作一简要的比对，以便于进一步的讨论。

从《朱子晚年定论》所收录的朱子年岁以及其原文在朱子文集中的具体卷次的考察中，我们至少可以得出五点初步的结论：第一，阳明对于朱子书信的选择并非随意择取，而是有其总体的思路；第二，阳明所择取的朱子书信是朱子写予不同学者的书信；第三，所收录朱子书信的年龄主要集中五十以后，但也有部分四十岁，甚至三十七八岁的信件；第五，全部书信都有可靠的来源，主要来自《朱子文集》，个别出自《续集》《别集》。古人写作的习惯与今人存在相当大的差距，他们不太注重对于引文出处的标注，也不愿意对其写作的过程和方法加以细致地说明，从而造成了不同的理解和误解。

表一：《朱子晚年定论》收录朱子书信之朱子年岁表

编号	题名	编年	朱子年岁	《编年考证》页码	《文集》卷数
1	答黄直卿	淳熙十一年甲辰（1184）前	55岁前	228–229	续集卷1
2	答吕子约	淳熙十二年乙巳（1185）	56	238	48
3	答何叔京	乾道四年戊子（1168）	39	52	40
4	答潘叔昌	淳熙十一年甲辰（1184）	55	226—227	46
5	答潘叔度	淳熙十三年丙午（1186）	57	250—251	46
6	与吕子约	淳熙十二年乙巳（1185）	56	237—238	47
7	与周叔谨	淳熙十年至十二年（1183—1185）	54—56	240—241	54
8	答陆象山	淳熙十三年丙午（1186）	57	248	36
9	答符复仲	淳熙十年癸卯（1183）后	54后	220	55
10	答吕子约	淳熙十三年丙午（1186）	57	251	48
11	与吴茂实	淳熙七年庚子（1180）	51	187	44
12	答张敬夫	淳熙二年乙未（1175）	46	135—136	31
13	答吕伯恭	淳熙三年丙申（1176）	47	145	33
14	答周纯仁	庆元三年丁巳至四年戊午（1197—1198）	68—69	475	60
15	答窦文卿	淳熙十三年丙午（1186）后	57后	260	59
16	答吕子约	淳熙十三年丙午（1186）或后	57	251	48
17	答林择之	乾道六年庚寅（1170）	41	79—80	43
18	又答林择之	淳熙七年庚子（1180）	51	187	43
19	答梁文叔	淳熙十一年甲辰前后	55前后	225—226	44

编号	题名	编年	朱子年岁	《编年考证》页码	《文集》卷数
20	答潘叔恭	淳熙十三年丙午（1186）	57	252	50
21	答林充之	乾道中	41 前	66—67	44
22	答何叔京	乾道二年丙戌（1166）春①	37	37—38	40
23	又答何叔京	乾道三年丁亥（1167）春	38	44	40
24	又答何叔京	乾道三年丁亥（1167）夏	38	44—45	40
25	答林择之	乾道五年己丑（1169）	40	65—66	43
26	答杨子直	绍熙元年庚戌至二年辛亥（1190—1191）间	61—62	315	45
27	与田侍郎子真	庆元元年乙卯（1195）初	66	407	续集卷5
28	答陈才卿	庆元元年乙卯（1195）夏秋间	66	398	59
29	与刘子澄	淳熙十三年丙午（1186）秋	57	247	35
30	与林择之	乾道六年庚寅（1170）	41	83	别集卷6
31	答吕子约	庆元元年乙卯（1195）为近	66 左右	392	48
32	答吴德夫	无考	无考	无考	45
33	答或人	乾道五年己丑（1169）	40	66	43
34	答刘子澄	淳熙九年壬寅至淳熙十年癸卯（1182—1183）	53—54	211	35

资料来源：陈来《朱子书信编年考证》（增订本），生活·读书·新知三联书店2007年版；朱熹《晦庵先生朱文公文集》，四部丛刊景明嘉靖本。

即便是王阳明的支持者亦以为，阳明编集《朱子晚年定论》实际上是给了阳明学反对派以口实，且其中时间考订亦有不精确之处，至少将朱子四十岁前的论说阑入本书了。②从上表可以明显看到，阳明《朱子晚年定论》一书中收录了朱子40岁（含40岁）以前的论述共有六条。这就给了攻击者无穷的想象空间，由此进一步全盘否定之也就在情理之中了③。后世学者因此也多将此书从《传习

①李相显《朱子哲学》考证此书作于乾道四年戊子（1168），是年朱子三十九岁。（李相显：《朱子哲学》，第809—810页）

②学者常用引用的反驳意见来自罗钦顺，他说：又详《朱子定论》之编，盖以其中岁以前所见为真，爰及晚年，始克有悟。乃于其论学书尺三数十卷之内，摘此三十余条，其意皆主于向里者，以为得于既悟之余，而断其为定论。斯其所择亦精矣。第不知所谓晚年者，断以何年为定？赢躯病暑，未暇详考，偶考得何叔京氏卒于淳熙乙未，时朱子年方四十有六，尔后二年丁酉，而《论孟集注》《或问》始成。今有取于答何书者四通，以为晚年定论。至于《集注》《或问》，则以为中年未定之说。窃恐考之欠详，而立论之太果也。又所取《答黄直卿》一书，监本只云'此是向来差误'，别无'定本'二字。今所编刻，增此二字，当别有据。而序中又变定字为旧字，却未详本字何所指乎？朱子有《答吕东莱》书，尝及定本之说，然非指《集注》《或问》也。凡此，愚皆不能无疑，顾犹未足深论。（罗钦顺：《与王阳明书》，《附录》，《困知记》，阎韬点校，中华书局2013年版，第143—144页）

③值得注意的是，朱子三十七岁至四十岁间苦心孤诣探求中和之说，有旧新之说。牟宗三《心体与性体》（下册）对此有细致纾解。吾人由此可以基本确信，阳明所谓朱子晚年定论正是对朱子自三十七岁后探究性理之学的心得。

录》所附中删去："王学本独有千古，可俟百世。何必借朱子为定论？况明言其不必尽出于晚年哉？观'委曲调停'四字，先生盖犹有乡愿之见。而王学所以予人口实者，正在此也。今世学者既鲜专尊朱学以攻王学者。故本书之末，武昌本、江西本均附刻《定论》，今删之。"①孙锵以为阳明在《朱子晚年定论》一书还是委曲调停的态度，且阳明学完全没有必要借助朱子学来彰显自身，由于没有了解到阳明学对于朱子学的诠释重建，仍在朱子阳明的缠斗对立中理解，故而删去此一著述也就在情理之中了。回到我们提出的阳明学何以成为阳明学这一问题，我们需要作深入考察。

如前所述，阳明在序言中将朱子学作出了严格的分殊，他认为朱子之说、之书、之心在某种程度上都是朱子学。但在阳明，真正意义上的朱子学乃是反映朱子之心的学术。这一学术剔除了《集注》《或问》《语类》等大量朱子之书。这并不意味着否认这些著述对于朱子学的意义，而是让人明了：性理学的根本宗旨不在语言文字之中，而在于心得。阳明认为朱子早年即立志要继往开来，故而特注重著述以及对前儒著述的注疏与阐发，是有大气魄之人，此亦非有精神气魄之人无法完成。但是，著述并不在多，而在于删繁就简，这方是孔夫子的实践智慧。阳明慨叹："他（朱子）力量大，一悔便转，可惜不久即去世，平日许多错处皆不及改正。"②阳明发自内心是敬仰朱子的，一再称其气魄大、力量大，相比较而言，阳明曾经准备作五经撰述，可惜最终并未完成，仅留下《五经臆说》若干条。对于伟大人物的敬仰，心向往之，乃是人有所成的关键一步。无此敬仰，无此向往，则对面尧、舜亦毫无神圣之感，何况师之？有崇敬之心者则有求道的敏锐，亦方能不断地探索，这是成圣希贤的必由之路，除此而外无第二条路。

---

① 陈荣捷：《王阳明〈传习录〉详注集评》，第151页。
② 王阳明：《传习录上》，《王阳明全集》（新编本）卷一，吴光等编校，第31页。对此明人陈建在其书《学蔀通辨》中给予了严厉谴责，他说："阳明此节，即与《定论序文》相表里，无一句一字不颠倒错乱，诬前诳后。至谓朱子'不知先切己自修，平日许多错处，皆不及改正'，是诬诬朱子一生无一是处。自朱子殁后，无人敢如此诬诬。自古讲学著书，无人敢如此颠倒欺诳。昔尹和靖有言，其为人明辨有才，而复染禅学，何所不至也。呜呼，可畏哉！（陈建：《学蔀通辨》，程敏政等撰，吴长庚主编：《朱陆学术考辨五种》，江西高校出版社2000年版，第141—142页）陈氏以诋毁阳明为务，甚有卫道士姿态。自古及今，以诋毁为业者莫不以卫道士面貌示人，奇人有奇心，颇有其趣味。

　　为何阳明又认为朱子后来有所悔悟呢？此亦与阳明的切身体验有关，若仅仅追求著述，道在何处？道在六经固然不错，难道熟读六经，编注群经就能得道？那也未免太过简单了，任何一个人只要有点精力，识得文字，都能做到这一点。"此心全体都奔在册子上，更不知有己。便是个无知觉不识痛痒之人。虽读得书，亦何益于吾事耶？"① 显然，道不能以著述和读书来衡量。孔门之中，颜子甚至只留下了一两句话，可在性理学的理想中，他是孔门中最为圣贤者，程伊川一篇《颜子所好何学论》开启了性理学的大门，我们可以说，正是程子第一次明确地提出了性理学的核心问题：圣人之学何以成为圣人之学？

　　程子的回答是：因其可学而至。如何学而至？第一是诚敬，第二是力行，由诚敬而力行，圣贤之学可学。所以"凡学之道，正其心，养其性而已。中正而诚，则圣矣。君子之学，必先明诸心，知所养，然后力行以求其至，所谓自明而诚也。故学必尽其心。尽其心，则知其性，知其性，反而诚之，圣人也。故《洪范》曰：思曰睿，睿作圣。诚之之道，在乎信道笃。信道笃则行之果，行之果则守之固"② 。这是二程成圣之学的典范文章。

　　除了上述关于"敬"的分析之外，"敬"还意味着对学术的认真精神，即不苟且。这与读书生涯密切相关。书籍传递着文化，承载着精神，记录着圣贤君子的言行，吾人阅读经典即是要学习文化，挺立精神，以圣贤君子为范，从而使自己的生活更加完满。然而对于书籍，须在三方面加以措意，否则容易被导入企图。第一，是阅读的观念；第二，是阅读的对象；第三，是阅读的体验。以下分述之：

　　印刷事业的发达给经典带来了较大的冲击，儒者又好著书立说，故唐宋以来著作极多。后世本于宋儒之学（实际上是科举式的宋儒学说），失去了尧、舜之传。特别是很多儒者著述实际上仅仅是一本宋儒，了无新意，语焉不详，择焉不精。面对如此杂多书籍，求读通，求圣学，何其为难。用诗意的语言表述即是："意到已忘言，兴剧复忘饭。坐我此岩中，是谁凿混沌？尼父欲无言，达者窥其本。此道何古今，斯人去则远。空岩不见人，真成面墙立。岩深雨

---

① 王阳明：《朱子晚年定论》，《王阳明全集》（新编本）卷三，吴光等编校，第142页。
② 程颢、程颐：《河南程氏文集》卷八，《二程集》，王孝鱼点校，第577页。

不到，云归花亦湿。"①孔孟之道，非因其人不在而不传；窥其大本，心得是尚。否则面墙而立，不见其人亦不见其道。因此读书必须要有所辨有所择，其辨择的一个标准就是找到同理心，这一同理心即取诸物、取诸身、得之心。求之吾心即成为一至关重要者。阅读不是简单地把握文字工夫，也不是一味地模仿前人，而是让书籍所承载的道理在自我身心上得到展现，得到印证，得到体贴，最终将圣贤之学转化为自我奋发的身心学问。这或许是当时士人对于浩如烟海的书籍和永无止境的阅读的一种较为普遍的看法。

自元仁宗皇庆二年（1313）重开科举之后，便以朱子学（主要是朱子本人对四书五经的诠解及其后学对经典的诠释）为取士标准②，朱子对儒学的诠释居于正统地位，并成为科举考试的基础。但是，《四书大全》③《五经大全》《性理大全》作为明代学者的基本教科书，是否被广泛地阅读并加以体会，是一个问题。因为文本

---

① 王阳明：《忘言岩次谦之韵》，《王阳明全集》（新编本）卷二十，吴光等编校，第785页。

② 据何怀宏《选举社会：秦汉至晚清社会形态研究》：自元皇庆二年（1313）开始，朱子注释的四书成为科举考试的唯一教材，即：第一场明经经疑二问，经义一道；第二场为应用文体，包括古赋、诏、诰、章、表之类；第三场为时务对策。在录取原则上以"试义则以经术为先，词章次之"为准则。自明代开始，考试文体格式日渐固化，八股文体逐渐定型。（参见何怀宏：《选举社会：秦汉至晚清社会形态研究》，北京大学出版社2011年版，第123页）朱子以一己之力遍注群经，重新确定了四书五经的范围，并将四书的地位加以彰显，他一生又反复不断地修订其有关四书的注释，力图达致一种更加符合社会需要和更能表达自己思想的阐释方式。可以说，朱子对于经典的阐释已达到了他自己所说的"毕生钻研，死而后已"的地步。由于他的著述被认定为官方考试的唯一教材，因此对于后世学术影响是无远弗届的，具体而言则是："朱熹对四书五经范围、先后次序的确定及其呕心沥血的诠解，确实全面和深刻地考虑到了孔孟儒学逻辑体系、内在精神以及学者的接受方式和进路。"（何怀宏：《选举社会：秦汉至晚清社会形态研究》，第131页）

③ 明永乐十二年（1414）十一月，明成祖命儒臣胡广、杨荣、金幼孜等共同编纂新的经典以供士人所用，即所谓的《五经四书大全》和《性理大全》。这一巨著完成后，明成祖亲自作序并颁行天下，其后科考以之为据。该书凡例称："《四书大全》，朱子集注诸家之说，分行小书。凡《集成》（吴真子《四书集成》）《辑释》（倪士毅《四书辑释》）所采诸儒之说，有相发明者采附其下，其背戾者不取。"成祖《御制性理大全书序》称："命工悉以镂梓，颁布天下，使天下之人获睹经书之全，探见圣贤之蕴，由是穷理以明道，立诚以达本，修之于身、行之于家、用之于国，而达之天下。使国不异政，家不殊俗，大回淳古之风，以绍先王之统，以成熙皞之治，必将有赖于斯焉。"魏裔介《四书大全纂要序》称："《集注》者，四书之孝子忠臣，而《大全》者，又《集注》之孝子忠臣也。"因此，由朱子《四书集注》可窥古圣贤之道，而由《大全》可征朱子的奥义微言。总之，《大全》之后欲对朱子学加以领会，则须以此书为基本。《明史》卷七十《选举志二》记载："科举定式：初场试四书义三道，经义四道。四书主朱子集注。……永乐间颁《四书五经大全》，废注疏不用。"（详见胡广等纂修：《四书大全校注》，周群、王玉琴校注，武汉大学出版社2015年版，第9、8页）不过，对此我们也应该保持审慎的态度，因为即便是在以《大全》为准绳的科举考试时代，真正将《大全》完整读下来的人并不多，更多的是那些专门为考试而作的其他类型的教材。（详见沈俊平：《举业津梁：明中叶以后坊刻制举用书的生产与流通》，台湾学生书局2009年版）

是一个方面，而事实又是另外一个方面。

士子读书是否真的遵守程朱之学？似不言而喻。在科举时代，学者以八股时文为最高目标，所谓读书其实多是考试书籍。皮锡瑞①说："自宋末、元、明，专用宋儒之书取士，注疏且束高阁，何论注疏之外。"②这是他的切身观察，在其日记中，皮锡瑞有这样的观察：

> 廿二（二十日）：行六十五里，至袁州府。州方考试，人多如蚁。晚间登舟，作家书，交轿夫带归。计自起程至此七日。时晴时雨，时复风雪。轿中寒甚，无可观览。携熊、刘、方、储时文读之，始知诸公虽以时文名家，然其读书亦实有心得。其引经据典，虽未必尽合古义，而具有所本，非杜撰无根之说。其义理精粹，则得自宋儒。以时文论，洵属不刊之作。今之为时文者，一挑半剔，守兔园册子，以为传衣秘诀，而于前辈根本之学，全不讲究。其稍涉学者，又好援引古书，不加融化，童牛角马，不今不古。或引《说文》古字，以为古雅，痛诋宋学，以为尊汉。徒以骇俗，终为识者所嗤。③

在科举时代，读书不仅仅是一个学术问题，更是关系到士人身份的问题，而学术往往被政治所笼罩，将学术作为一种智慧的士人往往并不能立即取得科名，皮锡瑞四举会试不第，阳明亦三举方成其功，在某种程度上都说明了学术与科第之间存在着紧张的关系。因此，科举时代的士子往往在科第之后，在取得了基本的生活保障之后才进行学术研究。

从书籍史研究来看④，明代出现了大量制举类书籍，这类图书直接针对科举考试，也就更加符合现实的需要，而真正的《大全》可能早已被束之高阁。正如现代学者所指出的，在经典理论的学习

---

① 皮锡瑞（道光三十年至光绪三十四年，1850—1908），字麓云，改字鹿门，著堂号"师伏堂"，学者称"师伏先生"，湖南长沙府善化县（现长沙市）人。光绪八年（1882）举人，四赴礼部会试不第。后以讲学著述终老。
② 皮锡瑞：《经学历史》，周予同注释，中华书局1981年版，第280页。
③ 皮锡瑞：《皮锡瑞日记》，吴仰湘编：《皮锡瑞全集（9）》，中华书局2015年版，第20页。
④ 沈俊平：《举业津梁：明中叶以后坊刻制举用书的生产与流通》。

和实践操作的层面实际上存在着断裂，这种环境下，学者普遍的心态是浮躁的阅读习惯：对于碎片化的经验堆积（格物），认为意义不大，只是稍作浏览；对于理论空谈，觉得只需快速总结出观点，无须详细阅读。轻浮地阅读而很少具有独立学术思考和积累学问的阅读习惯。①在这一点上，古今如出一辙，并非今日才有。何良俊②回忆说："余小时读书，皆为'传注'缠绕，无暇寻绎本文，故于圣人之言，茫无所得。今久不拈书本，'传注'皆以忘却。闲中将白文细细思索，颇能得其一二。乃知'传注'害人，亦自不少。"③何氏又说："自程、朱之说出，将圣人之言死死说定，学者但据此略加敷演，凑成八股，便取科第，而不知孔孟之书为何物矣。"④何氏所说的死死说定，略加敷演，凑成八股，并非个案，实际上很多学者终其一生也未曾读完《大全》，因此以《大全》来指责当时官方的思想控制就存在着巨大的风险。

根据现代学者的研究，《大全》所收录的儒学观念其实内容很丰富，并非简单的朱子一家之说。⑤实际的情况可能更多人是"百家讲坛"的拥趸，而非认真读书的读书人。朱子学实际上是讲坛学和制举学。这种情形下，朱子学要么成为章句学的书呆子，要么成为支离的博学炫耀，要么成为功名利禄的工具。阳明本人亦深受科举式学术的影响，在二十八岁成进士之前，他花了大量时间和精力应付科举之学。所谓"五溺三变"，应从阳明对科举学的自觉反思的角度来论说，而不应理解为其与朱子学（特别是朱子之心）相反对。科举学无孔不入地影响着士子们的生活，同时也不可避免地渗入其内心，更多的人选择的是与其相融合一致，将其视为上升的阶

---

① 黄宗智：《我们要做什么样的学术？——国内十年教学回顾》，《开放时代》2012年第1期。
② 何良俊（正德元年至万历元年，1506—1573），字元朗，号柘湖居士，松江府华亭人。曾任南京翰林院孔目。何良俊"曾悲叹关于儒家经典研究的衰退，并将此归咎于永乐年间制定的规范，即要求每一位科举应试者的考卷答案要以宋人的评注为依据，尤其是朱熹的评注。何良俊还倡导刊行宋代以前对儒家经典的批注"（富路特、房兆楹主编：《明代名人传（2）》，北京时代华文书局2015年版，第705页）。
③ 何良俊：《四友斋丛说》卷四，上海古籍出版社编：《明代笔记小说大观》，上海古籍出版社2005年版，第896页。
④ 何良俊：《四友斋丛说》卷三，上海古籍出版社编：《明代笔记小说大观》，第882页。
⑤ 陈恒嵩：《〈五经大全〉纂修研究》，花木兰文化出版社2009年版；张岩：《〈四书大全〉研究》，中南民族大学硕士学位论文2009年；闫春：《〈四书大全〉的编纂与传播研究》，华东师范大学博士学位论文2009年。

梯，而非进德修业之资。显然阳明并非如此之人。

排除科举学之影响，书籍本身在士子生活世界中亦有其独特的地位。自印刷术日渐成熟之后，书籍的获取较之孔孟时代已大为便利，这就造成了如黄绾所述之状态："学者读书极难。四子、六经之外，有宋儒濂、洛、关、闽之著作、注解，此外又有性理群书：《性理大全》《近思录》《近思续录》《伊洛渊源录》《伊洛渊源续录》《理学名臣录》，此外又有河北山、王鲁斋、吴草庐、金仁山、许白云、方逊志、薛敬轩、吴康斋、陈白沙、胡敬斋诸君子之文集及注解之类多矣。要旨皆不出宋儒之学，其源流皆本于宋儒，而非尧舜以来之传。其言满世，况为时制所重，资以取士。学者不能不读，亦未可尽非，亦未可尽是。要皆语焉而不详，择焉而不精者多矣。若真有志圣人之学，则必当有辨，此读书之所以难也。"①

黄绾"读书难也"的慨叹与今人一致，一方面是书籍太多（数量上）以至于人不知所从，一方面是书籍太少（质量上），很多经典书籍无法得而读之。即便得到之后，读到一些，又处处有差异，无所适从。况且，书不尽言，何以抉择？阳明《与杨仕鸣三》云："前者是备录区区之语，或未尽区区之心，此册乃直述仕鸣所得，反不失区区之见，可见学贵乎自得也。古人谓'得意忘言'，学苟自得，何以言为乎？若欲有所记札以为日后印证之资，则直以己意之所得者书之而已，不必一一拘其言辞，反有所不达也。"②前人对此的解决方式是认定存在着万物之理，而书籍乃是前贤对此的认知，是得诸其心者，但诉诸文字的部分却难免不会有偏差，言语、识见和心得三者关系的合一即便贤如阳明亦叹其为难，由此推之，则典籍所载之语、著述者之见、读者之心之间存在着复杂关系。读书得见，实际上是用心去体味圣贤之心之见。正如黄绾所说：读书求理，是在读书的过程中体悟圣贤之心，以此感化自身，以此感通古今，若非以此读经典，空口诵读而已。"后世儒者，不知求之吾

---

①黄绾：《久庵日录》卷三，《黄绾集》卷三十六，张宏敏编校，上海古籍出版社2014年版，第684页。
②王阳明：《与杨仕鸣三》，《王阳明全集》（新编本）卷五，吴光等编校，第199—200页。

心，专于纸墨之间，求其陈迹，拘拘而依仿之"①，不仅求不得儒者之道，亦与己身无甚价值。

总之，"敬"意味着在学术研究中，对书籍所传递的"道"保持一种清醒的认识，所措意的乃是有根据的认真的思考，或者说是独立思考和切己的体验。

---

① "典籍所载，乃天地万物之理，及圣贤君子言行，恶可不讲求？但要知古人远取诸物，则必近取诸身，理义人心所同，彼特先得我心之同然者。必于吾心独知之地，实致其力，必求仁，必求道，必求德，不使一毫不尽，则此心之理，建诸天地，考诸三王，征诸庶民，质诸鬼神，百世以俟圣人，以验其悖与不悖、谬与不谬、疑与不疑、惑与不惑、可征与不可征，而益致其克己之功，必如孔子所谓："予欲无言，天何言哉？四时行焉，百物生焉。"颜子所谓："舜何人也？予何人也？有为者亦若是。"孟子所谓："舜为法于天下，可传于后世，我由未免为乡人，求其如舜而已矣。"如此自励，益坚其志，益精其心，读书有何害哉？但缘后世儒者，不知求之吾心，专于纸墨之间，求其陈迹，拘拘而依仿之，致失天理之当然，所以为读书之害也。"（黄绾：《久庵日录》卷五，《黄绾集》卷三十八，张宏敏编校，第697页）

第七节　诠释之义：言不能无同异

注释、诠释、改编古人作品乃是中国经典传习的传统，"中国哲学思想发展的一个特点就是借助注释（commentary，annotation）或诠释（interpretation，hermeneutics）的形式建立自己的思想理论体系"[1]。诠释围绕着经典人物的经典作品展开，可以说是一种有意的选择和排列，诠释者的思想与原作品的思想之间存在着一定的张力，诠释的作品可能是以解释原作的思想为目的，也可能是以之来表达自己的思想，这是两种不同的定向与路径。古代传统如此，当代研究亦是如此，借他人之酒浇自己的块垒，往往是一种合理的表示方式。而且，在某种意义上，儒者之学正是在这种不断的诠释中延续的。没有成长的经典不成其为经典，不经诠释的经典亦无意义。正如唐文治所说，纯儒之学往往是"虚实相济，旧学新知""并行而不悖"，故阳明学与朱子学的关系若是作为离散的两种对立学说观之，则无益于我们理解阳明学和朱子学。我们需要反思的是阳明在何种理路上是朱子的同路人，而不再将朱陆之间的冲突视为冰炭水火，故应以一种儒学内在理路的视角重新审视这一问题，特别是在阳明去世近五百年后的今日，当时儒者之间的争论往往已经失去了现实语境，只留下历史情境，可供我们了悟阳明学绝非一种可以简单加以论说的学问，而是一种在不断与人对话，与己体悟的生命哲学。

朱子学乃是阳明学的触媒，是王阳明教化哲学的重要思想渊源："第一，朱子之学，阳明童而习之，很自然是他思想的一个重要渊源。第二，朱学的中心是圣人之学，阳明也特别有志于此。……第三，阳明发展完成的思想，恰与当时流行的朱学的格局互相对反，其意义必须通过这样的对反而益显。……第四，在阳明主观的感受上，流行的朱学见解虽多与他自己发展完成的思想互相抵

---

[1]刘笑敢：《本版附录一：学术自述》，《庄子哲学及其演变》（修订版），中国人民大学出版社2010年版，第319页。

悟，但他深信朱子晚年思想成熟之后，所得与他自己的体证完全契合。……第五，阳明对于朱子之失从未加以隐讳，三番四次作出批评，不为之曲护；另一方面，阳明对于朱子的尊崇，也确发之于内心之至诚，不能当作门面话来看待。阳明自更不会因为朱学之势大而想尽办法去攀附——事实上他为象山鸣冤，批评朱子的权威，提倡新说，已经犯了天下之大不韪。……如果阳明对于朱子的尊崇的确出于内心；他的学问的规模又由朱子承转而来，因对反而益显；他自己并深信与朱子晚年定论互相契合；那么朱子思想为阳明哲学发展之一重要资源，应晓然无疑矣。"①

职是之故，我们应不再以《朱子晚年定论》作为朱子的书，而是将其视为阳明的作品，且将其作为理解王阳明教化思想的重要作品。正如林安梧所论及的，此书"隐涵三层转折，一是朱子学的诠释系统之转折，二是朱子学发展之转折，三是阳明学发展之转折"②。阳明该书所列出的文本均与阳明的体悟相关，阳明在《朱子晚年定论序》中所说，"予既自幸其说之不谬于朱子，又喜朱子之先得我心之同"③，这才是该书最值得我们究心考察之关键所在。

阳明《朱子晚年定论》："实则非朱子之定论，而乃阳明之定论也。其必靠朱子以为定论者，盖由其必求与朱子归一之故。"④因为"实际上那个古人就是我。古人如何如何，既是由我之手眼发掘了的，古人已矣，他说的话，其实就都是我说的。我说古人如此如此，故吾人今后为文亦应如此如此，其真相，乃是'托古改制'。凡欲改制者，辄言古昔。故评价此类复古论，往往不只应看他们托古的一面，还应该注意他们欲图改制的那一面：如何托古、想改革的又是什么。在历史上，复古论经常造成改革思潮，便是这个缘故"⑤。牟宗三说："夫朱子岂不知尊德性耶？夫象山之斥其为支离岂就其读书、著书、从事于章句训诂而说耶？象山虽不著书，岂不

①刘述先：《朱子哲学思想的发展与完成》，第567—568页。
②林安梧：《儒学的转折：从王阳明的〈朱子晚年定论〉说起》，吴光主编：《阳明学综论》，中国人民大学出版社2009年版，第65页。但林安梧认为，总的来说此书彰显出从"道德的超越形式性原则"转向"道德的内在主体性原则"，则值得进一步讨论。
③王阳明：《朱子晚年定论序》，《王阳明全集》（新编本）卷三，吴光等编校，第140页。
④陈荣捷：《王阳明〈传习录〉详注集评》，第273页。
⑤龚鹏程：《中国文学史（下）》，东方出版社2014年版，第143—144页。

读书者耶？朱子斥其不读书，离文字，以为是禅，亦是无谓也。于此斤斤下去，拥朱者只成空泛之读书，拥陆者只成其不学之借口，好像读书不读书即足以决定朱陆之异者。末流之无思想有如此，甚可慨也。"[1]对于《朱子晚年定论》亦应以此种学术精神理解。

　　纠结于朱陆之异同，可能失去了对于这种改革的初心，唯有跳出普通哲学史、思想史的理路，采取哲理、（教养和敬意意义上的）文化的方法才能做到。正如张东荪先生所说，或者以为阳明继承了陆九渊的学说而反对朱子学，这仅仅是从表面而言，并未深入思想史，而只是从普通的哲学史和思想史的作法，这样的视角注重的是细节的差异和派别的不同。从道统的角度，即从思想主潮的发展和延续的视野观察，阳明实际上仍在延续着朱子的精神，即他在一定程度上是将宋儒的哲理进一步拓展，而不是分歧或者转向，也就是说二者在根本性的原则上和总体的方向上都保持着一致性。[2]张氏认为程朱陆王在哲理上是发展是演化，而不是分歧不是转向。从学理上应把握思想的主体脉络而非其支流，即阳明学与朱子学是一种道统的延续而不是相反。在此意义上，阳明学实为朱子学的继续阐发。因此，钱穆所谓"他（阳明）这《朱子晚年定论》的裒集，亦可谓始终未能摆脱朱熹的牢笼"[3]的说法，也并非无的放矢，但由此认为"从来以一代大儒、一代宗师来写一本书，总没有像此书般粗疏的"[4]，却并不符合阳明之心。日本阳明学者东正堂认为，阳明《与安之书》讲述了其编纂《朱子晚年定论》之事：

　　　　……阅此后，方知先生编纂此书，乃因世之学者以学问为议论之种，而丝毫其自己身心做工夫所致，故而先生出此著，其主眼乃息无益之论。盖先生之意，天下皆向朱子为宗，倘言朱子之误则定起不平，口角相争，喧哗不休，却疏于身心工夫。如此，如前之法不宜取。故此，此番天下共以朱子为学则宜，亦无不宜之事。但学此说，则须察朱子真意，停止议论，不若

---

①牟宗三：《心体与性体（下）》，吉林出版集团有限责任公司2013年版，第102页。
②参见张东荪：《思想与社会》，左玉河整理，岳麓书社2010年版，第189页。
③钱穆：《宋明理学概述》（新校本），第262页。
④钱穆：《宋明理学概述》（新校本），第262页。

取朱子之语，着实身体力行。细学之，朱子之定论非如今日争论之朱说，却因晚年有大变之处，由此意，出此书。然而，此亦为致吵闹益盛之种，倘直言朱子之学不宜，犹为善者，阳明诬妄曲解朱子，渐入己说。弄奸曲手段欲胜于人。尤其书中，与吕子约书之流，佯不知初年所作，而入晚年却以此为证，如此混淆视听，竟内心坦然。此最最忌恶之事。又如清儒李穆堂（李绂）之流，引用阳明先生一文早晚之偶误，若言彼是，举现孰己惟晚年先生之说，云何谓著《朱子晚年定论》之新篇之事，此皆议论喧哗之事，却全不知先生之深意。阳明先生初议朱子，本因忧世人以议论为学，丝毫不知着实之工夫而为，世人却因先生议朱子而不平，却无反省之意。言先生未毁朱学，却又成议论之种，故而此番先生不毁朱学而示道理，出晚年定论。然此事又引议论喧哗益盛，只叹先生实无再可着手之方。我等后学须知，知先生真意乃第一义。[①]

阳明编纂该书的因缘在于当世学者把学术视为议论，把工夫视为教条，把问题指向他人，与学者本人似无甚关联，阳明对此深有感触，其目的即在于试图扭转这样的议论模式。当时的学术风气是尊崇朱子，如果以指责朱子的方式来论证学术应回向自我，则会争论不休，谈不上身心工夫。从朱子学出发，找到他的心力所系，按照他的指点切实地身体力行，则是真知真行。但是学术的争议往往不能因人的意图而有所改变，学者固执己见，看到与常识不同的见解就愤愤不平是常态，对不合本己的意见横加非议也常有，甚至根本还没有了解对方的观念，就多方指摘的情况也反复重演。

我们看到钱德洪、施邦曜、东正堂等真切践行阳明学之人都认为《晚年定论》一书其旨趣在于重新表彰朱子学，特别是东正堂，冈田武彦先生认为他不免有些过于袒护王阳明，因为阳明自认当时已有乡愿、曲学阿世的念头[②]。不过，我们认为东正堂所论阳明此书"渐入己说"的阐释是值得我们注意的，因为"定论"二字绝非

---

① 转引自冈田武彦:《王阳明大传:知行合一的心学智慧（中）》，杨田等译，第296—297页。
② 冈田武彦:《王阳明大传:知行合一的心学智慧（中）》，杨田等译，第299—300页。

简单意义上的确定无疑之论，而是主旨①。"着实之工夫"在王阳明这里最为关键。研究阳明的思想，也应对此保持清醒。

阳明的学术处境艰难，②正如他所说的处在"学厌道晦"之余，他所从事的理论探索或者说对于道统的追求，与当时士大夫阶层的主流立场并无不一致之处，否则也不会称赞汪循"博学雄辞，阐扬剖析"。若是据此推论阳明学术已经引领了当时思想界的主潮（或者学术趋向），是值得我们持保留意见的。阳明自己对此亦不能完全确定，何况他人？若仅仅以后见之明来认识历史，与吾人思想之进益有何干系？据项乔的观察，"阳明先生倡明不睹不闻之说，致其良知之说，可谓破千古之疑，为道学立赤帜于天下者。然疑者十居八九，信者百无一二，非阳明之说不可传于天下，或其徒累之也，何则？阳明之说，信不可诬，若阳明之人品，在天下后世当有定论"③。职是之故，我们或者可以说在阳明学创始时期，阳明孜孜以求同道之人，完全没有后学所见到的那种赞助者和支持者占据主流地位的历史情形。可以确信的是：阳明以朱子为师范，其求道之心则不容置疑。阳明认为对于道的探寻乃是人生意义的归宿所在，也是士人对抗学厌道晦时代的唯一路径。阳明认为"道"乃是学者最应究心者，然而时病至深，非以自警、警励、省觉、诫勉不能以身发明之，这一态度贯穿阳明学始终，再如何强调亦不为过。

如果认为道是对抗历史的技艺，那么它就是一种应付命运的艺术。这里的命运正是阳明所担忧的时学之病："先儒之学，得有浅深，则其为言亦不能无同异。学者惟当反之于心，不必苟求其同，亦不必故求其异，要在于是而已。今学者于先儒之说苟有未合，不妨致思。思之而终有不同，固亦未为甚害，但不当因此而遂加非毁，则其为罪大矣。同志中往往似有此病，故特及之。程先生云：'贤且学他是处，未须论他不是处。'此言最可以自警。见贤思齐

---

①徐梵澄独具慧眼，认为所谓"'定论，毋妨说为其'主旨'，有些讲学家到晚年始确立的"［徐梵澄：《陆王学述》，《徐梵澄文集》（第一卷），上海三联书店2006年版，第423页］。

②如黄绾说："阳明先生如景星凤皇，夫人能知之也，乃为当路所忌，言官承风旨，交论其江西，军功为冒，又以其学术为伪，异说喧腾，人莫敢论。"（黄绾：《赠陆原静序》，《黄绾集》卷十二，张宏敏编校，第204页）

③项乔：《与戚南山掌科》，《项乔集》卷五，方长山、魏得良点校，上海社会科学院出版社2006年版，第307页。

焉,见不贤而内自省,则不至于责人已甚,而自治严矣。议论好胜,亦是今时学者大病。"①在此,先儒所传之道,学者所学之道,最终均须归之学者之身之心。不过首先要确立的是这样一种态度,即对道的崇仰、对传统的敬意、对社会关系的宽容以及对人自身的警醒,因此,圣学之要以敬为先,即要学他是处,所谓是处实际上乃是作者与读者心灵相通之处,在儒者看来此为道之传承者,而阳明之所以标举《朱子晚年定论》的一个重要原因也就在此。从一开始,阳明就明确提出,多言乱洙泗之传绪,支离纷扰圣人之大道,故须重返经典文本,重返朱子,这里的重返并不是以一般意义上的章句学、语录学为依据,而是要取而检求之,不拘于闻见,不持循讲习,而是"措之日用","体验探求"之。

《朱子晚年定论》第1、2条首先拈出"立本""日用"两个儒学基本论题。第17条云:"熹哀苦之余,无他外诱,日用之间,痛自敛饬,乃知敬字之功亲切要妙乃如此,而前日不知于此用力,徒以口耳浪费光阴。人欲横流,天理几灭。今而思之,怛然震悚,盖不知所以措其躬也。"②又第24条云:"向来妄论'持敬'之说,亦不自记其云何。但因其良心发现之微,猛省提撕,使心不昧,则是做工夫底本领。本领既立,自然下学而上达矣。若不察良心发现处,即渺渺茫茫,恐无下手处也。"③无论立本还是日用,最为关键点落在敬上。此处所说敬字之功,并没有细细展开,将其以一种章句式或者注疏式的方式铨解,都将无法体味到敬的真实意图,只能是浪费口舌,敬字并不需要如此多的文字功夫,只需要措其躬即可,即躬身而行。

①王阳明:《书石川卷》,《王阳明全集》(新编本)卷八,吴光等编校,第286—287页。
②王阳明:《朱子晚年定论》,《王阳明全集》(新编本)卷三,吴光等编校,第147页。
③王阳明:《朱子晚年定论》,《王阳明全集》(新编本)卷三,吴光等编校,第149页。

小　结

何谓教育的本质？如何理解历史上出现的教育思想？人理解历史，非如自然科学对待自然现象一般，将其当作外在于人本身的现成对象来对待。"人理解历史，就是理解人自身，就是人自己理解自己，具体地说，就是在历史的时间性中追寻人的存在的意义，以提高自己的精神境界。"①历史是人的历史，教育是人的教育。看似极为简单的道理，却是需要不断反思的哲理，因为写就历史的人和接受教育的人，并不意味着是不加反省的自然存在，②而反观内省就意味着敬的贯彻。黄道周说："晦庵当五季之后，禅喜繁兴，豪杰皆溺于异说，故宗程氏之学，穷理居敬，以使人知所持循。文成当晦庵之后，辞章训诂，汩没人心，虽贤者犹安于帖括，故明陆氏之学，简易觉悟，以使人知所反本。"③在朱子，传承儒者之学为其自觉；在阳明，传承朱子之心亦为其自觉，故反复其心，穷究之，体验之，最后使之成为阳明学的内在组成部分。在此，传统之所以延续，乃在于它曾以一种真实的力量影响着人们的生活，以至于人们将它视为生活的一部分或者生活的意义。

近代以来，传统之所以被视为现代的对手，以至于敌人，就是因为在时人（世人）看来，它影响到了现代性的进程，必须加以清除，或者至少要抛弃或者修正。但在儒家的学术脉络中，现实（现代）即是传统，无传统即无现代，无现代也谈不上什么传统，因此传统就切实地融入现实的生活之中。就此而言，阳明之《朱子晚年定论》未尝不是将朱子学传统以一种新的方式延续其生命的方式，

---

①张世英：《历史的连续性与非连续性》（第28讲），《新哲学讲演录》（第2版），第449页。
②熊十力认为，自然有三义，"在宇宙论上，大抵以无所待而然者，谓之自然……；在社会观上，大抵以淳朴而不尚诈伪技巧等等者，谓之自然……；在人生论上，大抵以纯任天真，谓之自然。……儒者乃不反知，但重涵养，以全其诚明之本体（诚明亦即良知）。大本既立，却非守其孤明，必致其知于事事物物而得理，乃知明而处当，于是而识别事物之知识，亦莫非诚明之用。此则良知扩充而可谓全其天真者矣。"（熊十力：《答某君》，《十力语要》卷一，第32—33页）
③黄道周：《序三》，王守仁原著，施邦曜辑评：《阳明先生集要》，王晓昕、赵平略点校，中华书局2008年版，第7页。

虽然此中的朱子已成为阳明所描绘的朱子形象，但并不妨碍这一形象所内含的意义。正如阳明所说："谓圣人为生知者，专指义理而言，而不以礼乐名物之类，则是礼乐名物之类无关于作圣之功矣。圣人之所以谓之生知者，专指义理而不以礼乐名物之类，则是学而知之者，亦惟当学知此义理而已，困而知之者亦惟当困知此义理而已。今学者之学圣人，于圣人之所能知者，未能学而知之，而顾汲汲焉求知圣人之所不能知者以为学，无乃失其所以希圣之方欤？"[①]显然，阳明《朱子晚年定论》一书的主旨在于彰显朱子学的希圣希贤之方，而这一为学方案，最为关键的就在于"知敬字之功""求放心"，从而"为学立本"以恢复圣人之学、孔子之教。所谓敬字之功，并非一种固定不变的教条或者章句注疏的支离，而是与学者身心密切相关的日用措之之学，也正是朱子学延续孔门之教的真谛所在。

对此，阳明有其独特的阐发，即以良知之学融贯其生命体验，以使学者自省提撕，以复其心之本体，从而使学者"致其本然之良知，则虽愚必明，虽柔必强。大本立而达道行，九经之属可一以贯之而无遗矣"[②]。基于以上对阳明《朱子晚年定论》一书的考察，我们可以明确地将阳明学和朱子学的内在关联加以贯通，并将阳明学之主旨加以申说，即阳明学之心、之说、之书均立足于敬，由此考察阳明学和性理学的内在理路，也更加能够彰显其儒学发展的范式性意义。故而，我们不再局限于朱陆、朱王异同之无谓、无休的争端[③]，与其争分量莫若求真金。正如项乔[④]所说："阳明高弟能扩阳明所未发，胸中了了，而笔力又有以发之者，无如邹东廓氏。阳明以致良知为凡学道者妙诀，犹之邹东廓以廓然大公、物来顺应为

①王阳明：《传习录中》，《王阳明全集》（新编本）卷二，吴光等编校，第58页。
②王阳明：《传习录中》，《王阳明全集》（新编本）卷二，吴光等编校，第52页。
③最新的研究者中亦有言之成理并称巨著者。如刘勇博士以《大学》的改本为依据，分析明代理学家的理论建构和传播模式，他有这样的观察："理学精英其生前身后的令名，也跟出版大繁荣有着密不可分的关系。以王阳明为例，尽管他反复向入室弟子们表示，刊刻其语录和文字著述并非急务，但他并非不诺此道：正德十三年七月，他接连刊行了《大学古本》《朱子晚年定论》《传习录》等系列作品，作为公开轰击朱子学的排炮。在王阳明身后，其学说的流行、学派的维系和扩张，无不与其著述的广泛刊行有关。"（刘勇：《变动不居的经典：明代〈大学〉改本研究》，生活·读书·新知三联书店2016年版，第326页）
④项乔（弘治六年至嘉靖三十一年，1493—1552），字迁之，温州永嘉人。正德十四年举人，嘉靖八年进士。官至广东左参政。

凡学者妙诀也。此二项皆大贤以上事，而使凡学者为用力始地，何以能成功？如孔门问仁，惟颜子方可告以克己复礼，在他人告之知己为何物，知礼为何物，知如何克己便能复礼、便是为仁。故告仲弓便曰'主敬行恕'，告司马牛便曰'其言讱'，告樊迟便曰'居处恭，执事敬，与人忠'，且樊迟一人之身问仁三次，先告以此三事，继方告以先难'后获'，后方告以爱人。自古圣贤教人，皆随人随时以变化，惟论规矩只是一般，其入道便有千溪万径。"①儒者所谓规矩，不外人的日常生活，唯有在人的生活世界中，人的现实意义方能凸显出，人的精神世界方能彰显出，而人文化成的宇宙精神也在此中得以实现。

最后，吾人可以引用杜维明的观点加以申说本章论点。杜氏说，对于《朱子晚年定论》：

> 我们面临着一个二说择一的选择：如不少学者所说，要么阳明有意识地设计了一个策略，用朱熹的话来表达他自己的思想，从而提高自己的声望；要么阳明这么做，动机是出于同朱熹融通的强烈愿望。阳明本人费尽心思极力证明后一看法。"阴谋说"反映了一种习惯观点。这种观点认为，阳明是陆象山的继承者，所以必然与朱熹相冲突；如果他实际上力图融通朱熹的思想，那么，一定有思想渊源之外的理由。然而，根据我们的研究，朱、陆二分对于阳明思想的形成似乎没有起什么作用。②

> 我们可以认为，阳明努力阐明他的新思想，其实并不与朱熹的晚年定论相抵触，这是出于他力求与这位宋代大师的精神取向相一致的内心渴求，而不是出于一个实用的目的：取悦于同辈中的多数学者—官员，他们都是朱熹的追随者。③

> 那些盲目地坚持朱熹学说的人，从来没有亲身体验过朱熹所讲的那种行动方式。实质上，朱熹对他们的肉体和心灵都没

---

① 项乔：《杂著内篇》，《项乔集》卷四，方长山、魏得良点校，第237页。
② 杜维明：《青年王阳明：1472—1509：行动中的儒家思想》，朱志方译，生活·读书·新知三联书店2013年版，第196页。
③ 杜维明：《青年王阳明：1472—1509：行动中的儒家思想》，朱志方译，第197页。

有丝毫触动，而现在他们却突然把自己装扮成朱熹正统的捍卫者。阳明用了二十年的时间，以他全部的生命去体验朱熹关于修身的教导，不幸的是，他发现自己被别人当作凶恶的叛逆，背叛了他最崇敬的一位儒学思想家。他甚至引用孟子的话："予岂好辩哉，予不得已也。"他的自信同深深的使命感混杂在一起。①

通过吾人前述研究，可以再次确证杜维明博士论文《青年王阳明》中所述的准确性和严谨性。所谓阳明与朱子的精神取向一致之处即在"敬"，即是《礼记》所引述的"知其义而敬守之"的知义敬守的"敬"道之心，这是阳明学之所以成为阳明学的一个重要因素。同时，我们还用大量的文献资料和士人、学者的论说，表明了"敬"是理解和进入阳明学的最佳路径之一。

阳明说："明道云：'吾学虽有所受，然天理二字，却是自家体认出来。'良知即是天理。体认者，实有诸己之谓耳，非若世之想像讲说者之为也。近时同志，莫不知以良知为说，然亦未见有能实体认者，是以尚未免于疑惑。"②阳明学称之为良知学亦可，然关键并不在于何种语汇，其关键在于是否拥有这种体认，是为下一章。

---

① 杜维明：《青年王阳明：1472—1509：行动中的儒家思想》，朱志方译，第198—199页。
② 王阳明：《与马子莘》，《王阳明全集》（新编本）卷六，吴光等编校，第232页。

第三章

敬以直内：教化之生活

和靖谓『敬有甚形影？只收敛身心，便是主一。如人到神祠中致敬时，其心收敛，更着不得毫发事，非主一而何？』此最得濂、洛一脉。

——邹守益《颖泉先生语录》

敬无所不该，敬外更无余事也。……大抵学问工夫，惟在还此心本来面目而已，此之谓敬也，岂把持之谓哉？居敬是心体上功夫，若舍心体而求抑妄念，则是弃本逐末，宜其愈抑而愈纷扰也，即此便是大不敬矣。

——王时槐《友庆堂合稿卷一·答郭以济》

　　"敬"是一种生活方式，是一种生命的对话。[①]它坚持道的追求，反思现实生活中的自我，使自己内在的道德之心直发而无所蔽障，既内在又超越。在此，阳明学作为经典给予人的，是一种道德的启示，崇高的指引、想象力的激荡和哲学的论辩。"哲学论辩源于一种生活选择和生存抉择——而不是相反。……哲学论辩凭借自己逻辑和劝导的力量，以及它试图对生活者施加的影响，刺激教师和学生真正面对自己最初的选择。"[②]对于我们来说，这种生活选择与生存选择意味着："夫得父子之道之谓仁，得兄弟之道之谓义，得处乡及御暴客之道之谓礼，得养身之道之谓智，得师之道之谓善教，得游艺之道之谓善学。仁义礼知，性也。性矣命也，非由外铄我也，我固有之也。学者学此者也，教者教此者也。"[③]阳明学不可避免地要关涉自我体悟的反思，使之不再仅仅成为一种知识的选择，而且是一种生活方式的抉择。我们需要关注的毋宁说是如何将阳明学的智慧贯彻到实际的生活之中，亦是一种对话，而不是简单地叙说。教化哲学实际上是一种对自我生活方式的反思哲学，在此意义上说，教育的本质乃是一种哲学论辩。

　　刘咸炘在《姚江学旨述》引用了李材[④]的说法，认为阳明所论为学圣的真实工夫，因为是补偏救弊的提法，不见得都与孔子、曾子的学说一一合辙，所以善于学阳明的应该学他所讨论的学圣的工夫，而具体的名目则不能被视为不可变易的定论，刘氏认为这是对

①值得注意的是，笔者所说并非宗教式的。英国宗教哲人怀特海（1861—1947）认为，教育的本质在于它那虔诚的宗教性，"宗教性的教育是这样一种教育：它谆谆教导受教育者要有责任感和崇敬感。责任来自我们对事物发展过程具有的潜在控制。当可习得的知识能够改变结局时，愚昧无知便成为罪恶。而崇敬是基于这样的认识：现在本身就包含着全部的存在，那漫长完整的时间，它属于永恒"（怀特海：《教育的目的》，徐汝舟译，生活·读书·新知三联书店2002年版，第26页）。关于古典文化，怀特海认为，"如果不能经常目睹伟大崇高，道德教育便无从谈起。如果我们不伟大，我们做什么或结果怎么样便无关紧要。现在，对伟大崇高的判断力是一种直觉，而不是一种争辩的结论。……对崇高伟大的认识和判断构成道德的基础。在这个时代里，青年人更须要保持对罗马的想像：这种对罗马的想像本身就是一幕伟大的戏剧，而且会产生比这种想像更伟大的结果"（（怀特海：《教育的目的》，徐汝舟译，第122—123页）。
②皮埃尔·阿多：《古代哲学的智慧·前言》，张宪译，上海译文出版社2012年版，第3页。
③南人吉：《明诰赠中大夫光禄寺卿云岩马先生墓碑》，《瑞泉南伯子集》（第二十卷），《南大吉集》，李似珍点校整理，西北大学出版社2014年版，第95页。
④李材（1529—1607），字孟诚，号见罗，江西丰城人。嘉靖四十一年（1562）进士，官至右金都御史。因破蛮冒功事系狱十余年。后成福建镇海卫，后赦归。以讲学著述称。著有《观我堂摘稿》《见罗先生书》等。黄宗羲称其学为"止修"。关于李材的研究，详见刘勇：《中晚明士人的讲学活动与学派建构：以李材（1529—1607）为中心的研究》，商务印书馆2015年版。

阳明学公允的评论。[1]李材提出的学圣之功，实际上就是性理学家所强调的希圣希贤的理想。在李氏看来，今日体味阳明学宜从其学圣之真功，所以他强调说："儒者之论学，事事归实。"[2]学者追随阳明，研究阳明之学，即在于体悟其学圣之真工。刘咸炘之所以认为李材的论述是公允的，正如吾人在第二章所揭示的，乃是有敬的精神，即不苟且的学术精神。本章，吾人将进一步拓展研究视野，从阳明学的论述理路和历史事实中探寻敬作为生活方式（"学圣之真工"）的内涵。阳明说："初学必须思省察克治，即是思诚，只思一个天理。"[3]这是阳明对敬的最佳解说，吾人即由此展开。

① "李见罗曰：'阳明子所论，无一非学圣之真工，而独所提揭皆以补偏救弊，乃未惬孔、曾之矩要。善学先儒者学其所论学圣之功可也，而并其所提揭者不谅其补偏救弊之不得已，而直据以为不易之定论也，可乎？'见之所别提，是否姑勿论，然斯言则允矣。"（刘咸炘：《刘咸炘学术论集·哲学编（上）》，黄曙辉编校，广西师范大学出版社2010年版，第231页）
② 转引自张学智：《明代哲学史》（修订版），第226页。
③ 王阳明：《传习录上》，《王阳明全集》（新编本）卷一，吴光等编校，第17页。

第一节　戒慎不睹：王尧卿的教训

　　南宋词人辛弃疾（1140—1207）所作小词《青玉案·元夕》有"蓦然回首，那人却在，灯火阑珊处"[1]的佳句。经王国维（1877—1927）的解释，[2]成为人生境界的最佳描述。从教化的哲学来看，它也可表示从陷溺中觉醒时的惊喜。这种惊喜之际，只是一念之真。是以既得之后，小心奉持，不敢逾越，便是敬畏之象。《中庸》"戒慎乎其所不睹，恐惧乎其所不闻"，即是对此的诠解。在此，"敬"是保任勿失，尊敬天命，它是人在对生生价值的认同下的一种回向。"回向即返本，人在返本时方有敬仰之意，而'本'即是'所敬仰'。面对所敬仰则超越义便显出来。"[3]然而并非学者都能自觉建立所敬仰者。我们从阳明文集中记录的王尧卿开始。

　　谁是王尧卿？阳明同时代著名的文人学者王廷相[4]为他作过一首诗《终南吟赠王尧卿》：

　　　　太乙巉巉太白东，中有佳士才且雄。西京之侠赠龙剑，凌轹不数渭上翁。被褐忽来谒天子，手接双霓弄海水。蛟螭吓人磨齿牙，拂衣还入云崖里。云崖千万丈，莽苍临平野。白日历高标，飞流绝奔马。龙蛇萧萧谢傅心，溪谷盘盘远公社。泠泉终日快闻韶，古木千章不知夏。桐花乳燕舞风轻，茅屋荒池夜雨晴。幽人开尊石坛下，客来相对称达生。春阳迟迟鸟鸣硐，美

---

① "东风夜放花千树，更吹落，星如雨。宝马雕车香满路。凤箫声动，玉壶光转，一夜鱼龙舞。蛾儿雪柳黄金缕，笑语盈盈暗香去。众里寻他千百度，蓦然回首，那人却在，灯火阑珊处。"（朱孝臧：《宋词三百首》，刘乃昌评注，中华书局2005年版，第191页。）

② 王国维《人间词话》："古今之成大事业、大学问者，必经过三种之境界：'昨夜西风凋碧树。独上高楼，望尽天涯路。'此第一境界也；'衣带渐宽终不悔，为伊消得人憔悴'，此第二境界也；'众里寻他千百度，蓦然回首，那人却在，灯火阑珊处'，此第三境界也。此等语皆非大词人不能道。然遽以此意解释诸词，恐'为'晏、欧诸公所不许也。"［王国维：《人间词话》，邬国义点校、谢维扬、房鑫亮主编：《王国维全集》（第一卷），浙江教育出版社2009年版，第468页］

③ 蔡仁厚：《王阳明哲学》，第132页。

④ 王廷相（1474—1544）字子衡，号浚川，河南仪封人；弘治十五年（1502）进士，官至南京兵部尚书；著有《王氏家藏集》《王浚川所著书》。

稼离离人上坪。蓝田辋川在何处，图史常垂谏议名。中原犹格斗，豺虎日侵寻。七泽波寒洞庭远，九疑云尽苍梧深。百年凄恻终南心，为君写作终南吟。斸茅卜居夹深沂，白发相将弹舜琴。彼美人兮望不来，朱弦瑶轸漫相开。野人醉倒啸歌起，万壑秋生明月台。[①]

王廷相是明中期的文坛才俊，"前七子"之一，宋明理学史中反理学的代表。[②]他曾在正德三年（1508）、八年（1513）两次被刘瑾贬斥，甚至丢官。嘉靖十八年（1539）又上书弹劾内阁，可谓是正直大臣。他曾说："汉儒修经术，宋儒明道学，孔、孟以往，此其最正者也。然亦有达于治理之效与？夫君子之学所以为政，而国家之养士亦欲其辅佐以经世也。徒习之而不能推之，谓之学者也何居？今二代史籍炳炳，诸儒学道用世之迹，皆可稽而知也。通经而能达于治，修道而能适于用者谁耶？"[③]仅从这首大气磅礴的诗篇中看不出多少关于王廷相的哲学。王廷相在诗中极力赞美王尧卿的学问和人品，又提及他的安贫乐道。当然他最赞扬的是王尧卿的上谏行为，认为仅此一件，王尧卿就能青史留名。王尧卿在任谏官时因上疏不成，故以病辞免，王廷相吟诵高歌称其或可图史留名，这或许就是当时文士的公议。

明代谏官最为有名，上书言事往往不留情面。"六科给事中掌封驳，谓之'科参'。给事中原属门下省，明代罢去门下省长官，而独存六科给事中。旨必下科，其有不便，给事中得驳正到部，谓之'科参'。六部之官，无敢抗科参而自行者。又廷议大事、廷推大臣、廷鞠大狱，给事中皆预。"[④]在这样的制度设计下，作为言官的士大夫以敢言为荣，对权臣、宦官都勇于猛烈攻击，风潮所挟，人

---

① 王廷相：《终南吟赠王尧卿》，《王氏家藏集》卷十一，《王廷相集》，王孝鱼点校，中华书局1989年版，第162页。

② "王廷相身处明代中期理学占绝对统治地位的时期，他的科学主义因素、实证思维倾向（尽管是微弱的）是对当时理学潮流的一种反叛。这种反叛预示着实学思潮的兴起与壮大。在这个意义上，有的论者将他说成反理学的思想家。但统观王廷相的思想，特别是他的性论，我们仍然可以说，他是一个理学家。"［参见张学智：《明代哲学史》（修订本），第341页］

③ 转引自侯外庐、邱汉生、张岂之：《宋明理学史（下）》，人民出版社1997年版，第494页。该书云引自《明史》王廷相本传，误，《明史》王廷相本传未见该诗，参见张廷玉等：《王廷相本传》，《明史》卷一百九十四，第5154—5157页。

④ 钱穆：《国史大纲》（修订本），商务印书馆1994年版，第690页。

莫不如此。"明自太祖广开言路，此风历久不衰，加以士大夫崇尚理学，注重气节，因此敢于不惜性命，与恶势力奋斗。但文人见解，有时不免迂阔，所争论的事，不免小题大做。……由于武宗以后的政事日益败坏，士大夫的这类表现也愈趋激烈，他们一面攻击宦官权臣，一面又自相攻击，虽屡遭挫折，终不反顾。"①王尧卿所谏何事已不可知晓，无论如何，作为敢于发言的言官，他尽到了职责，被贬斥也成就了名望。

阳明与王尧卿似亦关系不错，正德六年辛未（1511）为其作序文。前一年，阳明"升任庐陵知县，其年冬，闻刘瑾败，始入觐，授刑部主事。至是改吏部"②。则此时阳明对王尧卿所谏之事应很清楚。阳明《赠王尧卿序》说："终南王尧卿为谏官三月，以病致其事而去，交游之赠言者以十数，而犹乞言于予。甚哉，吾党之多言也！夫言日茂而行益荒，吾欲无言也久矣。自学术之不明，世之君子以名为实。凡今之所谓务乎其实，皆其务乎其名者也，可无察乎！尧卿之行，人皆以为高矣；才，人皆以为美矣；学，人皆以为博矣。是可以无察乎！自喜于一节者，不足与进于全德之地；求免于乡人者，不可以语于圣贤之途。气浮者，其志不确；心粗者，其造不深；外夸者，其中日陋。已矣，吾恶夫言之多也！虎谷有君子，类无言者。尧卿过焉，其以予言质之。"③相比较王廷相的赞歌，这样的序文显得有点煞风景。阳明不愧为性理学家，开篇就说吾党之言何其多也。他本不欲再赘一词，不过作为交游友人，作为同志之士，他并不希望人的沉沦，故写下了殷殷之语。

阳明此文中两次提及的"可无察乎"值得吾人深省。阳明之所以如是说，与他对当时的社会风气的洞察密不可分。早在《山东乡试录》中，他就对士人风气进行了深刻分析。如果用一个词来概括历史上的风俗（士风），则西汉末年为懦弱（懦）、东汉末年为过激（激）、晋代是虚浮（虚）、唐代是奢靡（靡）。阳明所处时代则混杂着这几种风气："若夫今之风俗，谓之懦，则复类于悍也；谓之激，则复类于同也；谓之虚，则复类于琐也；谓之靡，则复类于鄙

---

① 傅乐成：《中国通史》，中信出版社2014年版，第578页。
② 夏燮：《正德六年》，《明通鉴》卷四十四，沈仲九标点，中华书局2009年版，第1494页。
③ 王阳明：《赠王尧卿序》，《王阳明全集》（新编本）卷七，吴光等编校，第244页。

也；是皆有可虑之实，而无可状之名者也。"①阳明所论绝非虚辞，实际上这是社会长久存在的现实，时至今日仍是如此。一个时代士风对于人心的影响极大，人不可能脱离风俗而存在，但人不能为了风俗而存在，如此人生的意义何在？

故而必须要正风俗，使之回归圣人之学，在他看来："盖今风俗之患，在于务流通而薄忠信，贵进取而贱廉洁，重儇狡而轻朴直，议文法而略道义，论形迹而遗心术，尚和同而鄙狷介；若是者，其浸淫习染既非一日，则天下之人固已相忘于其间而不觉，骤而语之，若不足为患，而天下之患终必自此而起；泛而观之，若无与于乡愿，而徐而察之，则其不相类者几希矣。"②风气不佳，并非不能改变，性理学从一开始就以拯救人心之陷溺，实现天下秩序的恢复为己任。在他们看来，秩序的重建首先需要对社会习气加以认真对待，使人回归圣人之途，孔孟之学就至为关键。阳明认为如果恢复其诚敬之心，真心寻求并实际践行之，则未尝不能使天下翕然向风："苟诚心于振作，吾见天下未有不翕然而向风者也。孟子曰：'伯夷，圣之清者也；柳下惠，圣之和者也；故闻伯夷之风者，顽夫廉，懦夫有立志；闻柳下惠之风者，鄙夫敦，薄夫宽。'夫夷、惠之风所以能使人闻于千载之下而兴起者，诚焉而已耳。今曰：吾将以忠信廉洁振作天下，而中心有弗然焉。"③显然，在阳明，诚敬为拯救世风的第一要务，也是人所能立的根本点。

所以，阳明没有与王廷相一样赞美王尧卿的谏议之名，更没有称道他的才德，反而劝其归于圣人之学，并告之他，去寻找同道中人，以相互砥砺。"唐虞之际，道行于君臣；洙泗之间，道明于师友。"④师友间相互砥砺，则或可归于道。阳明希望王尧卿能在省察克治上做扎实工夫，举凡行为处事、文艺才干、博学多识，即便得人肯定亦不可以之自高自喜。在他人看来，或许博得一时美名已颇为不易，足令人侧目，然而阳明却主张此乃多言之蔽，极有可能遮蔽了自我本心，若只追求言辞之美，则离圣贤之道远矣，故阳明云

①王阳明：《表》，《王阳明全集》（新编本）卷二十二，吴光等编校，第907页。
②王阳明：《表》，《王阳明全集》（新编本）卷二十二，吴光等编校，第907—908页。
③王阳明：《表》，《王阳明全集》（新编本）卷二十二，吴光等编校，第908页。
④孙奇逢：《义例》，《理学宗传》，万红点校，第17页。

"言日茂而行益荒，吾欲无言也久矣"。王尧卿是否认同阳明的圣人之学，吾人并不清楚。从现有的记载来看，似乎他并非阳明的同道中人，也并未以阳明之说为筌，他最后的结局不免令人扼腕叹息。阳明门人夏良胜《书王尧卿薄命词后》云："尧卿司谏朝官，夕疏有不得，即引去，固知其非爱官人也。林居辑古今节义士，曰天地正气，又知其必爱死人也。夫不爱官则他无所利告变之心，可谅。已必爱死，则知所择罪累之死，可恸已。近与其季舜卿同以罪放舟次，示斯作。他日必有大家得之，以续屈骚者，独以词之近古而已哉。"①由此可知，王尧卿倒是行为高洁之士。陆深②《庸玉集序》云：

> 终南山人王尧卿，与予相得之知甚深，颇恨相从之日犹浅也。岁在辛未壬申（1511—1512）之间，遇于京，当是时予为史官，尧卿为谏官也。尧卿盩厔人，每谓予之盩厔多异人，于是相约为物外之游。又约尧卿当过江南，予当访尧卿于盩厔。皆漫然语也。不久尧卿弃官去，已而尧卿果渡江，予时在成均。昨岁过盩厔，而尧卿之墓木拱矣。追念今昔，为之出涕。尧卿才甚高，当时颇疑尧卿少自逊避，盖有待也。不意尧卿坐交游之累，下诏狱，就逮至南都，甫脱以死。死时事，余闻而悲之，亦天下之人所同悲也。尧卿之弟舜卿，又与予有寮寀之谊。今寓茂州，以此编见寄，将刻梓以传。呜呼，使不识尧卿者，读此亦将一字一涕，况如予与尧卿者乎？复抆涕为之序，且手书之，以报舜卿。③

从陆深序文中可知，王尧卿是陕西盩厔（今周至县）人。其《庸玉集》今不可见，或已散佚，其人其文均消逝于历史洪流之中。

---

① 夏良胜：《书王尧卿薄命词后》，《东洲初稿》卷十四，清文渊阁四库全书补配清文津阁四库全书本。
② 陆深（1477—1544），字子渊，号俨山，谥文裕，南直隶松江府（今上海）人。弘治十八年（1505）进士。刘瑾掌学权时被贬，瑾诛复职。曾任国子监祭酒，官至詹事府詹事。著有《俨山集》。《明代名人传》称其为多产的作家、技艺超群的书法家和古董鉴赏家。他的著作题材广泛，为人们了解明朝早年历史及陆深存世时的事件提供了重要资料。（参见富路特、房兆楹主编：《明代名人传（3）》，北京时代华文书局2015年版，第1358—1362页）
③ 陆深：《庸玉集序》，《俨山集》卷三十八，《四库明人文集丛刊》，上海古籍出版社1993年版，第1268—236页。

从夏胜良和陆深的哀悼之词中，可知王尧卿才高八斗，却因交游之
人获罪下诏狱，虽得脱，却未几即辞世。阳明告诫，历历在目，省
察克治，非徒空言耳。然当世之人，且不及信，况后世乎。从王
廷相、王阳明、陆深等人对王尧卿的相关文字来看，其人在文学
造诣上应得到了时人的公认，其友朋亦多为后世所知者。他敢于言
事，也得到了士林的一致赞同，然而其人结局却难免令人唏嘘。正
如阳明所说，若被世之风俗裹挟，失去了对圣人之学的诚敬追求，
人生的意义或许要打折扣。在此，敬是省察克治。所谓省察克治实
际上是要以良知来对抗惯习，要以明觉对抗昏暗夜，要以行动对抗
萎靡，要以一种道统在我的自觉意识即敬的自觉来实践之，使人弘
道，而非相反。阳明何尝不对此空虚保持清醒，要主动省察心方能
有所安放之地①。阳明提点出良知二字，以为此即圣学之真精神，
后学却往往以良知为口号，以致良知为论说，甚或沦为空虚，对此
阳明亦只能叹息而已。

①问："据人心所知，多有误欲作理，认贼作子处。何处乃见良知？"先生曰："尔以为何如？"
曰："心所安处，才是良知。"曰："固是，但要省察，恐有非所安而安者。"陈荣捷：《传习录拾遗》，
王阳明：《王阳明全集》（新编本）卷三十九，吴光等编校，第1548页。

第二节　洞察省思：吾党之多言矣

儒者之学之所以要希圣希贤，就在于圣人贤哲们为吾人生命之垂范。汤斌[①]说："惟圣人为能体察天理之本然，而朝乾夕惕、自强不息，极之尽性至命，而操持不越日用饮食之间。显之事亲从兄，而精微遂至穷神知化之际。"[②]他所谓的体察天理，实际上就是洞察力。按照性理学的说法，人人均内在具有此洞察之力，但为何人世间存在诸多丑恶世态？为何秩序并未井然？性理学家对此作出了各种的解释，其中阳明学的解释是人的良知被遮蔽了。那么是什么遮蔽了良知之心呢？阳明以为乃是言茂行荒之人欲。阳明学不主张以知识为学之本意，以为知识性的学问往往沦为章句学或者博物学，与人生活的意义关涉不大，故圣人之学不是效仿而是立志，立志即是敬。若是效仿则有可能画虎不成反类狗，只有立下根本，方可有根基有根据。

圣人之途须由"敬"而入。所谓的省察克治决不能放在简单地仿效和读经典书籍的意义上来讲明，而要放在立志成人的意义上来说。他在回应学生子仁[③]提出如何理解《论语·学而》"学而时习之不亦说乎"一句时说，学的根本目的在于"存天理，去人欲"，如果真正地以此为学习的目标，则自然要以先贤先觉为典范，从经典

---

① 汤斌（天启七年至康熙二十六年，1627—1687），字孔伯，号荆岘，晚号潜庵，谥文正，河南睢州人。顺治九年（1652）进士，官至工部尚书。被誉为"理学名臣"，道光三年（1823）从祀孔子庙。

② 汤斌：《理学宗传序》，孙奇逢：《理学宗传》，万红点校，第11页。

③ 陈荣捷注："佐藤一斋谓子仁，栾氏，名惠，浙江人。孙锵则谓子仁，姓冯，名恩，号尚江，华亭人，见《儒林宗派》，并谓不知一斋何据。接栾惠姓名见于《阳明年谱》。正德九年（1514）五月，阳明至南京，栾惠、陆澄等二十余人同聚师门，但未言栾惠之字为子仁。《明儒学案》字子仁率又有林春，东城泰州（江西）人（《学案》三二），师阳明弟子王心斋（王艮，1483—1540），非事阳明。朱敬治谓不知此子仁指栾惠抑指林春。叶钧谓子仁，栾惠字，浙江西安（衢州）人，郡守请往施行乡约，四方学者云集。不知叶氏何所本。《学案》无栾惠传。余重耀《阳明弟子传纂》目录页十八有栾惠，谓见于《阳明年谱》，无字里，《传纂》亦无传。综上所论，则孙锵是也。《明儒学案》卷二十五《南中王门学案序》云：'冯恩，字子仁，号南江（孙作尚江，盖印误），华亭（今上海松江）人，嘉靖丙辰（1556）进士。阳明征思田（1527—1528），南江以行人使其军，因束修为弟子。"（陈荣捷：《王阳明〈传习录〉详注集评》，第79页）

中探寻，用心用脑，省察克治。学绝非要在身心之外找到一个效仿的对象就可了事，若仅如此，还是受私欲遮蔽而无从说起。省察克治是我切实存天理去人欲之事，是人心之自觉而非一味外在找寻。寻找榜样、效仿先达是学的一个环节而非全部。人心原本就以好为悦、以不好为不悦，所谓悦是义理充盈融洽、私欲消散的好与善，学之悦正是要人回归于此。宋儒谢良佐诠释《论语》首章时说"时习者，无时而不习。坐如尸，坐时习也；立如齐，立时习也"，被朱子引用，列入《论语集注》首章。①在《集注》中，朱子主要强调了习是反复之数，而说（悦）是内心之喜，在重复不断中获得喜悦之感，从而进步不已。阳明的诠释似对此一章句式诠释有所不同，故而他说："'时习'者，'坐如尸'，非专习坐也，坐时习此心也；'立如斋'，非专习立也，立时习此心也。'说'是'理义之说我心'之'说'，人心本自说理义，如目本说色，耳本说声，惟为人欲所蔽所累，始有不说。今人欲日去，则理义日洽浃，安得不说？"②按照章句式的理解，是看不出性理学的味道的，故而阳明有所申说。

阳明学的这一诠释与朱子学并无实质上的差异。如但衡今说："考亭（朱子）《集注》'学之为言效也'云云，与阳明云学去人欲存天理，并无二致。"③阳明学的立论基点在于心上，故云"存吾心""习此心""说我心"，心之不存者不可以为学，习不用心者不可以为学。在此意义上，阳明学的心的范畴扩展到对人的生活具有根源性意义，如果对此没有一种清醒的认识则可能出现理解的偏差。故而，初学工夫只能是省察克治。所谓的省察克治即是将为外物和欲望所纠扰遮蔽的本心重新加以恢复和挺立，此种工夫不能断续，应无事可间、无时不断。而世俗所谓的学往往仅仅停留在知识的获取上，这与己何益？与成圣何干？在此，朱子之心与阳明之心无二致。

---

① 朱子《论语集注》注云："学之为言效也。人性皆善，而觉有先后。后觉者必效先觉之所为，乃可以明善而复其初也。习，鸟数飞也。学之不已，如鸟数飞也。说，喜意也。既学而又时习之，则所学者熟，而中心喜悦，其进自不能已矣。"（朱熹：《论语集注》卷一，《四书章句集注》，第49页）
② 王阳明：《传习录上》，《王阳明全集》（新编本）卷一，吴光等编校，第35页。
③ 陈荣捷：《王阳明〈传习录〉详注集评》，第79页。

朱子学者认为，朱子"谓学者若先察识端倪之发，然后加存养之功，则从初不曾存养，使欲随事察识，恐将浩浩茫茫无下手处，而毫厘之差。便有敬以主乎其中，则事至物来，善端昭著，而所以察之者，益精明尔。未发之前，不可寻见，已发之后，不容安排，但平日庄敬涵养之功至，而无人欲之私以乱之，则其未发也，镜明水止，不须穷索。但当此之时，敬以持之，使此气象长存而不失，则自此而发者，其必中节矣。察识亦以涵养为本，而学者当先涵养而后察识也"①。朱子说："日用工夫只在当人着实向前，自家了取，本不用与人商量，亦非他人言说所能干预。纵欲警觉同志，只合举起话头，令其思量，其闻之者亦只合猛醒提掇，向自己分上着力，不当更着言语，论量应对。如人有病，只合急急求药，既得药，只合急急服饵，不当更着言语形容此病，更着言语赞叹此药也。今将实践履事却作闲言语说了，方其说时，意在于说而不在于行，此恐不惟无益，而又反有害也。以愚观之，似不若将圣贤之书大家讲究一件，有疑即问，有见即答，无疑无见者，不必拘以课程，如此却似实有功夫，不枉了闲言语。"②围绕经典展开思考，通过经典启迪智慧，从而让学为真学，在此讲学是为做人，做人非为讲学。人并非只是一个生物体而已，学做人是要树立其内在的自觉的理性品德，即内在自然的人化中的自由意志，这种自由意志当在人心之自觉。③人心并非虚空，而须切己而行，切己的真实用功首先即省察克治，故陶浔霍说阳明学的宗旨就是此"真实切己用功不已"地祛除私欲，而使天理日渐精微。④

天理观是性理学的重要理念。"天理的确立与其说是世俗化的过程，毋宁说是将礼仪实践或日常生活实践再度内在神圣化的过程……理学在一定意义上即帮助人们重新获得诚与敬的道德学说。"⑤天理并非一种外在的律法或者强制的道德，而是人内心的行为准绳，它为人生之价值、生命之意义以及个人得失荣辱等提供依据，

---

① 李相显：《朱子哲学》，第649页。
② 朱熹：《晦庵先生朱文公文集》卷三十五，《朱子全书》（修订本，第21册），朱杰人、严佐之、刘永翔主编，第1554—1555页。
③ 参见李泽厚：《伦理学纲要》，《哲学纲要》，中华书局2015年版，第5页。
④ 参见陈荣捷：《王阳明〈传习录〉详注集评》，第57页。
⑤ 汪晖：《现代中国思想的兴起》，生活·读书·新知三联书店2008年版，第113页。

它并不能给出某一问题的具体答案，实际上也没有任何人或者理论能够给出一个包治百病的药方。阳明说："人若真实切已用功不已，则于此心天理之精微日见一日，私欲之细微亦日见一日。若不用克己工夫，终日只是说话而已，天理终不自现，私欲亦终不自现。如人走路一般，走得一段，方认得一段；走到歧路处，有疑便问，问了又走，方渐能到得欲到之处。今人于已知之天理不肯存，已知之人欲不肯去，且只管愁不能尽知。只管闲讲，何益之有？且待克得自己无私可克，方愁不能尽知，亦未迟在。"①只有通过省察克治，人方能立得起来，才能够从容应对各种挑战。在此意义上，省察克治就是诚与敬的具体工夫，也即敬道的具体路径。然而，在现实生活中，此心之天理面临各种欲望诱惑，何以自处？何以超越？在阳明学中，如何应对此一课题？

明代中晚期士人对于宋代以来的道学传统多有反思，邓元锡对此的观察是，"学自宋南渡来，以穷理、居敬为二门，而穷理者颇役心于载籍，专文析辞为致精；其居敬者又以心操心，以念克念，以用心失之者恒众也"②。在这种环境下，学者就需以师为范。阳明青年时代曾问道娄谅，钱德洪《年谱》记载，弘治二年己酉（1489）十二月，"是年先生始慕圣学。先生以诸夫人归，舟至广信，谒娄一斋谅，语宋儒格物之学，谓'圣人必可学而至'，遂深契之"③。黄宗羲说阳明"从先生问学，相深契也。则姚江之学，先生为发端也"④。娄谅曾从学于大儒吴与弼，吴与弼放弃科举之业后，"慨然以斯道自任，绝意仕进，充养益邃。其学以主忠信为本，以穷理尽性至命为期，谓圣学成始成终在于敬，因以敬名斋。动静语默、出入起居，常以敬为所。处家庭如庙堂，对妻子如严宾。端庄凝重，履绳蹈矩，虽造次颠沛弗违也"⑤。据此，阳明应对吴与弼的思想有所知晓，故阳明感慨"吾党之多言"，或许说的是除了像吴与弼、

---

① 王阳明：《传习录上》，《王阳明全集》（新编本）卷一，吴光等编校，第22页—23。

② 邓元锡：《理学》，《皇明书》卷三十五，《续修四库全书》编纂委员会编：《续修四库全书》（第316册），上海古籍出版社2002年版，第295页。

③ 钱德洪：《年谱一》，王阳明：《王阳明全集》（新编本）卷三十二，吴光等编校，第1228页。

④ 黄宗羲：《崇仁学案二》，《明儒学案》（修订本）卷二，沈芝盈点校，第44页。

⑤ 邓元锡：《理学》，《皇明书》卷三十五，《续修四库全书》编纂委员会编：《续修四库全书》（第316册），第292页。

娄谅等真正的儒者之外，诸多学者往往以言求声名，失去了敬道，更谈不上心铨。阳明给王尧卿所作序文中对此种士风予以批评，即后世学者在学术上考究日趋精微细致，以至于流于名义的辨析，甚至将话语视作实际的行动，越来越远离圣贤至道，仅成一种口耳之学，这类士人和学问即便得到士林一致认可，在以道自任的学者看来是无法成为真正的儒者（纯儒）的。

第三节　言教动警：慎其独自其慊

阳明高倡良知并非为立门户而为，倘若只求现实中的利害关系，一门学问将难以成为真正的学问。它之所以能激荡数百年，吸引无数人，最关键的地方还在于阳明学对世道人心的深刻省察。这是一种学术人生的亲切体悟和哲思，同时也是一种真切实在的行动，唯有如此阳明学方能成为阳明学。阳明以为"学问思辨，行皆所以为学，未有学而不行者也"，"天下岂有不行而学者邪"。①人之为学其目的不在于学，而在于信所学行所学，否则仅仅停留在口耳之学或者停留在外在于人的身心而追寻与人相关的物之理则，或者沉迷于自身的幻想而失去了对于世界的感知，最终的结果要么是追逐物欲，要么遗弃物理，都是将人与世界分裂，将在此生活世界中分离、孤立、逃离出去，显然这不是儒者所追求的学问之道，也不是圣贤立教的宗旨所在。在阳明学，重要的是人以圣贤为自我期许，能够从本心日用事件的触发开始，"体究践履、实地用功""次第积累"②，从而自我振迈、师弟契悟、友朋砥砺，本于生活伦常，立于身家修齐，由内而外，由此及彼，即敬即义，即知即行。

所谓省察克治，"慎其独，自其慊"，实际上是贯彻在日常生活中的一种"敬"道。它不是为了外在的超越的天理，不在事事物物之外追寻，毋须口口宣称，只要着实地做。若本己内心无法保持一种平和状态，其苦闷可想而知。南大吉说："古之君子不以毁誉得丧动其心，是以学日进而德日修也。是故国有道不变塞焉，国无道至死不变。其所得者深，而其所见者真切而有味也，如是而其心始快。此之谓自谦，此之谓诚其意者。"③蒙文通说：《大学》诚意之功曰慎独、自慊。慎独者，思、孟之要，皆明而毕具于斯，此

---

① 王阳明：《传习录中》，《王阳明全集》（新编本）卷二，吴光等编校，第50页。
② 参见王阳明：《传习录中》，《王阳明全集》（新编本）卷二，吴光等编校，第45页。
③ 南大吉：《与叶硕庄良器书》，《瑞泉南伯子集》（第十九卷），《南大吉集》，李似珍点校整理，第80页。

《大学》之能得思、孟之统者乎！"①熊十力说："涵养、察识之辨，
虽自朱子与张钦夫提起，而其源甚远，《孟子·尽心》篇曰：'尧、
舜性之也，汤、武身之也。'性之是涵养工夫深厚，身之是察识工
夫深厚。《大学》'知止定静安虑'一节，虑即察识，知止至安，皆
涵养也。……然《大学》之虑，不唯内省克己，而格物穷理之事皆
在其中。后儒言察识者，似仅为反身知过，便将身心与万物万化万
理分开，其所察识者几何？"②诸儒对此省察克治的具体阐述，发人
深省。从教育的路径来看，如何才能使受教者本身能以自我的主动
性来实现人的价值？如何才能使孔孟之道立足于心而察识而涵养？
中国传统社会以家（家庭和家族）为中心，家族子弟的教育向为儒
者所重，故家教乃是儒者教化之端绪。

在《寄诸弟》一文中，阳明说："彼（尧舜）其自以为人心之
惟危也，则其心亦与人同耳。危即过也，惟其兢兢业业，尝加'精
一'之功，是以能'允执厥中'而免于过。古之圣贤时时自见己过
而改之，是以能无过，非其心果与人异也。'戒慎不睹，恐惧不闻'
者，时时自见己过之功。吾近来实见此学有用力处，但为平日习染
深痼，克治欠勇，故切切预为弟辈言之。毋使亦如吾之习染既深，
而后克治之难也。"③阳明并未著有家训，但其文集中，对于家族
子弟的教养关怀文字颇多。阳明认为，家教是成就一个人的关键，
特别是预先加以导引，能使人防微杜渐，避免俗见习染。故教化者
应旨在"顺导其志意，调理其性情，潜消其鄙吝，默化其粗顽，日
使之渐于礼义而不苦其难，入于中和而不知其故"④。对个人成长
来说，改过迁善乃是儒者修身的重要节目，而其路径即在于省察克
治。人处于社群之中，难免不受世俗之习染，圣人之学乃在于使人
有用力处知用力处。圣人之心与常人无异，但其所以为圣人，究
其缘由，乃因圣人能时时省察克治。所谓用力处即在于能以一种合
于理的方式行事，但常人往往不能如此，或因其气质之偏与世俗熏
染，故要变化气质和超凡脱俗，即通过自我的省察克治而日臻于

---

① 蒙文通：《儒学五论》，刘梦溪主编：《中国现代学术经典·廖平　蒙文通卷》，蒙默编校，河北
教育出版社1996年版，第530页。
② 熊十力：《新唯识论》，第253页。
③ 王阳明：《寄诸弟》，《王阳明全集》（新编本）卷四，吴光等编校，第185页。
④ 王阳明：《传习录中》，《王阳明全集》（新编本）卷二，吴光等编校，第96页。

明德。

在此，言说不能替代行动，言说本身就可能存在着不同的选择，可能存在各种词汇之名义，我们需要做的是在名义之间确认其真实之意涵并以之为行动准则，否则不仅名实不相称且沦于流俗而自得。从正德十年（1515）阳明为方时举所作之《矫亭说》①可见一斑："君子之行，顺乎理而已"，人因为有气质的偏私，故须克己。不过，实未至而名先行是世人通患，就如不用克字而用矫字一样。当然能以矫而行克之道，未尝不是善学者。省察克治之"克"字意味着克去私欲，君子之学的意义就在于人能克去气质之偏，当然，话语本身的选择难免有时代的因素，即便变换话语，也不能以之为据，关键还在于行事之实。省察即是戒慎不睹恐惧不闻，时时警省，方能有所成就，即便是如尧舜之圣亦不例外；克治即是惟精惟一，事事究心，方能真有用力之处。此一论说，在《传习录》中反复强调之："学克治也只凭他，只是学的分数多，所以谓之学知利行。"②阳明学认为圣人之心与常人并无异处，所谓心即理是人不分贤不肖均共有此心此理，但常人自孩童时良知之心即被不断遮蔽，圣人且兢兢业业、精察不已，故而生生不息，自然优入圣域。常人虽有成为圣人的可能性，若不加以省察克治，实难进入圣贤境域。对于手握权力者更是如此，阳明说：

> 凡举大事，必须其情而使之，因其势而导之，乘其机而动
> 之，及其时而兴之；是以为之但见其易，而成之不见其难，此
> 天下之民所以阴受其庇，而莫知其功之所自也。③

---

① "君子之行，顺乎理而已，无所事乎矫。然有气质之偏焉。偏于柔者矫之以刚，然或失则傲；偏于慈者矫之以毅，然或失则刻；偏于奢者矫之以俭，然或失则陋。凡矫而无节则过，过则复为偏。故君子之论学也，不曰'矫'而曰'克'。克以胜其私，私胜则理复，无过不及矣。矫犹未免于意必也，意亦必私也。故克己则矫不必言，矫者未必能尽克己之道也。虽然，矫而当其可，亦克之之道矣。行其克己之实，而矫以名焉，何伤乎！古之君子也，其取名也廉；后之君子，实未至而名先之，故不曰'克'而曰'矫'，亦矫世之意也。"[王阳明：《矫亭说》，《王阳明全集》（新编本）卷七，吴光等编校，第280页]
② 先生曰："圣人亦是'学知'，众人亦是'生知'。"问曰："何如？"曰："这良知人人皆有，圣人只是保全，无些障蔽，兢兢业业，**叠叠翼翼**，自然不息，便也是学，只是生的分数多，所以谓之'生知安行'；众人自孩提之童，莫不完具此知，只是障蔽多，然本体之知自难泯息，虽问克治也只凭他，只是学的分数多，所以谓之学知利行。"[王阳明：《传习录下》，《王阳明全集》（新编本）卷三，吴光等编校，第105页]
③ 王阳明：《绥柔流贼》，《王阳明全集》（新编本）卷十八，吴光等编校，第689页。

　　然世人皆好大喜功，多方粉饰以自矜其能，甚至不惜以损害他人以自甘自肥，何尝有一丝良知？教育者正要与之以对症药。

　　在阳明讲学过程中，其良知之学不仅仅是一种直指本心的新说，也不是自立门户的讲说，而是切实到士人身心的省察之说，故嘉靖五年（1526）丙戌，阳明致书邹守益，只说务必祛除争强好胜之私心，只以讲求圣贤学问为心，对于不同学者气质禀性的差异："循循善诱之，自当各有所至。"①所谓病痛自知，针砭人心之弊，亦求去病痛而已。就教学而言，不在于与人争一短长，而在于自身之受用。阳明所说当时讲学党同伐异、假卫道之名行求胜之实，乃是针对当时学问空疏之通病洞察和责难，希望以良知学说来加以因时致治。钱穆先生说，王安石、朱熹"皆欲提倡一种新学风，而皆为科举功利所掩，其提倡之苦心深意皆失，而流弊转无穷。阳明继起，力倡良知而斥功利。然良知之说，仍为空疏不学者所逃。荆公、朱子、阳明皆有驱虚就实之意，而皆不胜世变之滔滔，则以学校之教不立故也"②。在正德末年，阳明巡抚南赣时已加以整理融汇其讲说。阳明后学邓元锡③对阳明此论有较为细致的分述，其云："比开府赣，日兵革倥偬，而孜孜讲学不暂废。辟濂溪书院居学者，而行台左开射圃，日延见其中。政稍暇，即诣与论质。当是时，令学者默坐澄心，游衍适性、诗书礼乐，益神智而移气体者咸备。言有教，动有警，息息于人独知几微处指剖，以为是王霸义利、诚伪善恶关也。"④言有教、动有警，即是由其生命体验而来的学问，此种学问绝非章句之学。

---

① "今良知之说，已将学问头脑说得十分下落，只是各去胜心，务在共明此学，随人分限，以此循循善诱之，自当各有所至。若只要自立门户，外假卫道之名，而内行求胜之实，不顾正学之因此而益荒，人心之因此而愈惑，党同伐异，覆短争长，而惟以成其自私自利之谋，仁者之心有所不忍也！甘泉之意，未必由此，因事感触，辄漫及之。盖今时讲学者，大抵多犯此症，在鄙人亦或有所未免，然不敢不痛自克治也。如何如何？"王阳明：《寄邹谦之五》，《王阳明全集》（新编本）卷六，吴光等编校，第220页。
② 钱穆：《国史大纲（修订本）》，第698页。
③ 邓元锡（嘉靖六年至万历二十一年，1527至1593），字汝极，号潜谷，江西新城人。嘉靖三十四年（1555）江西乡试第三名，其后三次赴会试，不售。后居家著述、讲学，著有《函史》《皇明书》《潜学编》等，万历二十年（1592）朝廷以翰林待诏征之，元锡于赴京途中病故。参见刘勇：《晚明的荐贤、征聘与士人的出处考虑——以邓元锡为例》，《中华文史论丛》2012年第3期。
④ 邓元锡：《心学纪》，《皇明书》卷四十二，《续修四库全书》编纂委员会编：《续修四库全书》（第316册），第425页。

第四节　救人根本：正其心践其实

阳明论学之阐发已意非故意立说，而在于治病救人，其时之病乃在于学者不务省察而乐悟解，不务躬行而乐口耳。周汝登云："夫阳明子之论学，旋转乾坤，与天下相更始，其势诚难。而今阐发所已明，力若易然者。然当阳明时，人有习闻而无己见，淘洗耳目，犹称难中之易；近世儒者自起炉灶，成不可破之窠臼，正象山所谓救人于根本之时，反觉似易而难。"[①]故阳明于朱子之书中，取其得于心者而表彰之，试图以此启发后学。如前文分析，《朱子晚年定论》乃阳明重要的著述之一，在这部著作中，阳明学与朱子学之穿越时空的沟通融汇，实际上朱子的话语就是阳明的话语，阳明用其敬道之心重建了以敬为中心的朱子学，亦即是阳明学。在阳明所引述的朱子信札34条中，其中3条涉及阳明学的关键概念——省察克治：

> 大抵前日之病，皆是气质躁妄之偏，不曾涵养克治、任意直前之弊耳。（第13条）[②]
> 学问根本在日用间，持敬集义工夫，直是要得念念省察。（第20条）[③]
> 更当于日用之间为仁[④]之本者，深加省察，而去其有害于此者为佳。（第21条）[⑤]

第13条直陈涵养克治乃是针对气质之偏的良药；第20条则强调省察克治乃是日用的根本功夫；第21条更进一步说明省察克治乃是

---

① 周汝登：《周海门先生文录》卷五，《周汝登集》，张梦新、张卫中点校，第133页。
② 王阳明：《朱子晚年定论》，《王阳明全集》（新编本）卷三，吴光等编校，第145页。
③ 王阳明：《朱子晚年定论》，《王阳明全集》（新编本）卷三，吴光等编校，第148页。
④ 为仁：隆庆本（页671）作"为仁"，中华本（页167）、浙江本（页148）、上古本（页154）作"为人"。
⑤ 王阳明：《朱子晚年定论》，《王阳明全集》（新编本）卷三，吴光等编校，第148页。

为仁的根本。总之，省察克治不仅仅是一种简单的心理反省或者内心的自觉，它实际上是孔孟之学（圣贤之学）最根本性的要求。选择这几条实有其独特人生体悟，更确切地说乃是阳明以诚敬之心感通朱子者。阳明学的成立，与世俗的朱子学相抵牾是不争的事实，但通过朱子之书的阅读，体悟朱子之心促成了阳明学的成立也是毋庸置疑的。以上三个段落，均是阳明从朱子书信中精心挑选出来的，其中第13条、20条提出的悔悟之说，未尝不是阳明的夫子自道，经历了诸多生活磨难之后，他已经不再一味追求读书的量，书籍如海，泛舟其中，究竟是取海中之鱼抑或览海上之景？若是后者，则为泛观博览，或许能成一博学之士，何时进入通达之境则未可知；若是前者，则以助益吾人者为上，尽己所能，不惮无悔矣。然则，学问之道即是成德之途径，非以考据为第一要务，究其实非以持敬集义为中心不可，否则不可避免地成为人云亦云之辈，或者满足于朱子之说，或者湮没于朱子之书，何谈与朱子之心的彼此感通，故而此心之省察须念兹在兹，不可错失。朱子之书俱在，如若查考，或许有与之完全不同的发现。①比如朱子《大学章句》诠释"止于至善"章"诗云：'瞻彼淇澳，菉竹猗猗。有斐君子，如切如磋，如琢如磨。瑟兮僴兮，赫兮喧兮。有斐君子，终不可喧兮！'如切如磋者，道学也；如琢如磨者，自修也"②云：

> 道，言也；学，谓讲习讨论之事；自修者，省察克治之功。……引《诗》而释之，以明明明德者之止于至善。道学自修，言其所以得之之由。③

阳明则根据《古本大学》认为，此处所释为"诚意"而非如朱子所云释"止于至善"者，所以这里的《诗》云乃明"诚意工夫实下手处惟格物。引《诗》言格物之事。此下言格致。惟以诚意为主而用格物之工，故不须添一敬字"④。朱子章句所云诚意与阳明所

---

① 余英时《朱熹的历史世界：宋代士大夫政治文化的研究》在当代研究朱熹学中最为名著。（余英时：《朱熹的历史世界：宋代士大夫政治文化的研究》，生活·读书·新知三联书店2011年版）
② 朱熹：《大学章句》，《四书章句集注》，第6—7页。
③ 朱熹：《大学章句》，《四书章句集注》，第7页。
④ 翟凤奎、向辉：《大学古本旁释》，《阳明文献汇刊（50）》，四川大学出版社2015年版，第5页。

述不同，朱子以为人"有他人所不及知而己独知之者"①，故须慎独，即在朱子章句看来经由慎独即可达至诚意，所谓省察克治乃是止于至善之功，虽与慎独均指向修身，但却层次分明。而省察克治又并非能自我达成，须以诚敬存于中，否则不能止于至善。《四书大全》引朱子语云："切而不磋，未到至善处；琢而不磨，亦未到至善处。瑟兮僩兮，则诚敬存于中矣。未至于赫兮喧兮，威仪辉尤著见于外，亦未为至善。至于民之不能忘，若非十分至善，何以使民久而不能忘？"②《四书大全》中又有《通考》引吴氏季子曰：

> 淇澳者，卫淇水之滨也。菉竹者，淇澳所产之物也。竹之为物，在在有之，而淇国之竹名天下，则以土地所生，风气所宜，特异于他处也。猗猗者，丰美之貌，诗人假此以形容卫武公之德，彰著而不可揜者如此。要其彰著而不可揜，则未尝无所本也。譬之骨角，必既切而复磋之，极其滑泽然后已；譬之玉石，必既琢而复磨之，极其精细然后已。盖日积月累之功，非一朝一夕所能辨也。迫夫严密之貌瑟然，武毅之貌僩然，而诚敬存于中，宣著之象赫然，盛大之象喧然，而光辉见于外，则其出处语默之间、动容周旋之际，自觉斐然成章，可观可度，使当世之人，近之则不能舍，远之则不能忘，斯可见其德之盛、善之至，而有以为新民之地矣。吾观武公年九十余，犹曰'敕其臣以箴敬己之过失'，则其切磋琢磨者可知矣。如《抑》之一诗，既曰'敬谨威仪，维民之则'，又曰'温温恭人，维德之基'，则瑟僩赫喧者可想矣。迫其没也，国人思之，而极其尊，称曰'睿圣武公'。所谓有斐君子终不可喧兮，信乎不我诬也。上段既引《玄鸟》《绵蛮》《文王》三诗，以明学者之不可不知止，此段乃援《淇澳》《烈文》二诗以明得其所止之效也。《淇澳》所言以明德之极而原新民之始，《烈文》所言者，以新民之极，而要明德之终。《大学》迭引之以互相发明耳。③

---

① 朱熹：《大学章句》，《四书章句集注》，第8页。
② 胡广等纂修：《大学章句大全》，《四书大全校注》（上），周群、王玉琴校注，第44—45页。
③ 胡广等纂修：《大学章句大全》，《四书大全校注》（上），周群、王玉琴校注，第45页。

　　吴氏之论不可谓不详，要之无非"日积月累""诚敬存于中"。这种章句之学对文本诠释来说极为重要，但对于大学之旨似牵连过多而将宏旨湮没在无尽语言之中。故这种分别在阳明看来意义不大，因人以诚意为主修身，修身用格物之工，诚意即是省察克治，若以慎独为省察克治则有寻流逐末之弊。故阳明特以朱子书札佐之，因为章句学乃朱子之书，非朱子之心（此朱子之心乃是与阳明学感通之心，未能感通者则为朱子之书无疑）。

　　阳明《朱子晚年定论》第21条进一步重复了前一条的说法，主张"践其实""去其害"，这里的"其"实际上是指向自我反思的读书生涯。第13条与20条一致，阳明借朱子之口表明了自己反省（细思）的结论，何以需要这种细思？难道在读书讲习的生涯中，没有这种反思吗？阳明告诉我们，他忙于讲学，朱子忙于著述，大概都难免流于追逐效果性的完善，如果人仅仅把这样的生活作为人生的意义，那么也未免太过于低俗。在朱子看来，这是气质躁安的结果，也是离开日工工夫，而执着于诵说、讲论和著述的必然结局。因此，阳明赞同的是朱子痛加悔悟，主张的是省察克治。所谓省察克治，实际上是在日常生活（日用）中的自觉选择，用阳明学的概念来说就是让良知自我呈现，用朱子学的概念来说就是涵养本源，在此意义上，朱子学与阳明学达成一致，是阳明敬承朱子之心的关键处。

　　阳明这一苦心，似乎仍存在着争议，其后学也不得不一再重申其主张。如嘉靖丁巳（嘉靖三十六年，1557）阳明后学在婺源集会，有人提出要讨论朱王异同，王畿认为以异同论是不学无术的做法。儒者之道，范围生活，何其之广，朱子、阳明均为儒门学者，均在论如何入道的问题，他说："夫道，天下之公道；学，天下之公学公言之而已。今日之论，不能免于异同者，乃其入门下手之稍殊，至于此志之必为圣人，则固未尝有异也。盖非同异不足以尽其变，非析异以归于同，则无以会其全。道固如是，学固如是也。使千圣同堂而坐，其言论风旨亦不能以尽合。譬之五味相济，各适其宜而止。若以水济水，孰从而和之哉？"[1]如果阳明学与朱子学存在不

①王畿：《书婺源同志会约》，《王畿集》卷二，吴震编校整理，凤凰出版社2007年版，第38页。

可避免的差异性的话，王畿认为最大的区别在于对《大学》和《中庸》的诠释上，所谓"省察克治"的理据来源于《中庸》。

朱子在《中庸章句》中诠释"戒慎乎其所不闻，恐惧乎其所不闻"时所提出的"君子之心常存敬畏……以存天理之本然"①是章句学，已明显将人心、道心区隔开来，这与阳明学有着本质上的差异，毋庸讳言。如果从朱子章句的文本来看，的确是存在这种抵牾之处。因为"朱子追随伊川所讲的涵养居敬却只是保持一常惺惺的态度，并没有确定的实质内容，所以必须另做致知穷理的工夫——只不过两下里却有一种互相应和的关系。敬则私欲不生，此心湛然，不流放开去，自然万理毕显"②。王畿认为阳明与朱子的最大差异就在于："晦翁既分存养省察，故以不睹不闻为己所不知，独为人所知，而以中和分位育。夫既已所不知矣，戒慎恐惧孰从而知之？既分中和位育矣，天地万物孰从而二之？此不待知者而辨也。先师则以不睹不闻为道体，戒慎恐惧为修道之功，不睹不闻即是隐微，即所谓独。存省一事，中和一道，位育一原，皆非有二也。晦翁随处分而为二，先师随处合而为一。此其大较也。"③但这种差异并不意味着求圣之心的差异，而是入道路径的差异，即朱子学与阳明学在至为圣人这个大方向上并无差异，只是入手工夫因人而异而已。那么，作为志为圣人的入手工夫的省察克治如何达成？或者说对于一般并没有所谓成为圣人志向的民众而言，省察克治在人生中有何价值？

《传习录》记载了阳明学者对于省察克治问题的多次讨论，阳明对于高倡朱子之说不求朱子之心（这里的朱子之心实际上是本心，即良知）者并不满意，他认为学者高倡格物之学，多为口耳之学，所谓口耳之学乃是在身心之外的虚辞，与人的修身进德何干？真正的儒学，或者说性理学讲求天理人欲的功夫，并不在于使用某种高尚的或者玄妙的词汇，而是要处处反观自省，即是要时时用力，在日用间省察，在行动中克治，以积累的方式日见其成效。而

---

① "道者，日用事物当行之理，皆性之德而具于心，无物不有，无时不然，所以不可须臾离也。若其可离，则为外物而非道矣。是以君子之心常存敬畏，虽不见不闻，亦不敢忽，所以存天理之本然，而不使离于须臾之顷也。"（朱熹：《中庸章句》，《四书章句集注》，第20页）

② 刘述先：《朱子哲学思想的发展与完成》，第125页。

③ 王畿：《书婺源同志会约》，《王畿集》卷二，吴震编校整理，第39页。

所谓口耳之学，则多是人欲操控人，虽然亦以天理为旗帜，实际是以之为私欲的遮着布而已。"盖有窃发而不知者，虽用力察之，尚不易见，况徒口讲而可得尽知乎？今只管讲天理来顿放着不循；讲人欲来顿放着不去；岂格物致知之学？"①按照这种格物之学而行，最终的结果不过是"义袭而取"罢了。"义袭而取"是《孟子·公孙丑上》中的话，孟子认为告子把义（公正／正义／合理的行为）看成心外之物，乃是误读。浩然之气由心中所本有之义所引发，不能因符合了外界的某一评判准则就以为它非由心所生成。孟子建议涵养浩然之气，时时刻刻在行为处事上用心。朱子诠释说，集义就如同积善，善行不是一次性的，而是在所有事情上都要遵循的。②阳明认为诸多讲授和研究格物之学（宋明儒学）的人，大都流于口耳之学，最多能算义袭而取，只是一个取巧的花招，并不能真正体悟到天理（完美和神圣）。

对于现实生活中的人来说，生活中面临着各种诱惑，必须时时刻刻以一种省察克治的方式（包括态度和行为）来修省，否则难免不沦为物欲的俘虏；仅仅靠听听讲座、随口说说，或许能得到一时的利益，但于人的真正完善可以说没有任何助益。因此，需要"省察是有事时存养，存养是无事时省察"③。省察克治之敬义即是良知，即是天理，即是中和。"察识只是默识心通，故察识而从容……存养亦只是警觉而不昏聩，故存养而昭明。"④无论朱子学还是阳明学，都旨在批判一般讲学者不求人之完善，而以话语来替代行动的时风，故一再讲求省察克治和涵养持敬，只不过朱子学更倾向于二者的差异性，阳明则更侧重于一致性。阳明学者但衡今说："有事时省察不得力，多由无事时失于存养，故有事时省察，即存养。无事

---

①王阳明：《传习录上》，《王阳明全集》（新编本）卷一，吴光等编校，第27页。

②《孟子·公孙丑上》，"'敢问何谓浩然之气？'曰：'难言也。'其为气也，至大至刚，以直养而无害，则塞于天地之间。其为气也，配义与道；无是，馁也。是集义所生者，非义袭而取之也。行有不慊于心，则馁矣。我故曰，告子未尝知义，以其外之也。必有事焉而勿正，心勿忘，勿助长也。"朱子集注说："集义，犹言积善，盖欲事事皆合于义。袭，掩取也，如齐侯袭莒之袭。言气虽可以配乎道义，而其养之始，乃由事皆合义，自反常直，是以无所愧怍，而此气自然发生于中。非由只行一事偶合于义，便可掩袭于外而得之也。"（朱熹：《孟子集注》卷三，《四书章句集注》，第215—216页）

③王阳明：《传习录上》，《王阳明全集》（新编本）卷一，吴光等编校，第16页。

④蔡仁厚：《王阳明哲学》，第71页。

时存养不得力，多由有事时，罔知省察。故无事时存养，即省察。"①
在阳明学这里，省察克治与涵养持敬不再是分割开来的两条路径，
而是合二为一的态度和行为，贯穿于人的日常生活之中。

①陈荣捷：《王阳明〈传习录〉详注集评》，第43页。

第五节　必有事焉：常提不放之功

省察克治之"敬"义，是易知易行之理。因为它太过于庸常，以至于人们不再将其视为学问。人之所以为人，根源于仁，仁者人也，若不仁则非人矣。阳明学与朱子学均指向使人成为人之人生学问。朱子《玉山讲义》说："圣贤教人为学，非是使人缀辑言语、造作文辞，但为科名爵禄之计，须是格物致知，诚意正心，修身而推之，以至于齐家治国，可以平治天下，方是正当学问。"[①]朱子说："至孔门方说仁字，则是列圣相传到此，方渐次说亲切处尔。夫子所以贤于尧舜，于此亦可见其一端也。然仁之一字，须更于自己分上实下功夫始得。若只如此草草说过，无益于事也。"[②]不过朱子学至阳明所处时代，不可避免地成为言语文辞之学，成为科名爵禄之学，朱子之心湮没于朱子之书中，其甚者则为科举时文之书。"杨慎谓：'士子专读时义，一题之文必有坊刻。稍换首尾，强半雷同。使天下尽出于空疏不学，不知经史为何物。'"[③]于此，阳明深感有必要重加诠释。其实人生的意义问题没有固定的答案，重要的课题也需要反复地提出。阳明后学"邹守益、欧阳德等及其所影响的东林志士，则强调'戒慎恐惧'的'主敬'工夫与'事上磨炼'的'主事'工夫，主张'学务实践，不尚空虚'，认定'致吾心之良知于事事物物'，乃是体与用、知与行、本体与工夫两者动态统一的日履过程。这正是阳明心学固有的践履精神向经世致用之学过渡的契机"[④]。阳明后学之所以能以此为阳明学的主张，实则是因为阳明学中内含着这样的真精神，阳明学反对文辞支离，故以省察克治为致良知，此即是孔孟之仁，但此中之义并非习染世俗之学者所能

①朱熹：《晦庵先生朱文公文集》卷七十四，《朱子全书》（修订本，第24册），朱杰人、严佐之、刘永翔主编，第3588页。

②朱熹：《晦庵先生朱文公文集》卷七十四，《朱子全书》（修订本，第24册），朱杰人、严佐之、刘永翔主编，第3590页。

③钱穆：《国史大纲》（修订本），第697页。

④萧萐父：《晚明学风变异与王学的分化》，《吹沙纪程》，上海文艺出版社1998年版，第214页。

知晓。

故阳明一再申之，如《传习录》云："'戒惧克治'即是'常提不放'之功，即是'必有事焉'，岂有两事邪？此节所问，前一段已自说得分晓；末后却是自生迷惑，说得支离，及有'本来面目，未达一间'之疑，都是自私自利将迎意必之为病。去此病，自无此疑矣。"①陆澄所不理解的问题正是朱子学与阳明学均予以反对的问题，即将学问视为文辞，将文辞视为真实行为。在陆澄看来，致良知、必有事、常提念头其一致之处均指向人心之警省，但若将省察克治视为本然状态则无法理解。阳明则提醒他之所以出现困惑乃是因为未尝进行自我反思，或者说未尝将话语转化为一种行动力。

阳明这一论断在其与陈九川的讨论中，亦以类似的问答形式出现。根据自身体验及思考，陈九川向阳明请益如何能贯通动静，他感慨静坐时已有所体悟，即发现问题症结所在乃是在应事时未能做到真切，于是决定在做事的实际行动中省察克治，但一旦处于行动中却将静思之得全数抛却；当再次静心反思时，又认识到内在的收敛静坐与应事而动的省察实际上并未合一。故请教阳明如何方能使动静内外合一，阳明说："此格物之说未透。心何尝有内外？即如惟濬，今在此讲论，又岂有一心在内照管？这听讲说时专敬即是那静坐时心。功夫一贯，何须更起念头。人须在事上磨炼，做功夫乃有益。若只好静，遇事便乱，终无长进。那静时功夫亦差，似收敛而实放溺也。"②阳明认为陈九川的这种严格分析的方法看似合理，实似是而非，极有可能导向内外为二的问题。无论如何也不会出现在动静之时完全不同的心，静坐与处事时的心都为同一人同一心，因此"听讲说时专敬即是那静坐时心"。虽然朱子与阳明同能正视此戒慎恐惧之义，但却有其毫厘之差："（朱子）以未发时之戒慎恐惧，纯属存养边；而谨独则是承存养之功，以谨己所独知，则为省察之始，亦第一义之省察之功……而阳明则更求此己所不知与己所独知之二工夫，打并归一。此处能打并归一，则一切已发未发之工夫之打并归一，更不待言。"③值得注意的是，阳明学研究者但衡今认为，

———————————

① 王阳明：《传习录中》，《王阳明全集》（新编本）卷二，吴光等编校，第74页。
② 王阳明：《传习录下》，《王阳明全集》（新编本）卷三，吴光等编校，第101页。
③ 唐君毅：《中国哲学原论·原教篇》，中国社会科学出版社2006年版，第203—204页。

此为"阳明用以破九川专内遗外之失，语有偏全者也。须知心体固无内外，工夫仍须从里做起，脚根方有着落。至若不要有内外与内外并着，此百丈竿头，再进一步工夫。治王学者，不可不辨也"①。

然而不可否认的是，在阳明学中，"戒惧之念是活泼泼地。此是天机不息处，所谓'维天之命，於穆不已'，一息便是死。非本体之念，即是私念"②。对此阳明弟子薛侃有较为细致的分疏："有问'敬义何别'于伊川者，答云：'敬是持己之道，涵养一事，义便有是有非。若只持一个敬，不知集义，却是都无事。'其说云何？曰：'夫道一而已。主一之谓敬，以一为主，必去其不一以归于一。去其不一以归于一，则凡存省克治、学问思辨笃行之功尽于是矣。更有何事？故夫子曰：'君子修己以敬以安百姓。'子思曰：'笃恭而天下平。'濂溪曰：'一者，无欲也，无欲则静虚而动直。'明道曰：'上下一于恭敬，则天地自位、万物自育。聪明睿知皆由是出，以此事天飨帝，更有何事！'曰：'夫然，言敬足矣，奚复言义？'曰：'释直方也。其意若云内一，外斯一矣。盖得其宜，即归于一。故曰敬是无事时义，义是有事时敬。'"③程颐回答学人关于敬和义的区别时说，敬是自持，是涵养，是修养的功夫，而义则是道德的判断，是是非的区别。如果只知道自我修养是持敬，却没有是非的集义，就不是儒者所为。对此，薛侃的认识是，把持敬和集义区分成个人修养和社会道德似乎是逻辑严密的说法，并且把集义作为人的修养的更高要求（行为准则）。但这种说法其实并不完全准确，因为按照阳明学的道的"整全性"（道一而已）原理，持敬和集义是统一的，而不是有先后次序的，甚至可以说集义也不过是持敬的另外一种说法，因为它们都统一于人的行动之中。

宋明儒学者论道时，往往将哲学意义上的本体工夫统合以论，如今我们往往以辨证的二分来理解事物，特别是以一种主客的关系来看待人物之别，故难以理解一之道。所谓的一，并不是一种无所不包的混沌状态，而是指在义理层面，其内核的整体性和不可分割

---

①陈荣捷：《王阳明〈传习录〉详注集评》，第172页。

②王阳明：《传习录下》，《王阳明全集》（新编本）卷三，吴光等编校，第100—101页。

③薛侃：《图书质疑》，钱明主编：《薛侃集》卷三，陈椰编校，上海古籍出版社2014年版，第107页。

性。在此，敬不是一种有所畏惧的心理状态，而是有所主宰的道德伦理。所谓省察克治之"敬义"，即是人无论动还是静时都具备之心、之义、之敬。作为包括人在内需要遵循并且可以执行的道内在于人心，这一道即理，即为良知。良知并非有关善的知识，而是有关仁性（人性）的理则，人通过心感知（感应）理的过程，即是良知呈露的过程，在此过程中，唯有透过"敬"方能实现。那么何谓敬？李泽厚认为："'敬'这个世俗生活秩序中体现的天经地义，即巫术神明。这也就是'修道之谓教'；它是'礼'的理性化教育（the teaching of rites, the cultivation through the rites）。也是'礼'的忠挚的情感信仰（faith）。这就是中国的宗教：礼教（the religion of Rite）。"①在礼的内化过程中，敬发挥着双重作用，"一方面，它使良知处于易于发露的状态；另一方面，它使思维等具有了自觉地选择对象的作用"②。因此，省察克治之敬义就不仅仅是一种方法论意义上的工具，而是一种情感和信仰。正是通过省察克治，人方能实现内在超越，才能使生活秩序得其当然的同时，安排自我人生之意义，当然，我们必须要对作为感受的心理和作为本体的心灵之间的差异性进行明确分疏，以免浑沦。

在陈九川体悟的功夫路径中，"静坐（内）—应事（外）—静坐（内）"，构成一个省察克治的循环，省察是静坐时所作功夫，而克治是应事时所作的功夫。此种认识在王廷相看来亦非不可取：

> 夫何以谓存养？曰："心未涉于事也，虚而无物，明而有觉，恐恐焉若或汩之也。""夫何以谓省察？"曰："事几方蒙于念也，义则行之，不义则否，履冰其慎也，恐一念不义，蹈于小人之途也。"曰："存省善矣，亦有不可行者，何也？"曰："或时势之殊，始而穷理未至也，能中止以改图，亦不害其为善，故曰'善无常主'，此既事体量之学也。"③

与陈九川一样，王廷相也认同存养省察是属内之事，而克治则

---

①李泽厚：《"说巫史传统"补》，《由巫到礼 释礼归仁》，第52页。
②于述胜：《朱熹与南宋教育思潮》，第123页。
③王廷相：《潜心篇》，《慎言》卷六，《王廷相集》卷六，王孝鱼点校，第778—779页。

是属应事时应有之义。在阳明看来，省察克治并不是从静坐回归静坐，而应该是省察克治贯穿于"静坐、应事"这一过程之中，如果如陈九川那样偏向静坐式循环，究其实则算不得真正的省察克治，因为这往往流于自我放纵。阳明强调，省察克治乃是贯彻动静之敬心，绝非两截。故施邦曜云："此是圣贤实体实验工夫，方知先生格致之说，非是抛弃事物。只是要把人驰逐于外者，挽而归之于内耳。合内外之道，方是能诚，方是能穷物之始终。"①省察克治之敬义不是将应事和静坐分为两段，心学学问亦绝非仅仅求诸自我心理的觉悟，毋宁说是要将应事、静坐打通贯串，无论应事还是静坐，都是下手处用力处，在动静中彰显良知之本心，学问从来离不开真正的恭行践履，否则就成为空头讲章。

陈九川、王廷相之所以会有动静的二分，或与当时禅宗思想有关，方东美先生说："（由宋至明）世人无分释俗，争习禅静，寖然成风。阳明有鉴于此，眼见新儒之走火入魔，期期以为不可，乃振衰起敝，高揭'太极生生之理，妙用无息，而常体不易'乙旨，倡宇宙常体一如，不可强划为二，妄分动静。"②阳明之强调敬心一贯功夫，即在于以此心之敬贯彻于格物之中，所谓格物即是在应事中将此省察克治之敬义充实之。故当有人厌倦本职事务，以为只有摆脱日常工作、逃离繁杂事务之外才有心学时，阳明说："我何尝教尔离了簿书讼狱，悬空去讲学？尔既有官司之事，便从官司的事上为学，才是真格物。如问一词讼，不可因其应对无状，起个怒心；不可因他言语圆转，生个喜心；不可恶其嘱托，加意治之；不可因其请求，屈意从之；不可因自己事务烦冗，随意苟且断之；不可因旁人谮毁罗织，随人意思处之。这许多意思皆私，只尔自知，须精细省察克治，惟恐此心有一毫偏倚，枉人是非，这便是格物致知。簿书讼狱之间，无非实学。若离了事物为学，却是著空。"③

心学乃是实学，实意味着实在可行、实际易行和着实而行。刘宗周说："因物付物，便是格物。先生却每事用个克己为善去恶之

---

①陈荣捷：《王阳明〈传习录〉详注集评》，第172页。
②方东美：《中国哲学精神及其发展》，孙智燊译，中华书局2012年版，第420页。
③王阳明：《传习录下》，《王阳明全集》（新编本）卷三，吴光等编校，第104页。

功，更自切实在。"①但衡今亦称："阳明'不可'云云，辞旨平实亲切，且无一字及他，诚忠厚之至。正阳明巡抚南赣（江西），提督军务，用兵八寨时也（正德十二至十三年，1517—1518）。"②省察克治并非与格物穷理之说相悖，毋宁说省克正是要求人因应自身所处之氛围与条件，头脑清醒，着实用力，如此则自然能以圣贤之学为旨归，自然能经世致用，自然能修己安人，但"彼顽空虚静之徒，正惟不能随事随物精察此心之天理，以致其本然之良知，而遗弃伦理，寂灭虚无以为常，是以要之不可以治家国天下。孰谓圣人穷理尽性之学而亦有是弊哉"③？何以有昏暗之士、空虚之徒？不在于人之本心的缺失，而在于本心的遮蔽，其明觉之心因气质欲望等私欲而掩盖，故需要省察克治。这里的省察不仅仅是反省与察识，更有惟精惟一的意味，故阳明特提精察二字，即是要以一种断然决然的行动来寻求自我所存有的天理良知的呈现。阳明并未诉诸外在的强制力（特别是权力），而是认定人具有自我超越的心力，外在的约束即便能够使人的行动看似符合某种社会舆论的要求，但那仅仅如同表演一般，何尝真实有益？当然，不可否认，优秀演员及其作品的确能够振奋人心，特别是在视听时代，我们不能过分反对这种表演性真实或图像性真实。然而这种真实并非阳明学意义上的真实，因为阳明学意义上的敬还具有内在超越之义。

---

①陈荣捷：《王阳明〈传习录〉详注集评》，第177页。
②陈荣捷：《王阳明〈传习录〉详注集评》，第177页。
③王阳明：《传习录中》，《王阳明全集》（新编本）卷二，吴光等编校，第52页。

第六节　涵养用敬：做工夫的本领

阳明《李白祠二首》之一曰："千古人豪去，空山尚有祠。竹深荒旧径，藓合失残碑。云雨罗文藻，溪泉系梦思。老僧殊未解，犹自索题诗。"[1]诗哲阳明，与其说是在追慕李白，莫若说是在探求生命的意义。阳明留给世人一内在超越之学说，立足于对道义的敬意和自我之修行，将其打并合一，实合《易经》"敬以直内"之真义。正如其诗所述，殊未解者多矣。

阳明后学周汝登曾感叹：阳明故去八十余年之后，吾人当以何种方式继承阳明学？阳明当年创建其学说，不知经历了多少风雨辛苦；王畿（龙溪）嗣续阳明学，又不知受过多少委屈压抑。如今吾人既然以阳明学作为方法和信仰，能确信无疑，应感恩先哲，"盖当时人士，只疑良知之教不切躬修，是以非诋，曾不知所示格物处，俱是日可见之行。何等着实。今遗教具在，我辈正当以身发明，从家庭中竭力，必以孝弟忠信为根基；在境缘上勘磨，莫为声色货利所玷染。习心浮气，消融必尽；改过知非，丝发莫纵。察之隐微，见之行事，使人知致良知之教，原是如此。然后微言始著，吾道益明，是乃所以为报。不然，足不从口，言是而行非，使人致疑我辈，而因以疑于相传之教，是非惟不足为报，而且以败坏阻塞之"[2]。数百年后，仍需加以疏解，如刘咸炘（1896—1932）所说，诋毁阳明学者以为阳明学离弃了实际生活，这其实并没有理解阳明学，也没有理解朱子、阳明之所以不同在何处。阳明学不同于朱子学的地方在于，其主张"理"由心所生，应该以心去贯彻于物；朱子学不同于阳明学的地方在于，其主张理在于物，应该以心去统合物。显然不是一个主张抛弃事物，一个主张不抛弃事物。朱子学有极为细致的工夫，所用范围趋于狭窄，而末流之学甚且仅限于朱子对经书的阐释；阳明学有极为简易的工夫，所用范围宽广，从学术

---

[1] 王阳明：《李白祠二首其一》，《王阳明全集》（新编本）卷十九，吴光等编校，第707页。
[2] 周汝登：《周海门先生文录》卷二，《周汝登集》，张梦新、张卫中点校，第61—62页。

上可以贯通于史学、子学。阳明学所容纳事物的范围较之朱子学要宽，所以阳明学人多谈经世之学，比如唐顺之之流。唐顺之所主张的"即道即艺"，就是阳明所说的"即心即物"；后世所谓的浙东史学，讨论范围广且深入，实际上就导源于阳明学。①

周汝登和刘咸炘各从一个侧面讲述了如何理解和诠释阳明学。阳明学何以成为阳明学？在周汝登看来，阳明学的传统在于其真切着实，故作为阳明学人重要的亦应从此用力，即从修身开始，孝悌忠信，方可谓阳明学；在刘咸炘看来，阳明学以简驭繁，阳明之旨在于以心贯物，从学术而言，阳明学乃是一致广大而尽精微之学。周汝登注重学者的躬行实践，刘咸炘则注重学术视野的宽广性，并对朱子学、阳明学的细微差异进行了分析。显然，朱王异同之论曾在儒家内部造成极大思想波澜，各是其所是，各非其所非，难有定论。如果我们不再纠结于所谓异同之论，而是着实将学术之根本旨趣回归自我生命意义的整全，那么我们就能真正从朱子学和阳明学中发掘出与时代、学术以及自我相印证的真学问，否则仅仅停留在知识上之考究，或者哗众取宠而已，既无内圣遑论外王。②

实际上，性理学最为关切者乃人生意义之彰显及完善，由此而推及家国天下（家庭、家族、社群以至于社会）。诚如汪晖所说的：

> 理学对日常生活的肯定包含了对于礼的神圣性的肯定；在儒学的视野内，日常生活所呈现的不是某些偶然的、任意的结构或过程，而是与礼的本质直接相关的结构和过程，从而也是与天的本质直接相关的结构和过程。因此，天理的确立与其说

---

① 参见刘咸炘：《刘咸炘学术论集·哲学编（上）》，黄曙辉编校，第224—225页。
② 唐君毅认为，"清学，重外王而忽内圣，颜元、戴震首反对宋儒心性之学。凌夷至今，则凡言正心诚意之学，乃皆视被为迂远，即修身齐家，亦人所不屑道。唯天下之扰攘，国族之危亡，则悬于中国人心之前，而又莫知所以拨乱而反正。溯自清季中西文化接触以来，国人初反省中国之所以弱，首归于坚甲利兵之不如人，次归之科学知识之不如人，乃竞尚科学之新知。而清末人名自然科学曰格致，即有取于《大学》格物致知之义。朱子释格物致知，为即物穷理，而科学正为格物穷理之学。于是《大学》之格物致知之名，即为百年来之中国人，赖以摄取西方科学之凭藉。而今日中国人，皆知尊尚科学，亦即《大学》八条目中首二条之再被重视也。综上所言，是见八百年来中国思想之发展，实有如循《大学》八条目之次序，由程朱之以格物为始教，至阳明之以致知为宗，刘蕺山以诚意为宗，历顾、黄、王而由正心修身之内圣之学，以转至重治国平天下之外王之学。"（唐君毅：《中国哲学原论·导论篇》，中国社会科学出版社2005年版，第182—183页）

是世俗化的过程，毋宁说是将礼仪实践或日常生活实践再度内在神圣化的过程——在日常生活实践（礼仪性的和制度性的实践）正在沦为空洞的、随意的和偶然的形式之时，道学要求通过主体的诚与敬赋予礼仪性实践以实质性的内容。理学在一定意义上即帮助人们重新获得诚与敬的道德学说。[①]

汪氏所论诚为有得之言。他指出的理学之旨趣乃归结于人之诚敬并究其实者，的为确论。作为性理学的阳明学，从根本上说，是其通过省察克治的践履过程中，不断追求好的生活和好的社会；作为一门学问，它旨在让人回归到诚与敬的道路上来。诚敬之心的彰显，首先在于人能省察克治，即将理、心、性等扩而充之，使人不再沦于懵懂无知，陷于欲壑，或谓之启蒙精神，可也。

省察克治即是"涵养用敬"。明儒罗侨[②]《论存养省察克治》云："省察必须终之以克治扩充，而始之以涵养学问。存养要纯熟，省察要严密，克治要勇猛，扩充要广大。此心常存养本然天理，即慎惧工夫到微微动念处，便须加省察克治。此心初无事物应接，未发动时只静静惺惺，存养本然天理，无一毫杂念；待一发动时，便省察有差失否，一有差失便要克治。若事已往与事未来，只得存养，故《中庸》言'戒慎恐惧''不睹不闻'，此正是自己不视不听、未发动时存养工夫，《孟子》言'鸡鸣而起，孳孳为善'，鸡鸣以前，当寝则寝也；鸡鸣以后，则存养省察克治工夫不可一时无也。"[③]这是在阳明时代的思想中，较为流行的看法，即认为省察克治实际上是孔孟之道，不可一时无之，其落脚处即在于祛除搅扰人心之动念和杂念，使人能在有事无事的状态中都能达致一种中和。罗侨又说："身在此，心即在此，事在此，心即在此，精神专一，莫非天理

①汪晖：《现代中国思想的兴起》，第113页。

②罗侨（天顺六年至嘉靖十三年，1462—1534）字惟升，号东川，江西吉水人。黄宗羲称："罗侨……从学于张东白，登弘治己未（十二年，1499）进士第。授新会知县，表白沙言行，令邑人诵法之。陟大理评事，时逆瑾擅政，刘大夏论成，先生上言非劝大臣之道，免官归。瑾诛，复官，又以病归。文成起兵讨宸濠，请先生居守吉安，事平，擢知台州府。礼布衣张尺，问民疾苦，治行第一，升广东左参政。上疏乞骸骨。嘉靖甲午（嘉靖十三年，1534）九月卒。"（黄宗羲：《诸儒学案上四》，《明儒学案》（修订本）卷四十六，沈芝盈点校，第1103页）

③罗侨：《论存养省察克治》，《东川罗先生潜心语录》卷三，《续修四库全书》编纂委员会编：《续修四库全书》（第938册），第13页。

流行，即敬也，愈严愈密，是之谓笃恭。事如是，心亦如是，表如是，里亦如是，纯粹真实，莫非天理周匝，即诚也。积中布外，是之谓王道。然敬则诚矣，诚则敬矣。"①在罗侨看来，身心乃是一体之物事，身心专一，表里如一，即是圣贤之道，即是敬道。据黄宗羲《明儒学案》卷四十六所载罗侨事迹（"文成起兵讨宸濠，请先生居守吉安"）可知，阳明与罗侨较为熟稔，应是同道之人，故相互之间的学说有一定的一致性。但罗侨并不是完全赞同阳明之学说，他说："王阳明知行合一之说，乃圣人事。圣人生知安行，孤无次第，如尧之钦明文思安安，舜之睿哲，文之宣哲，其知行合一固然也。若学者不能无先后之序，故《大学》教人先知止而后定静安虑能得，以次而见，而总结之曰知所先后则近道矣，分明有先后。阳明其作聪明大过者与？"②

省察克治即是"敬"道。阳明从他自身的经验出发，探究了如何才能实现敬道，钱穆先生说："阳明是一个多方面有趣味的人，在他内心，充满着一种不可言喻的热烈的追求，一毫不放松地往前赶着。他像有一种不可抑遏的自我扩展的理想，憧憬在他的内心深处，隐隐地驱策他奋发努力。他似乎是精力过剩，而一时没有找到发泄的出路。他一方极执着，一方又极跳动，遂以形成他早年期的生活。"③阳明学首先是一种自我超越的学问，他完全可以其身份地位，④享受生活，但他却不以世俗的权力和荣耀为皈依，可以说阳明学正是在他的这种伟大的探寻中发展起来的，这才是儒学的真精神。岛田虔次先生说，阳明"超越卑俗，克服安逸无为，只顾不停地追求第一等事、第一义事的自我行动，是实践行动的强烈性。正确地认识这种激烈的内心发酵和精神泡沫，恐怕是对理解阳明具有决定性意义的大前提吧"⑤。在阳明看来，作为敬道的省察克治，它不仅仅是一种内在的涵养问题，更是追求人生意义的问题。

①黄宗羲：《诸儒学案上四》，《明儒学案》（修订本）卷四十六，沈芝盈点校，第1104页。
②罗侨：《论学》，《东川罗先生潜心语录》卷三，《续修四库全书》编纂委员会编：《续修四库全书》（第938册），第11页。
③钱穆：《阳明学述要》，第40页。
④阳明《龙场生问答》说："夫禄仕，为贫也，而吾有先世之田，力耕足以供朝夕，子且以吾之道乎？以吾为贫乎？"［王阳明：《龙场生问答》，《王阳明全集》（新编本）卷二十四，吴光等编校，第955页］
⑤岛田虔次：《中国近代思维的挫折》，甘万萍译，江苏人民出版社2005年版，第30页。

在《传习录》中，阳明弟子就对此有过发问：

> 问："伊川谓'不当于喜怒哀乐未发之前求中'，延平[①]却教学者'看未发之前气象'，何如？"先生曰："皆是也。伊川恐人于未发前讨个中，把中做一物看，如吾向所谓认气定时做中，故令只于涵养省察上用功。延平恐人未便有下手处，故令人时时刻刻求未发前气象，使人正目而视惟此，倾耳而听惟此。即是'戒慎不睹，恐惧不闻'的工夫，皆古人不得已诱人之言也。"[②]

学问无止境，所谓真学问需要不断讲求，切己而行，但对于一般人而言，则有一个初入手的阶段，在此阶段则需要有敬的戒惧心。戒惧关乎善恶，关乎"本己的'心'的发生，这是道的展开之处，也是恶的萌动之处"，[③]阳明认为李侗（哲宗元祐八年至孝宗隆兴元年；1093—1163）教导的未发气象其实是一个入手的工夫，即初学之人如何达成道在自身的显现需要作为主体的人作出主张。所以钱德洪说："戒惧即是良知。觉得多此戒惧，只是工夫生，久则本体工夫自能相忘，不思而得，不勉而中，亦只是一熟耳。"[④]

"敬"道立足于现实的生活。牟宗三认为："（朱子学的）格物致知含于动察中，而以此定'进学'，则'进学'之观念自此即为歧出而外在。格物者即物而穷其理也。今日格一物，明日格一物，久久自然贯通。是则格物致知之进学全为经验的。此格物致知之进学，因敬以贯之，亦是收归于心身性命上来，故亦函有尊德性之意。然此尊德性显然是经验的、外在的。推之，其一切敬的工夫亦都是经验的、外在的。以朱子持身之谨，克制之严，自是尊德性，

① "李侗，字愿中，世称延平先生（1088—1158），南剑（福建）人。二程之学，经杨时（字中立，称龟山先生，1053—1135）、罗从彦（字仲素，称豫章先生，1072—1135）、李侗而传之朱子。参看《宋元学案》卷三十九、《宋史》卷四二八。"（陈荣捷：《王阳明〈传习录〉详注集评》，第61页）
② 王阳明：《传习录上》，《王阳明全集》（新编本）卷一，吴光等编校，第25页。
③ 耿宁：《人生第一等事：王阳明及其后学论"致良知"》，倪梁康译，商务印书馆2014年版，第208页。
④ 钱德洪：《钱德洪语录诗文辑佚》，《徐爱 钱德洪 董沄集》，钱明编校整理，凤凰出版社2007年版，第119页。

然是经验地尊、外在地尊，故乏自然充沛之象。"①我们未必需要如此苛责朱子，只需要注意到：省察克治之旨源自儒学传统，并非后儒（无论程朱陆王）臆造，在此，阳明学与朱子学并无实质性且不可调和之异。钱穆先生认为："朱子只教人各就自家日常生活中讨取，平平恁地做工夫。莫要凭空求讨天理，亦莫要一意搜剔私欲。立言平实深到。后人乃谓宋儒以理杀人，又要泯去天理人欲分别，更有认放纵人欲即是天理者。人之私欲，尚不能一意专务克治，又况要一意提倡与放任。"②阳明以为，在追求成圣的过程中，"如何令人生真正有意义"这个问题并没有一固定的公式，没有恒久且一劳永逸的教条，最关键的地方还在于人在具体的现实生活中自我体悟，但对于教育者来说，必须提出具体的路径，使学者能有所取径，否则完全自学即可，何须制度化的教育。

师者如医者，根据不同的病症加以治疗，使人自愈，故无论伊川还是延平，所论皆是。若是不能于此有所把握，而仅仅从文字上穿凿，则往往沦入聚讼，故许舜屏云："人谓先生与朱子恒相抵触。观此段评论，于朱子之学初无贬辞。然则先生固非与朱子有所不慊也。延平即朱子。"③阳明说：

> 必欲此心纯乎天理，而无一毫人欲之私，此作圣之功也。必欲此心纯乎天理，而无一毫人欲之私，非防于未萌之先，而克于方萌之际不能也。防于未萌之先，而克于方萌之际，此正《中庸》"戒慎恐惧"、《大学》"致知格物"之功，舍此之外，无别功矣。夫谓"灭于东而生于西"，"引犬上堂而逐之"者，是自私自利，将迎意必之为累，而非克治洗荡之为患也。今曰"养生以清心寡欲为要"，只"养生"二字，便是自私自利，将迎意必之根。有此病根潜伏于中，宜其有"灭于东而生于西"，"引犬上堂而逐之"之患也。④

省察克治是阳明学对朱子学敬承的前行。这里的前行并非进化

①牟宗三：《宋明儒学的问题与发展》，华东师范大学出版社2004年版，133页。
②钱穆：《朱子新学案（一）》，《钱宾四先生全集（11）》，第103页。
③陈荣捷：《王阳明〈传习录〉详注集评》，第61页。
④王阳明：《传习录中》，《王阳明全集》（新编本）卷二，吴光等编校，第72页。

论式的线性发展，而是一种融合感通的相互促进，即知其义而敬守之。因此，阳明《朱子晚年定论》第24条说："但因其良心发现之微，猛省提撕，使心不昧，则是做工夫底本领。本领既立，自然下学而上达矣。若不察良心发现处，即渺渺茫茫，恐无下手处也。"[1]人生学问不在于人生成为学问的附庸或傀儡，而在于学问丰富且扩展人生之价值，任何以学问之名操控人生之学说都难免不沦为邪说，任何以人生之名玩弄学问之学说亦难免不沦为游说。人生的意义追寻只能立足于人之身心，省察克治，方能有下手处，方能真切实在。人生之学问就在于人的生命过程之中，因此，阳明说："凡人之学，不日进者必日退。譬诸草木，生意日滋，则日益畅茂；苟生意日息，则亦日就衰落矣。……君子之学，非有同志之友日相规切，则亦易以悠悠度日，而无有乎激励警发之益。山中友朋，亦有以此学日相讲求者乎？孔子云：'德之不修，学之不讲，是吾忧也。'而况于吾侪乎哉？"[2]圣人且要省察克治，忧道不行，何况一般世俗之人？职是之故，所谓省察克治实际上是使此心之精明复归其位，对受世俗之说而日渐支离外索保持警醒，对流俗之士的虚见保持警省。

"敬"道内含着自警，自警即是自我察识的工夫。阳明著《三箴》[3]以自警。警即敬也，箴所以刺病也，针砭自我，勿忘本心。据箴中所云四十有五，则此箴作于正德十一年丙子（1516），本年九月阳明因兵部尚书王琼荐升都察院左佥都御史巡抚南赣等处。此时阳明之事业发展迎来一个新的机遇，官至正四品。但阳明并未因此而志得意满，反而愈发省察克治，"惟在汝心，汝心而存，将日钦钦"。即心存诚敬，方能日新月异。这是对人生的真学问一心精察，

---

[1] 王阳明：《朱子晚年定论》，《王阳明全集》（新编本）卷三，吴光等编校，第149页。

[2] 王阳明：《与陈国英》，《王阳明全集》（新编本）卷四，吴光等编校，第189页。

[3] "呜呼小子，曾不知警！尧舜未圣？犹日兢兢。既坠于渊，犹恬履薄；既折尔股，犹迈奔蹶；人之冥顽，则畴与汝。不见壅肿，砭乃斯愈？不见痿痹，剂乃斯起？人之毁诟，皆汝砭剂。汝曾不知，反以为怒。匪怒伊色，亦反其语；汝之冥顽，则畴之比。呜呼小子！告尔不一。既四十有五，而曾是不忆！//呜呼小子，慎尔出话！慅言维多，吉言维寡。多言何益？徒以取祸。德默而成，仁者言讱。孰默而讥？孰讱而病？誉人之善，过情犹耻；言人之非，罪曷有已？呜呼多言，亦惟汝心！汝心而存，将日钦钦；岂遑多言，上帝汝临！//呜呼小子，辞章之习，尔工何为！不以钓誉，不以蛊慝。侜彼优伶，尔视孔丑；覆蹈其术，尔颜不厚？日月逾迈，尔胡不恤？弃尔天命，昵尔仇贼；昔皇多士，亦胥兹溺。尔独不鉴，自抵伊亟！"［王阳明：《三箴》，《王阳明全集》（新编本）卷二十五，吴光等编校，第995页］

从切实处修省，从笃实处下工夫，戒慎恐惧，事事时时，勇于克治，则学术与人生合二为一，方为集义，方为敬，因此"它不是一种对于日常生活各种纷繁复杂的意绪、意识流之截断面，而是与道德生命攸关的抉择，此抉择决定了生存方式、生存世界展开姿态：是过一种本真的生活，抑或流于习气堕入非本真状态"①。这种省察克治不是一种聊以自慰的玄虚话语，更不是一种不知所云的玄幻故事，它直接指向人的生存意义，因此需要勇下工夫："须是勇。用功久，自有勇。故曰'是集义所生者，胜得容易，便是大贤'。"②自我省察须在良知上用工，用良知之心照察自我，祛除私欲之遮蔽，日新又新，不间断地奋斗。

圣人必可学而至。阳明讲学之旨在于提点学者能立志圣人之学，而圣学并非空言，亦非徒以静坐能达成者，否则静坐者多矣，得道之人何其少也。除了内在的自我修省之外，还需要有同志之士相与讲求，否则亦是闭门造车，独学无友。人无法脱离群体而存在，必处于社群之中，实无脱离群体而独存之可能，故讲学的目的就在于建构士人共同体，以相互针砭，相互磨砺，从而达致社群的和谐，故阳明正德八年（1513）为滁州士子孟源、伯生作《与滁阳诸生书并问答语》云：

> 诸生之在滁者，吾心未尝一日而忘之。然而阔焉无一字之往，非简也，不欲以世俗无益之谈徒往复为也。有志者，虽吾无一字，固朝夕如面也；其无志者，盖对面千里，况千里之外盈尺之牍乎！孟生归，聊寓此于有志者，然不尽列名，且为无志者讳，其因是而尚能兴起也。或患思虑纷杂，不能强禁绝。阳明子曰："纷杂思虑，亦强禁绝不得，只就思虑萌动处省察克治，到天理精明后，有个物各付物的意思，自然静专，无纷杂之念。《大学》所谓'知止而后有定'也。"③

---

① 陈立胜：《王阳明"万物一体"论——从"身—体"的立场看》，华东师范大学出版社2007年版，第90页。
② 王阳明：《传习录下》，《王阳明全集》（新编本）卷三，吴光等编校，第104页。
③ 王阳明：《与滁阳诸生书并问答语》，《王阳明全集》（新编本）卷二十六，吴光等编校，第1030页。

阳明学在于惩救时弊而不令人沦于空虚，空虚支离之说深得人心，多以其浮夸式的似是而非吸引人的眼球，若不假思索极有可能信以为真，其弊害不小。阳明学简易直接，其旨在于致良知而存天理去人欲，钱德洪说："是书孟源、伯生得之金陵。时闻滁士有身背斯学者，故书中多愤激之辞。后附问答语，岂亦因静坐顽空而不修省察克治之功者发耶？"①阳明学最为关键的一点在于敬之心，即省察克治、收放心，除此之外学问并没有捷径可循，"此心即理，可信不可疑；近名即伪，可恶不可好。审择于斯，必有事焉，存其诚，厥用力在勿正勿忘勿助，药随病，勿执并所闲邪也。道在迩，勿求诸远；事在易，勿求诸难"②。

省察克治即是致良知。钱穆先生说，其实阳明"所说的'省察克治'，便已是'致良知'，或问：'知行合一？'他答道：'此须识我立言宗旨。……须要彻根彻底，不使那一念不善潜伏胸中，此是我立言宗旨。'可见他所讲'知行合一'，宗旨还在'省察克治'，还在'致良知'"。③不错，正如钱穆先生所见，在阳明学这里，省察克治就是存心诚身，就是敬道，阳明说："平日徒知存心之说，而未尝实加克治之功，故未能动静合一，而遇事辄有纷扰之患。今乃能推究若此，必以渐悟往日之堕空虚矣。故曰纯甫近来用功得力处在此。然已失之支离外驰而不觉矣。"④阳明告诫弟子，作为学说和知识的良知之学，在没有成为个人身体力行之前，都仅仅是外在的事物而已，如果不把它内在化，不把它变成自己生命的意义，那就永远不可能真正了解生命的价值所在。世间从来不缺乏支离外驰的所谓学者，也从来不缺乏高倡某种学说的哲人，但人们心底何尝不曾明白其中的道理，此心即是良知。良知的内在超越并不意味着超越于六经所述之日用人伦，而是以此使吾心觉之、警之，即敬道焉。

省察克治即是"心即理"。阳明说："夫在物为理，处物为义，在性为善，因所指而异其名，实皆吾之心也。心外无物，心外无事，心外无理，心外无义，心外无善。吾心之处事物，纯乎理而无

---

①王阳明：《与滁阳诸生书并问答语》，《王阳明全集》（新编本）卷二十六，吴光等编校，第1031页。
②徐爱：《同游德山诗叙》，《横山遗集》，《徐爱 钱德洪 董沄集》，钱明编校整理，第66页。
③钱穆：《宋明理学概述》（新校本），第245页。
④王阳明：《与王纯甫二》，《王阳明全集》（新编本）卷四，吴光等编校，第168页。

人伪之杂，谓之善，非在事物有定所之可求也。处物为义，是吾心之得其宜也，义非在外可袭而取也。格者，格此也；致者，致此也。必曰事事物物上求个至善，是离而二之也。伊川所云'才用彼即晓此'，是犹谓之二。性无彼此，理无彼此，善无彼此也。"①世间道理，往往一意而多名，故理义善之名义，究其实皆指向吾之心。心乃本心，非一外在与吾人身心之外有一道理，故此心学于道的探寻并不在于建构一浑一完整的哲学体系，而在于心的教化、扩充和完善。"夫旧习之溺人，虽已觉悔悟，而其克治之功，尚且其难若此，又况溺而不悟，日益以深者，亦将何所抵极乎！以谦之精神力量，又以有觉于良如，自当如江河之注海，沛然无复能有为之障碍者矣！默成深造之余，必有日新之得，可以警发昏惰者，便间不惜款款示及之。"②以良知之自觉，警省克治，勇猛提撕，日新有得，方可内在超越，此即敬以直内之真义，即修己以敬之心铨，乃是孔孟仁道之心铨。敬本人心之良知，即人心之仁，仁乃人与人间之真情厚意，"孔子言礼必兼言乐，礼主敬，乐主和……二者兼融，乃可表达人心到一恰好处"③。阳明加以重新纾解以回应当时学者支离、空虚之弊，重在使人重塑其恭敬之心，重归孔孟之真义。当然，也有学者认为，阳明学的这种教化思想一方面促进了平民教育的兴起，促进了知识分子与平民对达成道德的完善性有了自信，此一自信促使他们以严格的纪律精神全力地追求道德之完善，甚至不惜自我牺牲。另一方面以严格的规训来看待伦理道德，有意无意地推动了追求社会控制的威权性格的滋长，而这正是政府所喜闻乐见的。④

---

① 王阳明：《与王纯甫二》，《王阳明全集》（新编本）卷四，吴光等编校，第168—169页。
② 王阳明：《寄邹谦之四》，《王阳明全集》（新编本）卷六，吴光等编校，第219页。
③ 钱穆：《八佾篇第三》，《论语新解》，第49页。
④ 参见李弘祺：《学以为己：传统中国的教育》，香港中文大学出版社2012年版，第326—327页。

小　结

　　对于"阳明学何以成为阳明学"这个问题，刘咸炘曾尝试从学风的角度来理解之。虽然阳明学在明代很兴盛的观点几近常识，但实际上阳明学在当时饱受攻击，其门人弟子未曾显用者颇多。那么何以阳明学成其为阳明学？刘氏《王派学风论》似未最终定稿，仅仅是一则读书笔记而已，但他提出了以下几个颇有见地的想法：第一，与陈献章学的注重静与退比较而言，阳明学更加注重动与进，所谓动与进就是注重经济（经世济民）；第二，阳明学崇尚权谋，用兵应变之术为后来权谋家所尊；第三，阳明学人多游士，谋士、辩客等汇集一门；第四，阳明学人尚讲学且常聚徒多者至于数千之众，多不为权势者所喜，甚至被视为伪学而身遭其祸；第五，阳明学人敢于直言，有独立见解，勇于反对权势者说。①以上构成了阳明学风，也成就了阳明学。吾人认为，刘氏从学风角度理解阳明学的确是一睿智之见。但尚未能解决根本之问题，即阳明学的基点何在？据前文所论可知，阳明学之所以风起云涌，与阳明学讲求执事敬有莫大关系。首先是，阳明学之著述讲求对时弊之惩治，故其言说多因事而发，但绝非简单的书生之论，而是以历史的眼光看待现实生活中的问题，因此其言说得以成立并得到诸友人、门弟子的赞同和推广；其次是，阳明学之活动不骛高远，而是立足于学者本人的身份地位以其身心之修养加以扩充和展示，使得其行为处事就有强烈的进取姿态，即便是其论敌也不得不认同；第三，阳明学人相互之间因为共同的学术理念，产生了一种类似文人共和国（republic of letters）的思想共同体，这一群体自觉以斯道自任，具有较强的社会性，学派成员之间的积极互动，进一步促进了学术的发展。

　　钱德洪在今本《传习录》中谈到阳明学的经历和志向，说阳明"平生冒天下之非诋推陷，万死一生，遑遑然不忘讲学，惟恐吾

---

① 参见刘咸炘：《刘咸炘学术论集·哲学编（下）》，黄曙辉编校，第720页。

人不闻斯道，流于功利机智，以日堕于夷狄禽兽而不觉"①。人们之所以并不信奉阳明学，甚至以其学说为异端并加以诋斥，一方面表明了真正意义上的契合人心的学术，并不见得就能在当时当世取得立竿见影的效果，所谓真理并不会自动成为人们所接受所遵循的准则，必须有其学人以热忱、奉献、无畏的精神与行动，方能得到人们的尊奉、信仰，而口耳之学，虽然在一时有口吐莲花之感，有无数拥趸，但在时间的考验之中，或许即将随风逝去，因为无根的学术和无根的思想必定开不出灿烂的花实。另一方面，作为行动者的自我观照，儒学并不以他人的接受和评判为最主要的准则，其首先追求的是自洽与自用，所谓自洽是指所讲明的学术范畴与圣贤之道相互融合为一体，既可以从先贤的教益出发引发出后学的基本主张，同时又可以以后者来充实前者的内涵；所谓自用是指学说本身不是为他人立准则，不是为社会为自然立法，而是在认同基本的社会准则和遵循基本的道德规范的同时，对自我有一种超越性的追求，不流于俗，不媚于世，干净纯洁正直，不缺乏生活的乐趣和生活的率真。

阳明说："圣贤论学，无不可用之功，只是致良知三字，尤简易明白，有实下手处，更无走失。近时同志亦已无不知有致良知之说，然能于此实用功者绝少，皆缘见得良知未真，又将致字看太易了，是以多未得力处。虽比往时支离之说稍有头绪，然亦只是五十步百步之间耳。就中亦有肯精心体究者，不觉又转入旧时窠臼中，反为文义所牵滞，工夫不得洒脱精一，此君子之道所以鲜也。此事必须得师友时时相讲习切劘，自然意思日新。"②则阳明主张在知晓良知二字的基础上真切地用实际功夫，又主张教化之道在师友间时时讲习箴规切劘，即其良知之学最终落脚点在教化，是为第四章。

---

① 王阳明：《传习录中》，《王阳明全集》（新编本）卷二，吴光等编校，第44页。
② 王阳明：《与陈惟浚》，《王阳明全集》（新编本）卷六，吴光等编校，第236—237页。

敬德修业：教化之路径

如今欲问如何立国致用，则告之曰：汝且立身行己。

立身行己之道，即从「言忠信，行笃敬」做起。言行是日用不离的，忠信笃敬是功夫，亦即是本体。忠是恳切深挚，信是真实不欺，笃是厚重不轻忽，敬是收敛不放肆。

——马一浮《泰和宜山会语》

儒家的学说以生命为中心展开，故偏重教育方面。"为什么要教育？为的是人性可以受教育；如何实施教育？以人性善恶作标准。无论教人或教自己，非先把人性问题解决，教育问题没有法子。"[1]儒家教育讲以身作则，以身作模范人格，作榜样。宋明儒者之学之所以影响深远，就在于其所树立的礼教和教育上的权威，"支配中国人信仰和道德礼仪生活"[2]，王阳明的教育哲学亦是如此。

阳明学内含着多重诠释的可能性。以教育史的视域而言，王阳明的教化哲学涉及"学—教"的基本问题，在学的起点和方法、教的原则和理想等方面均有其学派特色。以良知的人性观为基础，王阳明主张教化不是抽象的本体范畴，也不是了无头绪的工夫，而是有入处的实工夫，就分限的巧提撕，以及自觉觉人、自立立人的真教化。王阳明在教育哲学上有其独特的贡献，如何理解并评价王阳明的教育哲学？通过文本和诠释的方式，吾人可见阳明将儒学的生活哲学、是非规矩引入教育哲学，彰显了使人心复归性善、使教化归于良知的儒学教育宗旨。

教化作为一种理念，渊源久矣。王夫之说："悦（荀悦）之言曰：'教化之废，推中人而坠于小人之域，教化之行，引中人而纳于君子之途。'是也。"[3]所谓教化是礼乐制度之教之化，阳明说："有纪纲政事之设焉，有礼乐教化之施焉，凡以裁成辅相、成己成物，而求尽吾心焉耳。心尽而家以齐，国以治，天下以平。故圣人之学不出乎尽心。"[4]兴学的意义就在于兴起教化，讲学的意义即在于兴起尽心之学。《说文解字》释"教"之义为："上所施下所效也。"[5]释"化"为："教行也。"[6]如此，则教化可用阳明之语释之："夫惟有贤人君子以为之养，则义理之学，足以克其私心也；刚大之气，足以消其邪心也；正直之论，足以去其恶心也；扩其公而使之日益大，扶其正而使之日益强，作其善而使之日益新，夫是之谓匡直辅翼之道，而所以养其心者有所赖。……若夫自养之功，则惟在于存

①梁启超：《孔子与儒家哲学》，中华书局2016年版，第187页。

②贺麟：《宋儒的新评价》，《文化与人生》，商务印书馆2015年版，第210页。

③王夫之：《读通鉴论》卷九，舒士彦点校，中华书局2013年版，第242页。

④王阳明：《重修山阴县学记》，《王阳明全集》（新编本）卷七，吴光等编校，第274页。

⑤许慎：《说文解字》，汤可敬译注，中华书局2018年版，第672页。

⑥许慎：《说文解字》，汤可敬译注，第1664页。

养省察，而其要又不外乎持敬而已。"[1]则教化之道其归结点乃是性理学的基本主张——敬，这是有识之士的共识。

有明一代重视教化，特别是学校教化，这在教育史上是突出的。皇室编纂并颁发《四书五经大全》《性理大全》，其目的也在于教化，故有儒者胡俨说："夫学校教化所自出，其兴废实守令之责。然所以为教化者，岂专以庙堂为美观哉？要之，有其本也。苟敝坏不治则无以将事，既撤而新之，此为政者知修齐职也。至于务本则吾党之士当以勉。昔我太祖高皇帝既定天下，首崇学校之政教，育人材作新士，习诒谋于万世者，远矣。至我皇帝继承大统继志述事，表章（彰）儒术，深念天下学者务科日进取，致力于章句文辞之间而忘修已治人之实，乃命儒臣取六经四书与诸先儒之奥论，所以发明圣学、维持斯道者，类聚成书，赐名《性理大全》，颁之天下学校而嘉惠学者，使知务本之意。所谓天佑下民，作之君师，德教之隆，超轶前古。天下之为师徒者当知此书（《性理大全》），美教化而叙彝伦，一道德而同风俗，需此焉出，非徒科日进取之事也。"[2]阳明所以孜孜讲学，发明斯道，揭致良知，其目的仍在将自己的观察和探求与学者分享，促进学者务本，所谓务本即是"美教化而序彝伦，一道德而同风俗"。教育事关学术之倡明、风俗之转变和政治社会秩序之安定，其重要性自不待言。故本章集中探讨阳明教化哲学的主旨——始于学之起点，迄于人伦教化。

---

[1]王阳明：《人君之心惟在所养》，《王阳明全集》（新编本）卷二十二，吴光等编校，第896—897页。

[2]胡俨：《重修战门记》，《弘治句容县志》卷九，《天一阁藏明代方志选刊》（第13册），上海书店出版社1981年版，第596—597页。

第一节　一流人物：冯梦龙的讲史小说

　　王阳明是"第一流"的"传奇"人物。他的一生充满了传奇性。[1]从晚明以来，书写阳明传奇的著作汗牛充栋。在这些著作中，冯梦龙《王阳明先生出身靖乱录》是最早以阳明的生平事迹为依据撰写的传奇小说。

　　冯梦龙说，他"偶阅《王文成公年谱》，窃叹谓文事武备，儒家第一流人物，暇日演为小传，使天下之学儒者，知学问必如文成，方为有用"[2]。过有用的人生，意味着要有些传奇的色彩。不仅人如此，书籍也是如此。事实上，冯梦龙的这部小说本身也是有传奇色彩的。他的这部小说早期如何流传，我们一无所知。只知道在晚明至少有一种刻本，清代有抄本，而传到日本之后又有日本刻本。小说真正成为学者重视的学术资料，是进入民国以后的事情，在此之前，藏书家即便有这些"当代的小说"也未必著录，而小说的读者也未必会把它当作很珍贵的书籍，因此古代小说想留存到后世也就相当不容易了。

　　20世纪20年代，董康（1867—1948）在日本见过和刻本，并记录在《书舶庸谭》中：

　　　　宋之小说，曩见《宣和遗事》《通俗小说》二种，此外竟未传之梨枣。虽将罗贯中系之于宋，然其人究属何代，亦一疑问。元时杂剧风行，始有长篇小说。至明而学士文人并起提倡，极盛一时。猥亵之作，皆出斯时。日前狩野博士谓明时理学家甫离讲座即手握《金瓶梅》一编，此近阳明一派。其然，岂其然

---

[1]杨立华说："中华文化是以传奇为品格的，我们的义化传统里没有彼岸世界，也基本上没有神话的传统，我们追求的一切都是此岸的，因此得有点儿传奇的精神。没有传奇也得造出几个来，否则就太乏味了。每个时代都有人把自己的人生当成传奇来塑造，这样的人使生活变得不那么凡俗了，使蝇营狗苟的日子变得有趣了，使这个世界闪耀出光彩，而这光彩又是此世的光彩。"（杨立华：《宋明理学十五讲》，第251页）

[2]冯梦龙：《王阳明出身靖乱录》，浙江古籍出版社2015年版，第2页。

乎？吾国胡适之好搜小说家文字，余亦颇欲撰小说家列传，苦于所见不多。明时小说家撰述最富者无过于李卓吾、冯梦龙二人，今见《内阁书目》录二家之书颇备，故志于后，亦征存文献之别开生面也。①

董康从日本《内阁书目》中抄录了李卓吾和冯梦龙的小说书目，其中就有墨憨斋刻冯梦龙《王阳明出身靖乱录》三卷。

1932年，国立北平图书馆出版了本馆员工孙楷第编纂的《中国通俗小说书目》十二卷。该书卷二"明清讲史部"著录：

> 《皇明大儒王阳明先生出身靖难录》上中下三卷。存，日本刊本。明冯梦龙撰。字、里见前。书题"墨憨斋新编"。此书所记皆实录，无一字无来历。②

孙楷第长期从事小说书目的研究，先后到日本东京、辽宁大连等地展开调查，先出版《日本东京及大连图书馆所见中国小说书目提要》八卷，之后增订为十二卷，并改名为《中国通俗小说书目》。该书还著录了一种故宫藏的满文本《三教同理小说》。这个《三教同理小说》其实就是冯梦龙的《三教偶拈》，包括第一种"《皇明大儒王阳明先生出身靖难录》，明冯梦龙撰。残存十八册，缺第十四册，为《丛编》之第一卷"③。后面两种分别是：《净慈寺济颠罗汉显圣记》《许旌阳得道擒蛟全传》。孙氏书目卷九"丛书目"中著录："《三教同理小说》（书名据李子开所拟）。刊本，未见。惟故宫藏一满文译本。首东吴某氏序。收三书：一为《王阳明出身靖难录》，二为《济公传》（《济公传》，今所知者有四本。此所据不知何本，但确非王梦吉本），三为《许真君铁树记》。以三人代表三教，疑所据者必为一丛书。今三书俱在，而丛书本迄未之见。"④这

①董康：《书舶庸谭》卷一下，朱慧整理，中华书局2013年版，第34页。
②孙楷第：《中国通俗小说书目》，国立北平图书馆1933年版，第73页；《孙楷第全集》，中华书局2012年版，第52页。《全集》本删掉了"无一字无来历"。
③孙楷第：《中国通俗小说书目》卷十二，第381页。《孙楷第全集》未收录原书卷十二《满文译本小说简目》。
④孙楷第：《中国通俗小说书目》卷九，第323页；《孙楷第全集》，中华书局2012年版，第160页。

里，排印时"靖乱"误为"靖难"。

《王阳明出身靖乱录》不太为人熟知，很多人可能并未见过原书，所以也跟着著录为《靖难录》了。其实，这就是一种书。至于满文的小说，更是少有人去研究，直到如今，仍著录为《靖难录》。比如黄润华先生《满文翻译小说述略》一文所附《满译小说知见书目》著录了《三教同理小说》。据作者所记，该书为抄本：《皇明大儒王阳明先生出身靖难录》，冯梦龙著，存18册；《净慈寺济颠罗汉显圣记》，佚名著，13册；《许旌阳得道擒蛟全传》，邓志谟著，存12册。①

后来，学者们对这部书做了更深入的调查。比如，石昌渝《中国古代小说总目（白话卷）》著录这部小说时说，该书讲述了阳明一生重要的故事，从龙场贬谪到平定江西巨寇和宁王叛乱等，"诸事皆备，文笔简赅，而逸闻琐事错出其间，以史实核之，一一相合。所录阳明先生诸诗，亦皆实有，盖穿穴组织无一字无来历"②。提要的作者注意到：北京大学图书馆、黑龙江图书馆、美国国会图书馆，日本东京大学东洋文库、东洋文化研究所双红堂文库等藏书机构有藏。至于收录在《三教偶拈》中的《皇明大儒王阳明先生出身靖乱录》，提要作者认为，据书前序文可知是冯梦龙自撰，另外两种则分别取自沈孟桦《钱塘湖隐济颠禅师语录》和邓志谟《新镌晋代许旌阳擒蛟铁树记》。③

冯梦龙这部关于王阳明的传奇，在国内并非没有刻本收藏，但却较少为学人所知。比如，2012年凤凰出版社影印出版《和刻本中国古逸书丛刊》，收入了日本江户弘毅馆庆应元年（1865）墨憨斋刊本。金程宇所作解题称："此书中国单刻本未见，今知有明天启《三教偶拈》所收本。《三教偶拈》汉文本存世极罕（北京故宫博物

---

① 黄润华：《满文翻译小说述略》，《文献》1983年第2期，第20页。黄润华和屈六生主编的《满文文献知见录：满文版》（辽宁民族出版社2022年版，第301—302页）对此书的著录有更新：三教同理小说，满文。ᡳᠯᠠᠨ ᡨᠠᠴᡳᡴᡡ，ilan tacikü i uheri doro i ajige julen，题 dergi u gi bai ci lo xeng 译，抄本，开本27厘米×18.5厘米，四十三册（存三卷）。本书从有关儒、释、道三类文章中各选取一篇，以阐明三教均以扬善抑恶、因果报应为宗旨。本书包括：1.卷一：《皇明大儒王阳明先生出身靖乱录》，冯梦龙撰，存十八册（第一至十三、第十五至十九册）。2.卷二：《济颠罗汉净慈寺显圣记》，十三册。3.卷三：《许旌阳得道擒蛟全传》，邓志谟，撰存十二册（第二至十三册）

② 石昌渝主编：《中国古代小说总目（白话卷）》，山西教育出版社2004年版，第146页。

③ 石昌渝主编：《中国古代小说总目（白话卷）》，第308页。

院藏此书满文译本），仅见于日本东京大学东洋文化研究所双红堂文库，为长泽规矩也旧藏，《古本小说集成》《古本小说丛刊》及《冯梦龙全集》有影印本。双红堂本首有序，署'东吴畸人七乐生'，摹刻钤印为'子犹''七乐斋'，皆冯梦龙号，今人据此断为冯氏所作，已为学界公认。日本有庆应元年（1865）弘毅馆单刻本，或即据《三教偶拈》析出单行者。"①在学者们的不断调查过程中，我们对这部书的存藏情况有了更多的了解。

少为人知的是，在国家图书馆的古籍库房中存着两部不同版本的《皇明大儒王阳明先生出身靖乱录》，即日本弘毅馆刻本和日本东京青木恒三郎刻本。②其中，日本弘毅馆刻本为郑振铎先生的旧藏。这部书是原国家图书馆的员工谢国桢先生送给郑振铎的，卷端题："西谛先生惠存，国桢谨赠。"有"国桢敬赠""长乐郑振铎西谛藏书"印。在得到这部书之前，郑振铎已经完成了《文学大纲》（上海商务印书馆，1927年）一书的写作。在这部书中，他将中国小说分为两期，第一期是宋元时期，第二期是明初到清初。他说第二期从15世纪到17世纪，即从明建文帝到清康熙时期是"中国小说史中最光耀的时期，有无数的至今尚传诵于民间的通俗小说是产生于这个时期的，有许多重要的不朽的名著是产生于这个时期的"③。他说这一时期的小说可以分为讲史类、佳人才子类、短篇小说集类等，其中"历史小说是不容易作得好的；太服从于历史的叙述，则必会如《东周列国》《两晋演义》之无甚活泼的小说的趣味，离开史实太远了，则必会如《杨家将》《薛家将》之以荒诞无依据见讥，兼之，又无伟大的作家去运用这些材料，所以在这一个时期，讲史虽最发达，却没有什么很好的作品。其在文学上有不朽的价值者，乃为《西游记》与《金瓶梅》"④。很明显，这时郑氏尚不知冯梦龙有阳明传奇的著作。

后来，郑振铎又编纂了《插图本中国文学史》（1932年／1957年／1982年），再次明确元代的小说主题是"讲史与英雄传奇"，而明

---

①金程宇：《东亚汉文学论考》，凤凰出版社2013年版，第166页。

②贾大伟等编纂：《王阳明文献普查目录》，学苑出版社2019年版，第49—50页。

③郑振铎：《文学大纲（二）》，《郑振铎全集》（第11卷），花山文艺出版社1998年版，第249页。

④郑振铎：《文学大纲（二）》，《郑振铎全集》（第11卷），第253页。

代小说则以冯梦龙结束。他说，冯梦龙的《新列国志》"结束了这个讲史的典雅化运动"。因为冯梦龙"杂采《左传》《国语》《国策》《史记》诸书而冶为一炉，几无一事无来历。……诚然是一部典雅的'讲史'，而小说的趣味同时便也为之一扫而空"①。可见，在郑振铎看来，冯梦龙的讲史小说在小说史上的价值并不在于其文学本身，而是他代表了当时的"讲史"小说的一种风气，即："大都那些讲史都是由俗而雅，由说书者的讲谈而到文人学士的笔削，由杂以许多荒诞鄙野的不经的故事而到了几成为以白话文写成之的历史或纲鉴。那演化的途径是脱离'小说'而迁就、黏附'历史'。这个演化，也许可以说是倒流。讲史原是历史小说，却不料竟成了这样的'白话历史'的一个结果。"②这里，仍旧没有提及冯梦龙所著的阳明传奇。

那么，他最迟是在什么时候知晓这部书的呢？应该是在1933年。郑氏在《记一九三三年间的古籍发现》一文中，提到了这部书。他说："明人最喜以'实事'作小说（或戏曲）。《英烈》《承运》（叙成祖靖难事）《三宝太监》诸书固无论矣。其记一人生平事迹者，则有《海忠介公居官公案》（明万历刊本），《于少保萃忠全传》（明万历刊本）、《皇明大儒王阳明先生出身靖难录》（冯梦龙作，未见明刊本，今有日本翻刻本）等等。"③这时候"靖乱"二字作"靖难"，也就是说1933年时，郑氏尚未看到这部书的刊本，但他已经通过孙楷第的研究知晓了这部小说存世的情况。在这篇文章中，郑氏说这类小说非常多，并且一直到晚清、民国时代还有人继续这种小说的写作，他声称："将来或将专为一文，以论这种以'实事'为基础而恣其诬蔑或捧场的小说。"④

郑振铎在编写《插图本中国文学史》时，将孙楷第编《中国通俗小说书目》《日本东京所见中国小说书目提要》的北京图书馆印行本作为重要的参考书目列入。⑤因此，他将孙楷第在书目中对冯梦龙的这部《王阳明出身靖乱录》的评语"此书所记皆实录，无一

---

①郑振铎：《插图本中国文学史（二）》，《郑振铎全集》（第9卷），第431页。

②郑振铎：《插图本中国文学史（二）》，《郑振铎全集》（第9卷），第429页。

③郑振铎：《中国文学研究（下）》，《郑振铎全集》（第5卷），第471页。

④郑振铎：《中国文学研究（下）》，《郑振铎全集》（第5卷），第472页。

⑤参见郑振铎：《插图本中国文学史（二）》，《郑振铎全集》（第9卷），第432页。

字无来历"作为依据，认为这部书是以事实为依据的讲史小说。后来，孙楷第在《中国通俗小说书目》中删掉了"无一字无来历"，保留了"此书所记皆实录"的评语；而《中国古代小说总目》作者仍主张"以史实核之，一一相合"。郑氏预告的要以讲史小说为重点的文章没有完成，我们也就不知道他是如何看待冯氏的阳明传奇的。1933年之后，他得到了该书的刻本，可惜他没有在这部书上留下题记，也没有留下任何相关的论述。

后来，郑振铎《西谛藏书善本图录》收录善本149种，也就没有选择它了。只是在《西谛书目》卷四《集部中·小说类》著录了这部书："《王阳明出身靖乱录》三卷，明冯梦龙撰，日本嵩山堂刊本。三册。（善本编号）6143。"①。郑氏所藏小说类古籍682种，国图编目员将其分为短篇、长篇、目录等三类，《王阳明出身靖乱录》属于长篇类。

既然郑振铎藏本是谢国桢赠予的，那么谢氏是否在他的书中有记录呢？初步考察的结果是没有记载。郑氏藏本虽然早在20世纪60年代就由国家图书馆王树伟、朱家濂、冯宝琳、冀淑英等编成《西谛书目》出版，但似乎少为学界所知。而且，这部小说有满文译本，但汉文的刊本却极为罕见。一如阳明的很多著作的刊本一样，有可能已经失传，也有可能保存在某个图书馆善本书室等待人们去发现。

---

①国家图书馆古籍馆编：《集部中·小说类》，《西谛书目》卷四，《西谛藏书善本图录：附西谛书目》，中华书局2008年版，第130页。

第二节　奇闻类记：明代人的传奇笔记

小说毕竟是小说，它不是历史的真实记录，但反映了某种历史的真实。因此，冯梦龙的这部小说，在很多人看来仍具有重要的史料价值，冈田武彦《王阳明大传：知行合一的心学智慧》就说："文中部分内容还引用了墨憨斋的传记小说《皇明大儒王阳明先生出身靖乱录》。可能有读者会问，《皇明大儒王阳明先生出身靖乱录》是传记小说，其中肯定有虚构的成分，为什么还要引用呢？这是因为通过阅读这样的小说，读者可以更容易理解阳明思想的精髓。"[1]《中国古代小说总目提要》也引用研究者的说法认为：这部小说"除把史实艺术化外，并掺杂了不少神话、迷信。不过，依旧可充当王阳明的传记看"[2]。理解人物及其思想，特别是理解传统的学术人物，通过小说来进入，对我们现代人而言是再正常不过的了。

"文事武备，儒家第一流人物"的阳明形象是冯梦龙的塑造。小说从阳明儿时谈起，举凡幼时颖悟、任侠、报国之志等都有故事叙说，其中谈到阳明接受正规教育时仅有十二岁，就说出了"圣贤方是第一"的豪言壮语。冯氏说："只看他一生行事，横来竖去，从心所欲，戡乱解纷，无不底绩，都从良知挥霍出来。真个是卷舒不违乎时，文武惟其所用。这才是有用的学问，这才是真儒。所以国朝道学公论，必以阳明先生为第一。"[3]

由于阳明早年的故事，多在冯梦龙等人的传奇小说以及各种笔记小说中，他们的书也就成了后人撰写阳明传记的史料。比如，束景南在写作《阳明大传》时，不仅采用了冯梦龙的小说，还将施显卿的小说《奇闻类记》的记载当作实录加以引用：

国朝成化辛丑科，山东刘珝在内阁，其西席（塾师）乃余

①冈田武彦：《王阳明大传：知行合一的心学智慧·前言》，杨田等译，第3页。
②朱一玄等编著：《皇明大儒王阳明先生出身靖乱录》，《中国古代小说总目提要》，人民文学出版社2005年版，第537页。
③冯梦龙：《王阳明出身靖乱录》，第2—3页。

姚黄珣也。一日，刘使其子送束于黄，曰："汉七制，唐三宗，宋远过汉、唐者八事，亦可出乎？"黄答曰："但刻本常有之。"盖刘之意，欲西席详考，答策掇魁，而黄则未尽领会也。他日，黄之乡里王华来访，见案前此束，意或为廷试策问也，归即操笔成篇。至日，果问此策。王遂大魁天下，而黄居第二。黄固不当漏泄此束，而刘亦不意为他人所得也。此与东坡送束与李方叔而为二章所得事颇相似。①

不过，这里所谓《奇闻类记》并非原本，而是《纪录汇编》本收录的《奇闻类纪摘抄》。这段故事题为《得束掇魁》，这个本子没有说明故事的来源。据《中国古代小说总目（文言卷）》著录：

《古今奇闻类记》，明施显卿撰。明代志怪小说集。《千顷堂书目》小说类著录《奇闻类记》三卷；《四库全书总目》作十卷，题《古今奇闻类记》。以上二本今未见，今惟存《纪录汇编》本，四卷，题《奇闻类记摘抄》。显卿事迹史传未载，仅据《四库全书总目提要》，知其字纯甫，无锡（今属江苏）人。嘉靖壬子（1552）举人。官新昌知县。据书前自序，知其书成于万历四年（1576），内分天文、地理、五行、神佑、前知、凌波、奇遇、骁勇、降龙、伏虎、禁书、际妖、鹹毒、物精、仙佛、神鬼等十六门。皆取材明人笔记及方志杂传，每条下悉注明出处。部分散佚不全之书，借此可得一鳞半爪。书中虽人神兼有，而以怪异之事居多。有些系缺乏自然科学知识，故对某些自然现象妄加猜臆。"天文纪"中记嘉靖时海风剧烈，造成人财损失惨重。人们不晓台风，便臆度为水怪或云龙所为，不免荒唐。有些则纯属意念虚幻，如"五行纪"中记一异蛇为人击后入地，作铜钱声。其人掘地，得钱一缸，便臆言钱乃蛇变，表现人们希望意外发财的心理。还有些则以虚幻神灵庇护，证明封建秩序的合理和帝王更迭的天经地义。如"前知纪"中言某异僧前知天命有归，指洪武当取天下，紫仙姑前知刘瑾被诛，辽阳美人前知宸濠必败等。书中记人事者亦多为传奇之事。如

---

① 束景南：《阳明大传："心"的救赎之路》，复旦大学出版社2020年版，第42页。

"奇遇纪"记姜子奇夫妻重遇，刘岌父子重遇，王游击父子重遇，张百户父子重遇诸事均曲折跌宕，扣人心弦。这些生离死别而又意外重逢的故事，又隐约可见社会动乱给人们生活造成的各种悲剧。①

提要的作者提醒我们，《古今奇闻类记》一书的故事，其中所谓"皆取材明人笔记及方志杂传，每条下悉注明出处"。也就是说，施显卿并不创作故事，而是摘编故事。那么，关于的王华这则故事从何而来？抄录过程中是否有施显卿的再创作呢？

今考，《四库全书存目丛书》子部第247册收录了南京图书馆藏明万历四年刻本《新辑古今奇闻类纪》。该书卷六《奇遇纪》之"功名奇遇"最后一条即《得柬掇魁》。作者注明，王华的这一故事出自郎瑛《七修类稿》。《七修类稿》卷四十三《事物类》有"卖题有数"条：

> 成化辛丑科阁老山东刘珝，西席乃余姚王珣也。一日，使其子送柬于王，曰："三宗七制十一事，亦可出乎？"王答曰："但刻本常有之。"他日，西席乡里王华来访，见案间此柬，意或为殿试之举乎？回即操笔。过日，果问此也，遂为首选。不知刘为西席，故先卖之。岂意为他人所得。吁，观此则东坡之与李方叔正为切对，岂非其数耶。②

《七修类稿》是明朝人郎瑛所作的一部史料笔记。全书分天地、国事、义理、辨证、诗文、事物、奇谑等七个类，"上关典常，微及沈诡，包前修之往行，具名流之嘉话，下而街谈巷议与座人所不语者，往往在焉"③。这部书中记录的各种故事，没有消息来源，属于杂钞的故事集，做谈资可，做史实则未必可。比如，这里的王珣就是一个漏洞。王华是成化十七年进士。《成化十七年进士登科录》记载：

---

① 石昌渝主编：《中国古代小说总目（文言卷）》，山西教育出版社2004年版，第105页。
② 郎瑛：《卖题有数》，《事物类》，《七修类稿》卷四十三，上海书店出版社2001年版，第450—451页。
③ 郎瑛：《出版说明》，《七修类稿》，第1页。

第一甲三名，赐进士及第。王华，贯浙江绍兴府余姚县，民籍。儒士。治《礼记》。字德辉，行二，年三十六，九月二十九日生。曾祖与准，祖杰，国子生。父天叙。母岑氏。具庆下。兄荣，弟衮、冕、黼、黻。娶郑氏。浙江乡试第二名，会试第三十三名。

黄珣，贯浙江绍兴府余姚县，民籍。国子生。治《礼记》。字廷玺。行二，年四十四，十二月十二日生。曾祖子芳。祖文。父廉，京卫知事。母戴氏，继母韩氏。具庆下。兄琛，弟琇（珍）、珮。娶朱氏。浙江乡试第一名，会试第二百五十九名。①

成化十七年王华榜的第二名是黄珣，而不是王珣。《七修类稿》记载的传闻明显有问题。施显卿发现了这一漏洞，并将它添补完整了。他在《新辑古今奇闻类纪》中，把"王珣"改成"黄珣"，并加上了王华得魁，黄居第二，以附会当年科举事实。同时，他还将故事的题目从《卖题有数》改为《得柬掇魁》，显然后者更加符合读者的猎奇心态。我们看到，施显卿抄录郎瑛著作时，不是没有做进一步的工作，可他这一做法充满了迷惑性，让原本笔记小说故事，变成了看起来是历史事实，但这毕竟只是街头巷议的传闻。对这种传闻，冯梦龙都未予采信。

---

①龚延明主编：《天一阁藏明代科举录选刊登科录（上）》（点校本），方芳点校，宁波出版社2016年版，第530—531页。

第三节　好事者录：奇异故事与文字术

郎瑛《七修类稿》卷四十六还记录了另一段关于阳明的故事，该故事的标题是《事合昨梦录》。他说：

> 宋康誉之撰《昨梦录》，皆一时奇实之事。……正德初，友人马二游淞江，遇方士，盘桓日久。士曰："予终南山人，山内自一乾坤也，所居之人服食与世不殊，无是非尔我之心，寿皆百数十岁，动用俱备，独乏者盐耳。山西南有一洞，四川境也，水涌难进，欲入者必飞石于洞顶上，有人问其由，可则闸水使进也。山中有至人，知天地、国家之灾祥，曰今朝廷有事，令我辈十余人出游，引好人去之耳。子心亦善，去彼至乐且寿，如国初宋景濂方死数十年。"予嘉靖间又会卖药徐翁，与人谈论如醉痴者，但云："人要在好处安身。"又云："天下名山大川我无不至，王阳明尚在终南山也。"据此二人之言，则陶之桃花源，苏之青城山，实有之矣。况宋公之死，所传不一，行状与《菽园杂记》云端坐死于夔府，葬莲花池山下，《守溪长语》云缢死茂州一寺，传闻一夕为水冲去，又今有冢在成都。阳明智术高天下，昨闻雷郎中某在□地亲遇阳明，当时佯死不可知，二人之言，或亦有诸。今观《昨梦录》，又符于二人，特录以传好事者。①

郎瑛说，他听人亲口说，阳明并没有在明嘉靖初年去世，而是到终南山去了。而且，不止一人这样说过，那么就可以放在书里，作为记闻了。这样的传奇故事，口耳相传，写在书中，流传甚广，可为谈资，但不能作为我们理解历史人物所经历的事实。

这种改动在古代人物故事中往往有之。比如从钱德洪等《阳明先生年谱》到冯梦龙《王阳明出身靖乱录》都记载了阳明从小立志

---

① 郎瑛：《事合昨梦录》，《事物类》，《七修类稿》卷四十六，第483—484页。

为圣人的故事。钱德洪在《年谱一》云：

> 尝问塾师曰："何为第一等事？"塾师曰："惟读书登第耳。"先生疑曰："登第恐未为第一等事，或读书学圣贤耳。"龙山公闻之，笑曰："汝欲做圣贤耶！"①

钱德洪等人提供了阳明从小立志成为圣贤的故事。这一故事被冯梦龙《王阳明出身靖乱录》所接受，他写道：

> 先生又尝问塾师曰："天下何事为第一等人？"塾师曰："巍科高第，显亲扬名如尊公，乃第一等人也。"先生吟曰："巍科高第时时有，岂是人间第一流？"塾师曰："据孺子之见，以何事为第一？"先生曰："惟圣贤方是第一。"龙山公闻之，笑曰："孺子之志，何其奢也。"②

显然，冯氏对钱德洪等人的年谱写作进行了文字的加工，让故事更加生动，并且他创造性地使用了"第一流"的说法。这样的说法，后来被学者们所采纳。比如清初桐城派学者刘大櫆（1698—1780）《送姚姬传南归序》则说：

> 昔王文成公童子时，其父携至京师。诸贵人见之，谓宜以第一流自待。文成问："何为第一流？"诸贵人皆曰："射策甲科为显官。"文成莞尔而笑："恐第一流当为圣贤。"诸贵人乃皆大惭。③

《古文辞类纂》的注者谓，刘氏所引典故出自《传习录》及《明史·王守仁传》《明儒学案·阳明学案》。④不过，黄宗羲《明儒学案》卷十和《明史》卷一百九十五《列传》第八十三皆未记载

---

① 钱德洪：《年谱一》，王守仁：《王阳明集》卷三十二，王晓昕、赵平略点校，第1025页。
② 冯梦龙：《王阳明出身靖乱录》，第7页。
③ 刘大櫆：《送姚姬传南归序》，姚惜抱：《古文辞类纂评注》，吴孟复、蒋立甫主编，安徽教育出版社1995年版，第1000页。
④ 刘大櫆：《送姚姬传南归序》，姚惜抱：《古文辞类纂评注》，吴孟复、蒋立甫主编，第1001页。

此事，注者或许是据常识判断的。从上文的比对可以看出，刘氏所述并非出自清初人的记载，而是另有来源。或许是刘氏得自传闻，抑或者是他将看到的阳明传记文字加以改造。如果将刘氏所述文字，与冯梦龙、钱德洪等人的记载相比较，我们会发现，冯梦龙已经将"第一等事"改为"第一等人""第一流"，刘氏则彻底将"第一等事""第一等人"隐去，只留下了"第一流"人物了。

刘氏所谓"第一流"的这一故事因姚鼐《古文辞类纂》的收录而广为人知，清人文集中亦可见征引。比如，清胡培翚（1782—1849）《姚镜塘先生行略》有所谓："昔王文成公年少入京，诸贵人勉以射策甲科取尊官为第一流人。文成曰：'第一流恐是圣贤路上。'"①清黎庶昌（1837—1898）《赠赵殿撰序》有："昔宋王沂公答刘子仪之戏曰：'曾生平志不在温饱。'明王文成入京师，诸贵人勉以射策甲科为第一流。文成笑谓：'恐第一流当是圣贤。'兹二贤者足以法矣。"②显然，后世作家在引用前代故事时多要进行加工。

---

① 胡培翚：《姚镜塘先生行略》，《研六室文钞》卷九，《续修四库全书》编纂委员会编：《续修四库全书》（第1507册），第470页。
② 黎庶昌：《赠赵殿撰序》，《拙尊园丛稿》卷四，《续修四库全书》编纂委员会编：《续修四库全书》（第1561册），第340—341页。

第四节　国子监生：王阳明的学子生涯

"第一流"人生是如何开启的呢？在传统社会里面，中进士算是一个节点事件。正史记载往往记录重大事件。比如，《明史》《王守仁传》记载王阳明"年十五，访客居庸、山海关。时阑出塞，纵观山川形胜。弱冠举乡试，学大进。顾益好言兵，且善射。登弘治十二年进士"①。正史中，阳明的传奇一生值得细致书写的，是他中进士之后的事情。而小说则用了很长的篇幅讲述阳明二十八岁中进士之前的故事。至于中进士这一事件，冯氏用"弘治十二年己未，先生中会试第二名。时年二十八岁，廷试二甲，以工部观政进士"②。冯氏没有写阳明考试的科目（本经）是什么，弘治十二年阳明参加会试的记录如何呢？这一年的《登科录》记载如下：

> 王守仁，贯浙江绍兴府余姚县，民籍。国子生。治《礼记》。字伯安，行一，年二十八，九月三十日生。曾祖杰（国子生），祖天叙（赠右春坊右谕德），父华（右春坊右谕德）。母郑氏（赠宜人），继母赵氏（封宜人）。具庆下。弟守义、守礼、守智、守信、守恭、守谦。娶诸氏。浙江乡试第七十名，会试第二名。③

《登科录》中，父母皆在世为"具庆下"，祖父母、父母具存为"重庆下"。阳明能够进国子监，是依照当时的荫子制度，即詹事府右春坊右谕德可荫一子入国子监读书。王华成进士之后，主要是在中央政府任职。弘治元年，王华"充经筵讲官"；三年，王伦去世，王华丁忧；六年（1493），王华"升右春坊右谕德，充经筵讲官"；

---

①张廷玉等：《王守仁传》，《明史》卷一百九十五，第5159—5160页。
②冯梦龙：《王阳明出身靖乱录》，第14页。
③束景南：《阳明大传："心"的救赎之路》，第121页。

九年，"特命为日讲官"；十一年，"又命兼东宫讲读"。[①]阳明入国子监的时间是弘治六年。束景南认为，阳明在国子监读书时间是三年，即弘治六年至九年。[②]那么，既然王阳明因为他父亲的缘故进入国子监成为国子生，国子监生也能谋得出身，为何他要接连参加科举考试呢？明代的国子监制度设计中，有这样的规定，"虽然有父兄的官位品级做保障，但这些人在进入国学时，还需要'验其材质、试其文理之可教者，而后许之'。入监之后，也不能由国学直接进入仕途，而只能通过科举而获得出仕资格"，即所谓的"须由科举出身，不许历事"。[③]

王华丁忧期间，阳明进入他家乡的余姚县学学习。二十一岁时（弘治五年，1492），阳明参加了浙江乡试，顺利过关。弘治六年，阳明参加了会试，名落孙山。落榜之后，据说还写过下回考第一的文章（《来科状元赋》），三年以后（弘治九年，1496）不仅没成状元，状元影子都没见着，这一年他结束了太学学习，回到绍兴；[④]再等三年（弘治十二年，1499），又考，这回过了，不过和他父亲殿试状元比起来差了不少，他最终的名次是二甲第七名。这一年的状元是广东伦文叙（1466—1513），榜眼是浙江丰熙，探花是山西刘龙。伦文叙三个儿子后来都中了进士，他们父子四人有"四元"之称：一个状元（进士殿试第一）、一个解元（乡试第一）、两个会元（会试第一）。[⑤]

阳明考中进士时已经二十八岁。也就是说，青年阳明花了十来年备考，最终完成了很多人梦寐以求的成功。阳明做过县学生，又做过国子生。特别是后者，对阳明的传奇一生有着关键意义。当然，关于王阳明的传奇故事著作，大多不会讲述这一段故事。我们只能通过国子监的史志来了解当时的学习情况。据今人的研究，可知明代国子监的教育是成熟的学校教育。教育史家对此有简明的

---

① 谢贵安、谢盛：《明代宫廷教育史》，故宫出版社2015年版，第350页。王华不仅是皇帝的经筵讲官，同时也担任了皇太子的讲读官。

② 参见束景南：《阳明大传："心"的救赎之路》，第75—76页。

③ 吴宣德：《中国教育制度通史》（第四卷），李国钧、王炳照总主编，山东教育出版社1999年版，第106页。

④ 参见束景南：《阳明大传："心"的救赎之路》，第90—91页。

⑤ 参见邓洪波、龚抗云：《中国状元殿试卷大全》，上海教育出版社2006年版，第827—828页。

叙述：

其一，国子监是明代完备教育制度中的最高学府。从中央到地方，各级学校的设置是明代教育制度的特色。从乡学、县学、州学、府学到国子监，是从乡、县、州、府到中央的等级化教育体系。

其二，国子监的入学与升等均有严格程序。国子监设计之初，是为了仿照经典中所记录的三代太学，学生来源有官僚队伍的直系子弟、留学生以及下级（府州县）学校荐举的优秀学生。国子监本身也有阶梯化的考试设计，共分三个等级六个堂（正义堂、崇志堂、广业堂、修道堂、诚心堂、率性堂）。国子监的全部"修业期限为十年，自第一堂顺序升入第六堂的过程中需要成功通过难度递增的考试"。①

其三，国子监的学习体系较为完备。传统的经典文献，如《五经》《四书》等自然是国子监的学习材料；除此之外，还有中央政府的各种敕令文献、律令、规章等。人文经典、当代典章、历史文化等相关课程，书法、骑射、数学等也是国子监的必修课。②

其四，国子监教育的目的是培养优秀政府官员。"从理论上讲，建立一支优秀的官员队伍，对维护国家政权的稳定，促进社会的发展，是有重要作用的。而要建立这样一支队伍，首先需要对未来的官员进行教育，这种教育包括德行、才识和实际的工作能力诸方面。这种教育所隐含的思想是：人本身的素质才是国家得以治理、社会得以安宁的关键因素。"③

按照《钦定国子监志》的记载，明代国子监有着相当完备的制度化设计，其基本情况如下表：

---

① 郭秉文：《中国教育制度沿革史》，储朝晖译，商务印书馆2014年版，第59页。
② 李弘祺：《学以为己：传统中国的教育》，第370页。
③ 吴宣德：《中国教育制度通史》（第四卷），李国钧、王炳照总主编，第77页。

明代国子监基本情况

等级	分堂及人数			时间		考课要求	考课结果
初级	正义堂 390人	崇志堂 280人	广业堂 380人	一年半 以上	坐堂 （全日制）	文理条通	升等
中级	修道堂 340人	诚心堂 370人		一年半 以上	坐堂 （全日制）	经史兼通文理俱优	升等
高级	率性堂250人				坐堂 （全日制）	积分	出身
主要 课程	"开设太学，教育诸生，所以讲学性理，务在明体适用。今后诸生止许在本堂讲明肄业，专于为己，日就月将。"						
	"所习自四子、本经外，兼及刘向《说苑》及律、令、书、数、《御制大诰》。"						
	"三日一次背书。每次读《大诰》、本经、《四书》各一百字，熟记文词，通晓义理。"						
	"每月课本经义二道，《四书》义二道，诏、诰、表、判、策二道，不足者限补作。"						
	"每日习书二百余字，以二王、智、永、欧、虞、褚、颜、柳诸帖为法。""每日习仿书一幅，幅十六行，行十六字，必端楷合法书。就六堂官呈改，以圈改字少者为最。"						
	以上资料全部出自《钦定国子监志》卷十二《考校》。[1] 六堂人数为估计值，出自吴宣德《中国教育制度通史明代卷》第159页。						

阳明之所以能够成为传奇，与他在国子监的学习经历有着密切关系。没有这一段学习生活，就没有后来阳明的传奇。

和大部分人将科举当作工具不同，不论在举人考试之前拜访大学者娄谅，还是获得进士头衔之后和大学者湛若水的交流，阳明从来没有把考试当作工具，相反他是真的去思考考试所学的东西。他的专业是《礼记》，他的学术思想的代表作《传习录》开篇就是《礼记·大学篇》的内容。阳明在贵州期间，曾写《五经臆说》，后来觉得不够成熟，全部付诸一炬。可见他对自己学术的严格要求。他曾给邹守益写信讨论乡间礼俗，他说按照朱子的《文公家礼》加以简约化，这是非常好的。阳明说："盖天下古今之人，其情一而已矣。先王制礼，皆因人情而为之节文，是以行之万世皆准。……若徒拘泥于古，不得于心，而冥行焉，是乃非礼之礼，行不著而习不察者矣。后世心学不讲，人失其情，难乎与之言礼，然良知之在人心，则万古如一日。"[2]

王阳明出生于比较典型的官僚士大夫家庭，这类家庭具有这样三大特点：

①文庆等：《钦定国子监志》，郭亚南等点校，北京古籍出版社2000年版。
②王守仁：《寄邹谦之二》，《王阳明集》卷六，王晓昕、赵平略点校，第180页。

其一，高等级选拔资格的拥有者。家族的几代人均有子弟通过了科举考试，其中有人获得了政府认定的最高等级的选拔资格（进士）。

其二，土地资源的持有者。家族世居某地，持有这一地方土地，或为乡绅，或为地主，虽然家族中也有人从事商业活动，但家族的主要经济来源是地租，家族成员的户籍是民籍。

其三，文人业余精神的担纲者。即家庭成员基于一定经济基础或稳定生活，而富有一种精神上的追求，在世俗化的生活中保留着士气，在逐利社会中保持着正气。"在明清时代的中国，钱财本身不是权力的根本来源，它必须转化成官员身分，才能让人充分感到钱财的力量。"①从社会经济地位来说，明代官僚士大夫家庭成员在整个社会中是一种文化上的中坚力量和政治生活的主要参与者。

虽然阳明出生于典型的官僚士人家庭，但他的个人生涯并不典型，不是一帆风顺的，也不是充满了绝望的，"用饱经磨难这样的话来形容阳明的人生经历，一点不牵强：他到六岁才学会说话，他的青年时代动荡不宁，二十多岁的时候两次会试落第，他与同时代人中惟（唯）一重要的政治和文学群体格格不入。三十来岁时在他自请离职期间，他想在道教的长生术和禅宗的出世精神的实践中找到有意义的生活，却半途而废。他有当众受辱的伤痛经验。1506年，由于申斥宦官刘瑾而被廷杖四十，大概是当着许多朝臣的面受刑；四十岁前有几年他被流放到贵州，在偏僻的地区过着孤独而艰险的生活。即使在经受了放逐的磨难之后，阳明也仍然面临各种困难：四十多岁时他被迫指挥了四次战役，清剿江西、福建和广东边界数以万计的农民起义军。这些战役使他处在可怕的困境中；他打败并俘虏了宁王从而清除了明朝皇室所面临的一次最严重的生存威胁，之后不久，却有人指责他谋反，使他处境危急；最后，在他五十七岁时，成功完成了平息广西土人起义的艰巨任务之后，他死在离家数百里外的路途中"。②

---

① 何炳棣：《明清社会史论》，徐泓译注，联经出版事业股份有限公司2013年版，第57页。
② 杜维明：《导言》，《青年王阳明：1472—1509：行动中的儒家思想》，朱志方译，第5页。

第五节　用敬正事：教化的理念与理想

　　"修己以敬"作为儒家教化哲学的基本主张，一方面是要将"五伦"的原则运用于日常生活，一方面是要将礼乐秩序用来重塑公共与私人生活。教育的目的就是以德行和文化修养自己，通过提升自己领导能力和品质影响他人生活，并以此改善社会。此一教育主张在中国历史发展中历经千百年未曾有根本性的改变。[①]

　　作为中国教育思想发展历程中的第二个高峰[②]的典范之一，王阳明的教育思想深受现代教育家和教育史家的推崇。阳明曾言愿终身从事讲学，尽除却文章、政事、气节和勋烈，亦无愧为全人。[③]唐文治对阳明致良知之学三复致意，并于1930年编《阳明学术发微》七卷，发明阳明学，他以为"今日欲救中国之人心，必自致良知始矣。"[④]又谓"阳明立教以易简觉悟为主，……所谓变学为觉，天下实则救之以虚。与时消息，尤为教育家之名论。《礼记·乐记篇》曰：教也者，民之寒暑也。教不时，则伤世。今日之人心必救之以良知乎？世有能三不朽者，微斯人吾谁与归"？[⑤]如今，其人其学其事，已成为不朽传奇。[⑥]唐氏浸润理学有年，淹贯四部而著述繁富，何以独揭阳明良知之教以为救人心之途辙？鄙意以为，吾人

<hr />

①参见郭秉文：《中国教育制度沿革史》，储朝晖译，第21页。

②张瑞璠等教育史学家认为，中国教育思想的嬗变经历了两个高峰、一次转折，即春秋战国的诸子学和孔孟儒学、宋明的程朱陆王理学两次高峰和近代以来从传统到现代的教育的转折。（参见张瑞璠主编：《前言》，陈超群：《中国教育哲学史》（第1卷），山东教育出版社1999年版，第3—4页）

③参见邹守益：《阳明先生文录序》，王阳明：《王阳明全集》（新编本）卷五十二，吴光等编校，第2082页。

④唐文治：《阳明学术发微》，《唐文治性理学论著集》，邓国光辑释，第1067页。

⑤唐文治：《阳明学术发微》，《唐文治性理学论著集》，邓国光辑释，第1096—1097页。

⑥唐氏乃清末民初教育名家，官至部级（清廷农工商部左侍郎兼署理尚书），丁忧后不复从政，而是从教办学，先后任上海高等实业学堂、邮传部高等商船学堂（1907）监督，后者于1911年更名为南洋大学，1920年唐氏离位，1921年中央定名为交通大学。随后，唐先生任无锡国学专修馆馆长，1927年更名为无锡国学专门学院，育英才无数。参见吴湉南：《无锡国专与现代国学教育》，华东师范大学博士学位论文，2006年；张晶华：《唐文治学术思想研究》，山东师范大学硕士学位论文，2006年；李文娜：《唐文治教育理念及其当代意蕴》，苏州大学硕士学位论文，2010年；吕成冬：《唐文治家族研究（1841—1954）》，华东师范大学硕士学位论文，2010；茆萌：《唐文治年谱新编》，苏州大学，2013年硕士学位论文；陆阳：《唐文治年谱》，上海三联书店2013年版。

须从阳明教育思想谈起。因为，"阳明所谓良知并不是生理学上所谓人人生来就有的'天赋观念'，而是理性之知、德性之知，是通过教养生活的体验和文化陶养，更能促进良知的清明锐敏。也可说经过格物穷理不断学习的过程"①。

一、学的起点

"敬"是学的起点。具体而言，则可谓之立志。凡是立志求学的人都希望有一切己的为学起点，即入手处，这在古今并无二致。对于性理学而言，所谓入手处的问题更为急迫，因为事关学者进德修业的紧要处、切要处。陈献章自述说，他才不及人，"年二十七，始发愤从吴聘君学。其于古圣贤垂训之书，盖无所不讲，然未知入处。比归白沙，杜门不出，专求所以用力之方。既无师友指引，日靠书册寻之"②。阳明求学历程也历经艰辛，从百死千难中得来。而一旦悟道，则云其学为易简之学，"此道至简至易的，亦至精至微的"③。良知即为道，故其所述"此道"，即是良知之教。换句话说，良知易简，致良知精微。后世学者也多以"易简"二字为阳明学的主要特征，易简、精微意味着为学有其下手处和着力处，一讲即明，由此溯源而上，自能自见其明而自得成。以教育史视域观之，阳明"继承和丰富了我国教育思想的优良传统，反对道学对当时教育的禁锢和毒害，颇有点儿革新风格和求实精神"④。教育要解决的问题，是人如何应对人生生活的问题，这是教育不能承受之重，却着实是教育家的自觉担当。教育史家苦究过往历史，所期待的非为所谓历史真实、真相的细致刻画，毋宁是通过历史的洞见，为人们找到一丝亲近现实的力量，使人性的光辉在现实生活中得以充实。

作为儒者的阳明，追求的是好的生活和好的社会。无论孔夫子还是阳明，都历经百死千难，苦苦寻觅，方有其心得，即找到了人生为学的起点，即阳明所谓的入手处和着力处。阳明说："'必有

---

① 贺麟：《五十年来的中国哲学》，第205页。
② 黄宗羲：《白沙学案上》，《明儒学案》（修订本）卷五，沈芝盈点校，第80页。
③ 王阳明：《传习录下》，《王阳明全集》（新编本）卷三，吴光等编校，第137页。
④ 沈善洪、王凤贤：《王阳明哲学研究》，浙江人民出版社1981年版，第1页。

事焉'者,只是时时去'集义'。……今却不去'必有事'上用工,而乃悬空守着一个'勿忘勿助',此正如烧锅煮饭,锅内不曾渍水下米,而乃专去添柴放火,不知毕竟煮出个甚么物来。吾恐火候未及调停,而锅已先破裂矣。近日一种专在'勿忘勿助'上用工者,其病正是如此。终日悬空去做个'勿忘',又悬空去做个'勿助',济济荡荡,全无实落下手处;究竟工夫只做得个沉空守寂,学成一个痴騃汉,才遇些子事来,即便牵滞纷扰,不复能经纶宰制。此皆有志之士,而乃使之劳苦缠缚,担阁一生,皆由学术误人之故,甚可悯矣"!①

阳明学者往往将阳明学视为直指本心的说玄说妙,即便最为名著的黄宗羲《明儒学案》亦不例外。黄氏虽然一再反对阳明学者的意见纠缠,但他所引《师说》中对说:"良知为知,见知不囿于闻见;致良知为行,见行不滞于方隅。即知即行,即心即物,即动即静,即体即用,即工夫即本体,即下即上,无之不一。"②他又认为阳明"'致良知'三字,默不假坐,心不待澄,不习不虑,出之自有天则。盖良知即是未发之中,此知之前更无未发;良知即是中节之和,此知之后更无已发。此知自能收敛,不须更主于收敛;此知自能发散,不须更期于发散"③。这种论断理学家气势十足,对后世学者也多有启发,如邱椿《王阳明的教育思想》中即有对此说的回响。他认为致良知说是阳明教育哲学基础,"所谓致良知,是不分内外,动静,人我,随时,随地,随事,都忠实地执行固有的良知之命令"④。黄宗羲与邱椿均认为阳明的致良知是某种混沌融贯状态,无法用严格的条理分析和清晰可分的逻辑来诠释,所不同的仅仅是,邱椿先生将黄氏"天则"一词改为"命令"。又如高攀龙说:"以本体为工夫,以工夫为本体,不识本体皆差工夫也,不做工夫皆假本体也。惟诚敬即工夫即本体,诚无为,敬无适,以识本体,故未尝费纤毫之力也。起因如此,结果如此,未有假因成真果者。"(《高子遗书卷八下·答薛用章一》)高氏与黄氏的不同是将

①王阳明:《传习录中》,《王阳明全集》(新编本)卷二,吴光等编校,第90页。
②黄宗羲:《王阳明守仁》,《师说》,《明儒学案》(修订本),沈芝盈点校,第7页。
③黄宗羲:《姚江学案》,《明儒学案》(修订本)卷十,沈芝盈点校,第178页。
④邱椿:《王阳明的教育思想》,《北京师范大学学报(社会科学)》1957年第1期。

良知替换为诚敬。实际上，在阳明学那里，诚敬即良知。这种理解对于我们理解阳明教育主张及其哲学理念，当然有其贡献，然而在当下的语境中，吾人似不可重复之。

熊十力服膺阳明之学，他说："两宋诸大师奋起，始提出尧舜至孔孟之道统，令人自求心性之地，于是始知有数千年道统之传而不惑于出世之教，又皆知中夏之贵于夷狄、人道之远于禽兽，此两宋诸大师之功也。然其道嫌不广，敬慎于人伦日用之际甚是，而过于拘束便非。其流则模拟前贤行迹，循途守辙，甚少开拓气象。逮有明阳明先生兴，始揭出良知，令人掘发其内在无尽宝藏一直扩充去，自本自根，自肯自肯，自发自辟，大洒脱，大自由，可谓理性大解放时期。（理性即是良知之发用。）程朱未竟之功，至阳明而始著，此阳明之伟大也。"[1]熊先生此语可谓明断。阳明良知之学，首先在于振奋人心，促其自力，故可谓之理性。而所谓大解放即是不再拘束于某一既定思想，包括理学本身。因为在理学语汇体系中，已发未发、发散收敛、动静等均是基本概念，意味着对于所谓本体工夫的基本认识。这种话语体系，随着理学思潮的退却，不再为学人熟知，渐渐沦为专家的高深学问，执守者也往往寻迹而已，与创造发明无涉，与身心修养亦无所助益。

实际上，现实生活中真实的阳明讲学是了无虚言的。他善喻善譬，取诸日常生活，何其简易之极。就阳明所言，则教育如同生火做饭，人生是自我制作、自我成就的过程，要得饭菜可口，离不开各色菜谱，研究精当，技艺精湛，或是最高的追求。可是，若无米下锅，却于纠结中大生起火，祸且不远矣。阳明此说与朱子实有同感，朱子说："学者欲知忠恕一贯之指，恐亦当自违道不远处着力，方始隐约得一个气象，岂可判然以为二物而不相管耶？……且如今为此学而不穷天理、明人伦、讲圣言、通世故，乃兀然存心于一草木、一器用，此是何等学问？如此而望有所得，是炊沙而欲起成饭也。"[2]无论是朱子还是阳明，对于教育的基本问题，即学的问题

---

[1] 熊十力：《略谈新论要旨（答牟宗三）》，《十力语要初续》，上海书店出版社2007年版，第5—6页。

[2] 朱熹：《晦庵先生朱文公文集》卷三十七，《朱子全书》（修订本，第22册），朱杰人、严佐之、刘永翔主编，第1756页。

均有深刻的见解，在他们看来首先是"必有事焉"。所谓必有事焉，来自孟子学，当公孙丑请教孟子何以成就自身时，孟子无非是善养浩然之气而已。公孙丑复问何谓浩然之气？孟子说，之所以浩然，在于它充塞天地宇宙，它是正义之道、公正之道、自然之道，它"是集义所生者，非义袭而取之也。行有不慊于心，则馁矣。……必有事焉而勿正，心勿忘，勿助长也"（《孟子·公孙丑上》）。阳明对孟子的这一"必有事焉"的诠释和朱子的论说并无二致，朱子章句云："必有事焉，有所事也。……言养气者，必以集义为事，而勿预期其效。其或未充，则但当勿忘其所有事，而不可作为以助其长。"①均指向时时事事的集义，即必有事焉的真义所在。因此，阳明说："博学只是事事学存此天理，笃行只是学之不已之意。"②然而，如何集义？

二、学的方法

"敬"基于事，无事则无敬。阳明学所揭橥的"事上磨炼"即本于"必有事焉"，并以之为为学的起点。这就意味着在教学中以成德为务，而为学之法则是在心地上着实用工夫。这并不意味着整齐划一的教学方法，而是具体于教学的内容和方式。根据年龄、职业而有所不同：对于初学入门者，是以小学工夫启发、教导、诱导，即歌诗、礼仪等等，使其明于亲、义、别、序、信的父子、君臣、夫妇、长幼、朋友的人伦秩序原则。对于成人，则根据其职业而使其各究心本职所在并使之自觉遵循人伦秩序，以在事上磨炼的准则关注当下，立足当下的具体境遇，在礼乐制度中践履人之所以为人的责任和义务，恢复人的良知本心。同时，也要根据各自的天赋秉性有所取舍抉择，"才能之异或有长于礼乐、长于政教、长于水土播植者，则就其成德，而因使益精其能于学校之中"③。

先贤讲学，不务虚辞，注重实行。在教育的方法上要旨均不外乎指点学者用心用功，这种方法在儒学经典盛行的时代则是通过对

---

① 朱熹：《孟子集注》卷三，《四书章句集注》，第216页。
② 王阳明：《传习录下》，《王阳明全集》（新编本）卷三，吴光等编校，第132页。
③ 王阳明：《传习录中》，《王阳明全集》（新编本）卷二，吴光等编校，第59页。

经典的体悟心得而切中学者之心。阳明最善于此道，故其教育思想源自经典的诠释，他的诠释方法和教学之道值得我们反复深味。《传习录》记载了阳明门人黄宗贤求教阳明经学问题时阳明的开示，由此我们或可窥其教的方法之一斑。黄氏问《论语·公冶长》第八章："子谓子贡曰：'女与回也，孰愈？'对曰：'赐也何敢望回？回也闻一知十，赐也闻一以知二'。子曰：'弗如也，吾与女，弗如也。'"应如何解读？阳明以简练的言语诠释之："子贡多学而识，在闻见上用功；颜子在心地上用功，故圣人问以启之。而子贡所对又只在知见上，故圣人叹惜之，非许之也。"①

对此章的诠释，阳明与朱子不同。朱子在《论语集注》中引用了胡氏的说法："夫子以其（子贡）自知之明，而又不难于自屈，故既然之，又重许之。此其所以终闻性与天道，不特闻一知二而已也。"②朱子所同意的是子贡博学多闻，多见多识，最终由此得以体悟到夫子之言性与天道，因此夫子虽然并不以之为求道的合适途径，但也表示认可。这里，朱子实际上是在论证性与天道的得闻与否，关键在于能否有自知之明，各自以其自身条件加以充实、涵养，则闻道亦为可期之事。显然，阳明并不认可朱子集注中所引胡氏经义疏解，在阳明看来，用功是儒学的基本工夫，而教的方法在于指点学者在心地上用功，若非心地上着实用工夫，则夫子亦要叹息之。正如徐阶在《王文成公全书序》中所说："唯文成公奋起圣远之后，慨世之言致知者求知于见闻，而不可与酬酢、不可与佑神，于是取《孟子》所谓'良知'合诸《大学》，以为'致良知'之说。其大要以谓人心虚灵莫不有知，唯不以私欲蔽塞其虚灵者，则不假外索，而于天下之事自无所感而不通，无所措而不当。盖诚意、正心、修身、齐家、治国、平天下必先致知之本旨，而千变万化，一以贯之之道也。"③徐阶被视为是私淑阳明之人，其推崇阳明可见一斑，由此亦可证其人深得阳明学旨。

然而，阳明学的良知宗旨，王门弟子就已经有各自心得和诠解，

①王阳明：《传习录上》，《王阳明全集》（新编本）卷一，吴光等编校，第35页。
②朱熹：《论语集注》卷三，《四书章句集注》，第76页。
③徐阶：《王文成公全书序》，王阳明：《王阳明全集》（新编本）卷五十二，吴光等编校，第2079页。

也因此有了所谓王门后学派系的无穷争议。在阳明学者的视野中，何谓良知更为繁杂，梳理出良知的七十二种定义似不为难事，如邓艾民《朱熹王守仁哲学研究》列六种：最高的本体、客观的理、是非之心、"虚灵明觉"的本心、七情自然之流行、德性之知；[①]牟宗三《从陆象山到刘蕺山》列五种：本心、真诚恻坦、天理（道德法则）、存有论的创发原则、虽主观亦客观；[②]韦政通《中国思想史》列六种：善心善性、仁、判断善恶、心之虚灵明觉、中、道（道德的律则）；[③]陈来《有无之境：王阳明哲学的精神》列七种：是非之心、意念、独知、圣（圣人）、天理、明德、自慊；[④]张学智《明代哲学史》列四种：天理之昭明灵觉、是非之心、思是良知的发用、良知是造化的精灵；[⑤]耿宁《人生第一等事：王阳明及其后学论"致良知"》将良知诠释为本原知识，并区分其为三个概念：向善的秉性（禀赋）、对本己意向中的伦理价值的直接意识（道德意识）、始终完善的良知本体；[⑥]张立文《宋明理学研究（修订本）》列七种：心之本体、造化的精灵、统摄有无动静、天理、至善、是非之心、致知。[⑦]

在上述当代哲学史家、思想史家们对于阳明良知概念的疏解中，我们不难看到，良知本身具有无穷的诠释可能性，甚至内含着理论的紧张关系，这或许是阳明所说的"乾坤万有基"的意涵。从哲学思想和知识理论层面来说，诸多良知的解说无疑具有其意义，扩展并深化了良知概念所具有的意义。但从教化的视域来看，我们似乎应该跳出这些复杂且往往互相对峙的解说，回归于历史语境和现实处境中的阳明及阳明学，以教育史的眼光重新审视阳明学，故吾人以为徐阶所引阳明"良知之外更无知，致知之外更无学"[⑧]，为阳明学教育思想的核心命题。这并不意味着，阳明学教育思想是良知

---

①参见邓艾民：《朱熹王守仁哲学研究》，华东师范大学出版社1989年版，第178—182页。

②参见牟宗三：《从陆象山到刘蕺山》，《牟宗三全集》（第8册），联经出版事业股份有限公司2003年版，第178—181页。

③参见韦政通：《中国思想史》，吉林出版集团有限责任公司2009年版，第892—893页。

④参见陈来：《有无之境：王阳明哲学的精神》，北京大学出版社2013年版，第154—163页。

⑤参见张学智：《明代哲学史》（修订版），第102—109页。

⑥参见耿宁：《人生第一等事：王阳明及其后学论"致良知"》，倪梁康译，第241页。

⑦参见张立文：《宋明理学研究》（增订本），第455—461页。

⑧徐阶：《王文成公全书序》，王阳明：《王阳明全集》（新编本）卷五十二，吴光等编校，第2079页。

哲学的逻辑展开，毋宁说良知为教化的意义所在，而致良知则是教育的目的和归宿。为学求知，则当尊崇阳明的教导："在孟子言'必有事焉'，则君子之学终身只是'集义'一事。义者宜也。心得其宜之谓义。能致良知，则心得其宜矣，故'集义'亦只是致良知。"① 如此，为学方才能得其法，日进于道。

三、教的原则

"敬"首先是一种对于先圣先贤的敬仰。后世学者中批驳阳明学的往往有批判阳明学者束书不观，游谈无归者。此种论说或以阳明《稽山书院尊经阁记》中"六经者，吾心之记籍也"一语推演至极而言，并据此以为依凭本心勿用经书，更不用经说。此乃厚诬之辞，凡深味阳明学者均心知其非，勿庸驳斥。那么，阳明如何看待经典及经说呢？首先，学者要以心求之，阳明说："其得者不能出于四书之外，失者遂有毫厘千里之谬，故莫如专求之《四书》。《四书》之言简实，苟以忠信进德之心求之，亦明白易见。"② 如前文所述，阳明学只是给学者点出可着力处，故其为学之方在于："就学者本心日用事为间，体究践履，实地用功。"③ 读经亦是如此。正如阳明《朱子晚年定论》第12条引朱子话语说："前辈所谓'下士晚闻道，聊以拙自修'者，若充扩不已，补复前非，庶其有日。……汉儒可谓善说经者，不过只说训诂，使人以此训诂玩索经文。训诂经文不相离异，只做一道看了，直是意味深长也。"唐文治诠释按语曰："'以拙自修'，正是求放心之法，并非空谈于冥漠之中也。下节因训诂以求道，尤为读经要旨，足救汉学支离破碎之弊。如郑君讲学，近道之处甚多。曾子言'君子所贵乎道者三'，道即礼也，视、听、言、动一于礼，而《中庸》戒惧、《大学》诚意，不外是矣。"④

儒者注重经典的传承和诠释，正是在此尊经重道的传统中，尊德性和道问学成为理学家的共同话语，也是后世学者区分朱陆异同的重要指标。阳明说：

---

① 王阳明：《传习录中》，《王阳明全集》（新编本）卷二，吴光等编校，第79页。
② 王阳明：《书顾维贤卷》，《王阳明全集》（新编本）卷八，吴光等编校，第292页。
③ 王阳明：《传习录中》，《王阳明全集》（新编本）卷二，吴光等编校，第45页。
④ 唐文治：《〈朱子晚年定论〉发微》，《紫阳学术发微》卷十，乐爱国点校，第270—271页。

> 如今讲习讨论，下许多工夫，无非只是存此心，不失其德性而已。岂有尊德性只空空去尊，更不去问学？问学只是空空去问学，更与德性无关涉？如此，则不知今之所以讲习讨论者，更学何事！①

学者讲习之，往往承袭旧说以为方便法门，每每不问其缘由，更谈不上反躬自省，如论者或以阳明曾说过"满街都是圣人"，推而极之则任何人若照着自己的心去行动就毫无问题，这显然不是阳明学的真知灼见。故阳明说空空而尊、空空而学，都不是儒者讲习之道。为学的真义在于人通过学的过程了解自我，扩充良知，更好地成就自我、安顿社会，因此讲学的意义在于使学者能够存其心而不失其德性，即是阳明所谓："夫学，贵得之于心。""夫君子论学，要在得之于心。"而要有所得必然就需要在心地上下着实的工夫，即是用心去做，否则就是世俗学者的章句学、记诵学，虽明了章句，包本记诵，仍无济于事，甚或使经书成为一种外在的负担，这是因为求学者、教学者没有走心，更谈不上存心，无论是经典教育还是实用教育均将成为误人子弟的歧途之说，不可不慎。

唐文治说："为朱学者，诚不免空空而小小也。此心体之不能尽精微广大有以致之也。吾尝谓：自汉唐以来，讲学之大弊有二：曰有我，曰好争。以孔子大圣穷理尽性，且曰'毋我'，而后世讲学者辄挟有我之私以凌轹当世，惟（唯）我独是，他人皆非。执此心以读书为学，挟此心以处事接物，其心疾以深，其辞气愈倍，积之久焉。于是移易世风，相讼相仇而不知所止。……讲学先务息争，而息争则必自讲学者始。"②宋明学者多以讲学为乐，大概是孟子"得天下英才而教育之"的意思。杜维明认为："儒者……不仅是位'文人'（literatus），而且也是位知识分子。儒家知识分子是行动主义者。"③儒者一方面对现实的权力政治世界保持着批判态度，一方面希望通过以其所知所诠的儒者之道重整世道人心，后者的关键在

---

①王阳明：《传习录下》，《王阳明全集》（新编本）卷三，吴光等编校，第133页。

②唐文治：《附：唐文治 读朱子晚年定论》，《紫阳学术发微》卷十，乐爱国点校，第281—282页。

③杜维明：《宋儒教育观念的前景》，《灵根再植：八十年代儒学反思》，北京大学出版社2016年版，第67页。

于教育，它因此不仅仅是一种知识技艺的传授，更重要的是重新树立儒者以修身为核心课程的为己之学，因此道问学必须纳入尊德性的范围之中而不是互相对立的两极。从历史发展来看，阳明学得以成立，其中一个最主要的因素是阳明学人的不断讲学，吸引了众多学者，形成了独具特色的学派风格。这一风格用阳明致良知之教来概括应无疑问。

阳明学所教对象并非毫无辨明的无知无识之辈，而是被审慎地纳入到具有内在良知且能维护社会秩序的人们之上。知识不再是特权阶层的独享礼物，因为社会秩序的整合依赖于参与者的集体行动。在此，尊德性和道问学的矛盾极有可能成为为学方案的阻碍，所以阳明学者依据经典儒学的论述，自觉地对《大学》《中庸》等经典儒学范式中所具有的内在联系以新的方式加以诠释，这种诠释之学是根据本人艰辛努力得来的心得，"孔圣欲无言，下学从泛应。君子勤小物，蕴蓄乃成行"[1]。对此，即便阳明门人也存有疑惑，如《传习录》记载陈九川（1492—1561）向阳明求证，程颐门人认为其"体用一源，显微无间"之说是泄露天机，实际上即是对其学说与孔孟之说并不完全合一的另外一种含蓄的表述，对于阳明的致良知之说，陈氏亦有同感，阳明十分明了其询问背后的疑惑，故说：

> 圣人已指以示人，只为后人掩匿，我发明耳，何故说泄？此是人人自有的，觉来甚不打紧一般。然与不用实功人说，亦甚轻忽，可惜彼此无益。无实用功而不得其要者，提撕之甚，沛然得力。[2]

阳明明确表示良知之学并非独创，而是源自久已湮没的圣贤之学，"致知二字，是千古圣学之秘"[3]。同时，圣人所指也只是从人本心而说，良知之道本内于人心人性。阳明的这种学术自信并非虚辞，的确，阳明学的一个重要来源就是孔孟所代表的经典儒学范

---

① 王阳明：《阳明子之南也其友湛元明歌九章以赠崔子钟和之以五诗于是阳明子作八咏以答之》，《王阳明全集》（新编本）卷十九，吴光等编校，第717页。
② 王阳明：《传习录下》，《王阳明全集》（新编本）卷三，吴光等编校，第103页。
③ 王阳明：《寄薛尚谦》，《王阳明全集》（新编本）卷五，吴光等编校，第213页。

式，同时也接续了宋明儒者诸多关于人生教育的理念和学术主张，因此可以说阳明学是对包括理学在内的儒学系统的时代回响。

从教育史来看，阳明学接续了经典儒学和宋明儒者的传统，并进行了必要的改造和诠释。他的这一诠释又对阳明学人和后世学者产生了同样的影响，如刘宗周《答叶润山三》云："'体用一原'之说，乃先儒卓见道体而后有是言。……惟（唯）其无微非显，是以无体非用；惟其显微无间，是以体用一原。然则吾侪学道，只从微字讨消息，可乎？"①在刘宗周看来，天理流行于心中，体即用，用即体，若分而言之，则可见的部分为用，不可见者为体，但这种权宜的分类并不意味着体用的截然二分。问题的关键并不在于区分何为体、何为用，而是要在日用之间把持遵循，即所谓下学而上达，反身而诚。因此，为学就是不论显微动静，均应着实用力用功。这就意味着，儒者的生活及学问实际上是贯穿人生整个过程的不懈努力，通过生活事务的磨炼，贯通动静，它绝不是脱离社会的孤身自守，也不是沦于世俗的随波逐流，它应是一种良知的坚守，内心的向往，不懈的追求，如此方能在生命历程的最后道出"吾心光明，亦复何求"的坦坦荡荡。当然，这种要求无法指向所有人，实际上也无此可能，对此阳明有清醒的认识，他说："吾侪从事于学，顾随俗同污，不思辅仁之友，欲求致道，恐无是理矣。非笑诋毁，圣贤所不免。伊川有涪州之行，孔子尚微服过宋。今日风俗益偷，人心日以沦溺，苟欲自立，违俗拂众，指摘非笑纷然而起，势所必至，亦多由所养未深，高自标榜所至。学者便不当自立门户，以招谤速毁；亦不当故避非毁，同流合污。"②在流俗之下，追名逐利者，显然不是辅仁之友，对于诋毁者、苛责者、讥讽者，甚至是看热闹者，妄想提撕之，即便圣人也无解，何况普通教育者，故可论的对象只能是实用功者，可教的对象也只能是实用功而不得其要者。

---

① 刘宗周：《答叶润山三》，吴光主编：《刘宗周全集》（第5册），丁晓强点校，钟彩钧、陈永革审定，浙江古籍出版社2012年版，第328页。
② 王阳明：《书顾维贤卷》，《王阳明全集》（新编本）卷八，吴光等编校，第292页。

四、教学理想

儒学是一种以情意为本的"意义—感通"之学，[①]是一种切近而实际的生活原则和教育理想。故而，作为一场持久的社会思想运动，宋明理学（新儒学）风潮所及，影响了整个社会的思想观念，如钱穆《理学与艺术》说，画论以为作画者"必于画中寓意，有义理，有意趣，造化万象皆从胸中吐出，作画不尽于作画，画家不限是一画家，此始是技而进乎道，始是画艺不朽。外于此则是画工俗品，谈不上于人生中有不朽。……重人品，重心胸，重性理，重修养，画不仅止乎技，而必上进于道，大率如是"[②]。实际上，整个社会的教化均被这种立足于现实的理想的儒者之学所笼罩，教化理想亦不例外。欧阳修说："予闻教学之法本于人性，磨揉迁革，使趋于善。其勉于人者勤，其入于人者渐，善教者以不倦之意须迟久之功，至于礼让兴行而风俗纯美，然后为学之成。"[③]

宋儒欧阳修所述教学之说是宋明儒者的共识，即根据儒家学者在实际经验中所确认的人的秉性，主张教育乃是我们所追求的好的生活和好的社会的保障手段。对此现代学者也有共识，如冯友兰的《中国哲学简史》在论述阳明学说时，就采用了明德、良知、正事、用敬等关键词来说明，这是冯氏研究中国哲学史的心得之说，对我们理解阳明学有所助益。据冯氏研究，阳明学是建立在《大学》的新诠释之上，阳明将《大学》解释为"学作大人之学"[④]。所谓大人之学并非脱离个人秉性和职业的可能世界或想象世界，而是以修身为本的现实生活，因此性与天道不是遥不可及的天国，"圣人气象何有认得？自己良知原与圣人一般，若体认得自己良知明白，即圣人气象不在圣人而在我"[⑤]。如何体认得明白？阳明以为学宜务本原，不能贪求速效，犹不能望新生之婴儿即为成人之事然，须渐次培育其元气，方能望其聪明日开；又犹种树，初植根时，不能即有

①于述胜：《"意义—感通"之学以情意为本——以〈礼记·大学〉为中心的义理阐释》，《北京大学教育评论》2014年第3期。
②钱穆：《理学与艺术》，《中国学术思想史论丛（6）》，安徽教育出版社2004年版，第230页。
③欧阳修：《吉州学记》，《居士集》卷三十九，《欧阳修集编年笺注》卷三十九，李之亮笺注，巴蜀书社2007年版，第83页。
④冯友兰：《中国哲学简史》，赵复三译，第374页。
⑤王阳明：《传习录中》，《王阳明全集》（新编本）卷二，吴光等编校，第64页。

花实之想，必须栽培得宜，始能开出美丽之花，结出丰硕之果。由此可知，凡知识不长进，读书不能明，宜先反省，是否已在本原上用功。①如前所述，实用功者以致良知提撕自我，用必有事焉的方法祛除人的私欲蔽障，日新又日新，则为明白。若念兹在兹的仍是各种概念之间的无穷差异，只能是裹足不前或是支离虚无。

在阳明，教化之道是扩充人性光辉，安顿自我，以至于优入圣域。"问君何事日憧憧，烦恼场中错用功。莫道圣门无口诀，良知两字是参同。"②正如前述钱穆所说，人品、心胸、性理、修养，成为教化成功与否的评判准则，而教化的最终目标则绝非以知识技能的掌握为唯一的标准，而是要衡量是否是学者上进于道。换句话说，就是致良知，如此方能"益坚为善之心，共享太平之乐"③。

这绝非阳明学者的想象。不过如何使学者上进于道？这绝非空言可达成者，也并非后世所述"开口即得本心（良知）"。教学往往是一个复杂而漫长的过程，而哲学思想则抽离出一些概念，使之成为信息的知识图景。如果我们回到阳明讲学，我们会发现，阳明"在越数年，门人日进。上自缙绅，下至艺术，莫不毕聚。每入见，各以类从，不相混杂"。④考之年谱，阳明于嘉靖元年（1522）二月丁忧，至嘉靖六年（1527）五月受命兼都察院左都御史，出征思田。在这数年间，除了养病之外，其在越讲学不辍，先后在稽山书院、龙泉寺中天阁、阳明书院，以及其家中、旅途与门人弟子讲学论道，多有走千里而前往聆听阳明论道者。士子前往听讲，往往数月方才返回，这显然与阳明讲课内容的丰富性和授课艺术有着密切关系，否则即便有七十二种良知概念，几节课也能全部讲授完毕。这段时间阳明讲学内容有哪些？从《年谱》和相关书信中，我们发现，阳明先后论及者有《孟子》《大学》《中庸》《论语》《周易》诸书，另外还为刘元道推荐过程颢的《定性书》，又与邹守益论及礼书《文公家礼》等，此抑或为其讲学所用文本。其讲学语录及书信在今本《王阳明全集》中多有收录。吾人今日已无法还原阳明讲

① 参见戴瑞坤：《阳明学说对日本之影响》，中国文化大学出版部1981年版，第51—52页。
② 王阳明：《咏良知四首示诸生其一》，《王阳明全集》（新编本）卷二十，吴光等编校，第826页。
③ 王阳明：《告谕村寨》，《王阳明全集》（新编本）卷十八，吴光等编校，第691页。
④ 钱德洪编次：《阳明先生年谱》，向辉等点校，北京燕山出版社2022年版，第161页。

学盛况，也不知其讲学具体情形，只能以文献推测当年讲学时应该是以经典为范本的解说，同时也应该包括了嘉靖三年南大吉续刻《传习录》五卷。虽然如此，从这些提及的经典著述可证，致良知的阐发正是在经典的解读和诠释过程中不断印证、完善和完成的，这也从另外一个侧面说明了儒者之学的包容性和创造力。

以教育史的眼光回视阳明学，我们会发现，阳明学所关注的焦点在于人的自我塑造的可能性及其具体路径问题。然而正如世界上没有两片完全一样的树叶一样，人的复杂性更加难以把捉，如何使处于社会分工的不同职业从业者，不同年龄阶段有着不同智力和理解力的人们更好的生活，在道德伦理、行为处事、人格修养等诸多面向上更为完善，实现更好的社会秩序，成为阳明学能否成立的关键。一个学派之所以流行于世，绝不仅仅因为它有几句响亮的口号，或者有一两位卡里斯玛的英雄旗手和舵手，更重要的可能是它本身揭示了某种真理，在一定程度上契合了某一社会人生的内在的多样性需要。阳明认为，良知即道，道即天理，它是世界运行的保障和法则，也是人性挺立的理则，因此，任何人只要有志于学，均有可能通过教化而成为更好的人，《传习录》云：

> 我辈致知，只是各随分限所及。今日良知见在如此，只随今日所知扩充到底；明日良知又有开悟，便从明日所知扩充到底。如此方是精一功夫。与人论学，亦须随人分限所及。如树有这些萌芽，只把这些水去灌溉。萌芽再长，便又加水。自拱把以至合抱，灌溉之功皆是随其分限所及。若些小萌芽，有一桶水在，尽要倾上，便浸坏他了。①

教化的理想并不在于使人明了良知为吾人之固有，而是要让人根据各自的不同去扩充其固有良知。这种理想并没有凭空创造一个乌托邦，而是告诉他的信徒，通过师友相助，同志相规，自立立人，从容涵养，相感以诚，足以应对俗世的卑污，足以不负如许光阴，如此则为不惑不忧，达命洒落。故，阳明立教，非徒读书识字获取文本知识而已，须是以身践之，即今日所谓生活教育。正是在

---

① 王阳明：《传习录下》，《王阳明全集》（新编本）卷三，吴光等编校，第106页。

此种教育理念之下，人日察其言行心术，谨守忠信笃敬，潜移默化，自然至于圣贤的境界。因为圣人之学，至简至易，易知易从，常人均可能知之行之。

第六节　具体到家：教化的生活与智慧

在阳明学人的思想中，如何理解阳明学并不是一个外在的问题，而是学者内心的困惑，所以王畿赞阳明夫子肖像时说："孰肖夫子之形？孰传夫子之神？形有涯而有尽，神无方而无垠。孰亡孰存？孰疏孰亲？"[①]在王畿看来，阳明学绝非一个简单的知识问题（形）而是一个教化问题（神），如果没有了悟阳明学之精神所在，孰亡孰存即不言自明。显然，今日吾人理解并进入性理学须对此问题加以回应和纾解，正如钱穆所说，"宋学最先姿态，是偏重在教育的一种师道运动"，是一种以大师的人格修养及其教育精神为本的经术教授运动，因此"并不是文字的，理论的；而更要者则是人格的，教育的"。[②]在这一方面，阳明是宋学的继承人，儒学精神的继承人，是性理学的集大成者之一。"我们综观他的一生，实可算是以身教身，以心教心，最具体最到家的一实例。"[③]以下我们从生活哲学、是非规矩、行动的学习、人伦的指引等四个面向分述之。

一、生活的哲学

作为儒学的自觉传承者，王阳明最重要的学术工作是以敬道之心将格物和良知的概念重新引入性理学，使儒学的人文精神重新回到生活哲学。然而，一旦现实生活成为历史考察的背景后，性理学成为哲学的对象后，阳明学的面貌也出现了多重色调和偏离。中国的现代哲学家在建构新的学说时，无不或多或少地从阳明学中汲取营养，其方式与阳明所期待的并不一致。我们看到，阳明一再声称，格物和良知的哲学（换句话说即是良知的格物和格物的良知）首先是一种生活，人只有在这种生活样态下才能真正进行孔孟所期

---

① 王畿：《〈新建侯文成王公小像〉王畿赞》，王守仁：《王阳明集》，王晓昕、赵平略点校，第2页。
② 钱穆：《宋明理学概述》（新校本），第2页。
③ 钱穆：《宋明理学概述》（新校本），第249页。

待的儒行，其讲学生涯中的一项重要内容就是指出朱子学并没有实现真正意义上的生活，因为它没有从良知的角度提出生活的问题。性理学在现代的复兴，某种程度上是阳明学的吊诡。新儒学（新理学、新心学）试图将格物和良知建立在哲学（主要是西方哲学）逻辑基础之上，而不是生活之上，即抛弃了格物和良知的生活性，使之成为一种哲学体系，所以冯友兰《新理学》说："心亦是实际底，形下底；心之理是形上底。……有心之物有某种实际底结构，以实现心之理，发生心之功用；此某种结构即心所依据之气质或气禀。……所谓某种结构或气禀，完全是逻辑的观念。"[1]贺麟《儒家思想的新开展》说："必须以西洋的哲学发挥儒家的理学。……使儒家的哲学内容更为丰富，体系更为严谨，条理更为清楚，不仅可作道德可能的理论基础，且可奠定科学可能的理论基础。"[2]以西方的现代融汇理学的思潮，在某种意义上实现了阳明学生活意义的悬置，而力图使之成为一种新生活的哲学，其最终的目标则仍然指向了哲学家具体的生活世界而非其他，因此我们必须首先认识到的一个基本事实是：由阳明学所设想、建构的性理学是生活的真正实现，是心学可能实现的途径，是实现格物和良知的不二途辙。

事实上，良知的观念意味着生活的改善。一方面，良知看似是一种被视为道德原理或者天理而被规定为原理：是非以良知为先决条件，在此基础上，格物方才成为可能（正其不正）。另一方面，更具洞见的观念是，格物和格物的工夫才是良知的先决条件，后者自身的可能是从前者那里呈现的。生活的问题被转化为致良知的问题，致良知则是格物和良知在生活上的统一性的展开，因而心学格物说必然否认"事事物物上求至善"[3]的外在于生活的格物说。将格物和良知统摄于生活之中，意味着知是知非的良知本身就是一种判断的准则，生活的眼光，和内在的统一。"是非"究其本质不是良知，而是仁义礼智之智，是"性之表德"。"朱熹以仁义礼智为未发，王守仁以仁义礼智为性之表德，故王守仁以心即性，性即理，而理为本心之显现，包括未发与已发，这个观点能比朱熹更好地表达作

①冯友兰：《新理学》，生活·读书·新知三联书店2007年版，第104页。
②贺麟：《儒家思想的新开展》，《文化与人生》，第8—9页。
③王阳明：《传习录上》，《王阳明全集》（新编本）卷一，吴光等编校，第2页。

为最高主体的性所具有的特点。"①性并不是超越于生活的外在，更不是超越于人的信息，而是内在于人的身心生活的存在方式，因此它必定是一种人之性（人的基本规定也是最高主体之性）。这就是为什么在不同的人的生活中或在不同的生活处境中，我们总会拥有属于自己的是非之知，也就是有其信念、情感和志向。只要生活在继续，格物和良知就将存有且活动；只要是非是琐屑的，格物就是琐屑的，人就不可能超越于生活而存在。

将人的生活纳入正常的合理秩序之中是源自自然的格物之学。

首先，"格"字源于对自然的观察："《说文》：'格，木长貌。'凡木之两枝相交而午错者谓之格。以其枝条交互，故格字有相交之意焉；以其两枝禁架，故格字有相拒之义焉；以其长条直畅，故格字又有整齐之义焉。是三者皆从本义引伸之者。朋友曰交友，男女曰交媾，商贾曰交易，阴阳相合曰交孚。木之枝格两相交际，亦犹是也。"②曾国藩为清代儒学中心之标杆，由此可见其一斑。人亦为自然，学术不能离此自然。

其次，人处于社会群体生活之中，由于在世生活的复杂，人情世故的多变，使得良知往往被欲望之私所左右，是非之良知必然处于一种永续的在世，即是一种无时而可间的良知省察。若以为通过一事一物的积累而达至至善的明觉之境，只能是一种理想的乌托邦，其结果必然是绝望。生活的希望则在于知行合一能够使人找到生活的意义所在，通过格物和良知使一切事物返回生活，并让生活不再迷茫无助。

最后，"格者，正也，正其不正以归于正之谓也。正其不正者，去恶之谓也。归于正者，为善之谓也。夫是之谓格"③阳明学在此成为一种淑世救人的学说。一方面，它反对那些使人逃离人伦责任的二氏之说，这些人满足于心的孤立自守和洁身自好，或者以梦幻的来世来应对现实的苦闷，不能发现生活的戏剧性乐趣；另一方面，它反对那些沦于世俗功利的学说，他们试图从所谓的心与理、心与性、已发与未发的严格区分中找寻某种辩护之辞，或者以辞章

①王阳明：《传习录注疏》，邓艾民注，上海古籍出版社2015年版，第37页。
②曾国藩：《诗文》，《曾国藩全集》（修订版，第14册），岳麓书社2011年版，第418页。
③王阳明：《大学问》，《王阳明全集》（新编本）卷二十六，吴光等编校，第1019页。

训诂的考究找寻永恒的真理却日渐与之疏离。

所以，在性理学的脉络中，儒者所追求的道统也必然要以生活秩序的重建为旨归。程颐至朱熹的理论企图是重建道统，认为："道在天下，万世永存，然而尧舜以至孔孟的圣人之道却不复见著于世，所以周程出来自觉地承担起重新恢复孔孟之学、圣人之道的责任，以重建天下有道的理想社会。"①其根本的问题仍在生活之中，而不在生活之外。这就意味着，圣人必然是现实的活生生的人，而不是遥不可及的理想。阳明用格物和良知替代了虚无、支离、诞妄，而主张"只是着实去做这件事"②。即是要求格物落在生活之中，如林木的枝条交错之中自有秩序，而人在生活中自能彰显良知之道。

心学既指向生活之体，也指向生活之用。它反对绝对的道德（往往是一种指向他人而非自我的话语），也不赞同功利主义或投机主义的生活。心学意指生活于现实的时空之中的人们在格物过程中，保持和恢复其良知本心，保持生活的情趣和追求。因此，心学意味着良知的坚守，同时也意味着格物的落实。它一方面对于人的良善保持着乐观，同时并不否认现实的污浊；一方面带着自身的批判性和创造性给人的未来生活指出了光明的前景，同时也并不轻易放弃对于学者自身的责任，即在修己以敬的同时安人。阳明对心学赋予了新的意义，认为它是对儒学，特别是理学的重新诠释，是未来生活的指引。心学源自生活，不散其志，心不苟虑，行不苟动，必依于道，必依于礼③。道是生活之路，礼是生活秩序，均不离人的良知，而心学则是要提醒人们重新识检其身心的积极创造性，因

---

① 吴震：《〈传习录〉精读》，复旦大学出版社2011年版，第8页。

② 王阳明：《答友人问》，《王阳明全集》（新编本）卷六，吴光等编校，第222页。

③ 吕思勉《读史札记》第226条"心学之原"曰："《礼记·礼运》：'故宗祝在庙，三公在朝，三老在学。王前巫而后史，卜筮瞽侑，皆在左右。王中，心无为也，以守至正。'此言帝王治心之学之最早者也。窃谓心学之原，与宗教殊有关系。《祭统》曰：'齐之为言齐也，齐不齐以致齐者也。是故君子非有大事也，非有恭敬也，则不齐。不齐，则于物无防也，嗜欲无止也。及其将齐也，防其邪物，讫其嗜欲，耳不听乐。故《记》曰：齐者不乐。言不敢散其志也。心不苟虑，必依于道；手足不苟动，必依于礼。是故君子之齐也，专致其精明之德也。故散齐七日以定之，致齐三日以齐。定之之谓齐。齐者，精明之至也，然后可以交于神明也。'夫心学之精微，原不尽系于形体。然齐庄于外者，必能精明于内。至于心不苟虑，手足不苟动，而精明有不待致而致者矣。《祭义》述齐之效曰：'齐三日，乃见其所以为齐者。'专精如是，又何求而不得哉？推所求于思其居处，思其笑语，思其志意，思其所乐，思其所嗜之外，而鬼神来告之矣。"（吕思勉：《吕思勉读史札记》，上海古籍出版社2005年版，第488—489页）

此王阳明在《传习录》中说："只是有个头脑，只是就此心去人欲、存天理上讲求。"①因为理（天理）内在于心，内在于生活，因此生活的安顿成为心学旨归。将格物和良知引入理学，即是将生活重新纳入儒者的理想之中，它既不是一种逃遁的冷静，也不是一种学究的考据，而是某种积极生活的表述，它因而具有不懈怠的进取性。这样，它一方面导致了后世冲决名教藩篱的放荡，一方面也开启了在人性乐观态度下的严格的道德自律。②

二、是非的规矩

是非，在现代学者看来似乎不是一个哲学的概念，因此在当今流行的《哲学大辞典》③中并没有它的位置。然而，当我们回到传统哲学的脉络，贤者的教益却一再提醒：是非问题不仅仅是一个重要的哲学问题，而且是一个生活问题，所以阳明说："是非两字是个大规矩，巧处则存乎其人。"④为何"是非"乃"大规矩"？何谓巧处？何谓"存乎其人？"由于《传习录》下卷为阳明学人所录阳明讲学之语，在剥离其讲学情境之后，往往会给人理解带来一定的困难。对此，我们不得不借助学者的诠释。阳明学者但衡今的解释是："阳明学术约理之精，自宋以来，无有出其右者。然大匠能予人以规矩，不能予人巧。学者又当循其规矩，而勿轻事其巧，则巧在其中矣。"⑤但氏从学者自身的理解出发，认为阳明此处所说规矩即是贤者对于学人的指点，在阳明学则此规矩是良知。因此良知即是对人心、对是非的理解和把握，如果正确且合理把握是非则为巧，巧处的关键不在于他人的讲述而在于人自身。因此阳明说："学者真见得良知本体昭明洞彻，是是非非莫非天则，不论有事无事，精察

①王阳明：《传习录上》，《王阳明全集》（新编本）卷一，吴光等编校，第3页。
②参见王汎森：《权力的毛细管作用：清代的思想、学术与心态》（修订版），北京大学出版社2015年版，第198—200页。
③如金炳华《哲学大辞典》（修订本），上海辞书出版社2001年版，有词条14210条，收录"是而不然""是而然""是/否问句""是与异"等4个与"是"有关的词条；张岱年《中国哲学大辞典》（修订版），上海辞书出版社2014年版，收录"是而不然""是而然""是非无定质""是非之心""心是佛"等5个与"是"有关的词条。
④王阳明：《传习录下》，《王阳明全集》（新编本）卷三，吴光等编校，第3页。
⑤陈荣捷：《王阳明〈传习录〉详注集评》，第204页。

克治，俱归一路，方是格致实功，不落却一边。故较来无出致良知话头无病，何也？良知原无间动静也。"①是非为天则，所谓天则即是生活之道，即是生存之理，此理并非空洞的理想而是现实的生活本身。

生活不能无是非，它不仅仅是一个道德问题或知识问题，所以是非二字是大规矩。"是非之心，人皆有之。"②若我们对于事物或关系的是是非非毫无所知（实际上绝无可能），就无法发现事物的真理，因为真理往往就在这是是非非之中。如果能解决习俗的私欲，或者超越私心，则是非自然不成其为问题。在此，是非并不是简单的对与错，它不是生活的幻象，也不是语言的游戏，而是真实的生活，是一种我们内在的情感和理智的评判。同"格"字一样，是非是一个含义丰富的概念。教化和为学无非是为了人们在生活中找回其明觉的智慧，因此"君子之论学，要在得之于心。众皆以为是，苟求之心而未会焉，未敢以为是也。众皆以为非，苟求之心而有契焉，未敢以为非也。心也者，吾所得于天之理也，无间于天人，无分于古今。苟尽吾心以求焉，则不中不远矣。学也者，求以尽吾心也"③。尽心即是在生活中致良知，即是格物。通过良知的智慧扩充和涵养，人能在生活中愈加体验到生活的乐趣而非苦闷，它既不是随波逐流、人云亦云的是非不分，也不是故作姿态强为奇说的索隐行怪，而是以良知为准绳的严谨、审慎和智慧。吾人不能"将自己所属之民族语言、历史、文化、社会风习，以及其原来生活的方式，等等，都全部化为一客观外在的东西来看，而视为种种外在而客观之社会历史文化之原因与法则所决定者"④。因为这其中有一难定的是非准则和价值标准，对此是非的认识于常人来说具有多重意涵。一方面，确定了其生活所在的历史文化、社会风习及其他生活方式的价值，即不离即为是，离之而为非；一方面，确定了其对于生活价值的自觉，或为自用而不知，或为自圆其说。

阳明学的研究者，首先必须避免以任何是非的托词将阳明学的

---

① 钱德洪：《刻文录叙说》，王守仁：《王阳明集》旧序，王晓昕、赵平略点校，第8页。
② 王守仁：《与陆元静二》，《王阳明集》卷五，王晓昕、赵平略点校，第169页。
③ 王阳明：《答徐成之二》，《王阳明全集》（新编本）卷二十一，吴光等编校，第846页。
④ 唐君毅：《中华民族之花果飘零》，《中华人文与当今世界》，广西师范大学出版社2005年版，第6—7页。

教化理念和实践加以"理学化"或者"心学化"，即便这种观点在现代学术话语中往往是常识性的理解。贯穿于阳明学的教化哲学、生活哲学和人生哲学中的一个重要的洞见是对是非审慎，这种审慎的是非洞见意味着什么？学者讲学的目的旨在使人明是非，在儒者看来，人内在的良知使人可以明是非，或者说良知本身即是知是非之心，"'是非之心人皆有之'，不假外求。请求亦只是体当自心所见，不成去心外别有个见"①。"孟子云：'是非之心，知也。''是非之心，人皆有之。'即所谓良知也。"②对于朱子学来说，是非之心并不具有根本性的意义，"四者（恻隐、羞恶、恭敬、是非）之心，人所固有，但人自不思而求之耳，所以善恶相去之远，由不思不求而不能扩充以尽其才也"③。在朱子学的诠释中，是非是人的气质所禀（禀）于人性之理，"气质所禀（禀）虽有不善，而不害性之本善；性虽本善，而不可无省察矫揉之功"。④也就是说，讲学区分性理与气质比是非之明辨更为关键，因为性理至善，其是毋庸置疑，而在现实生活中的任何人都将不免有其气质之偏，这一偏私导致了是非的遮蔽。钱穆先生认为："朱子举理气二字，兼包宇宙人生两界通而言之。人生固已包于宇宙之内，然理气二字之于人生界，终嫌有空廓不亲切之感。"⑤对此，阳明亦深有同感，对于世俗朱子学的意见，他自觉"有相抵牾，恒疚于心，切疑朱子之贤，而岂其于此尚有未察"？⑥这里，阳明并未立即对朱子学加以辩驳，而是走向内自省，唯有从此出发，学问才能成为一门真正的为己之学。无论从历史的观点还是从考据的路径出发，经典的学说都因其对人的本性的深刻洞见而成其为典范，而现实的世界却存在着多重可能性，特别是个体本身的差异性造成了对是非的差异性判断，进而对于典范的诠释呈现歧义。因此，审慎首先是一种对于常识意见有所保留的审视。

---

① 王阳明：《传习录上》，《王阳明全集》（新编本）卷一，吴光等编校，第29页。
② 王守仁：《与陆元静二》，《王阳明集》卷五，王晓昕、赵平略点校，第169页。
③ 朱熹：《孟子集注》卷十一，《四书章句集注》，第307页。
④ 朱熹：《孟子集注》卷十一，《四书章句集注》，第308页。
⑤ 钱穆：《朱子新学案（一）》，《钱宾四先生全集（11）》，第393页。
⑥ 王守仁：《朱子晚年定论》，《王阳明集》卷三，王晓昕、赵平略点校，第118页。

"心无体，以天地万物感应之是非为体。"①这里所谓"'天地万物感应之是非'，'是非'当指'理'言，所谓'恶人之心，失其本体'，自然即是失其理了"②。理不是普遍的抽象的。从常识来看，人的生命不是（也不能）依照抽象的道德或可能而存在，而只能依照真正的现实而存在，现实的生活即是人所存在的世界，人在此世界得其教养，得其自觉，得成其人。因此，是非就是一个阐释的问题，是一个评价问题，更是一个本体问题。所谓阐释是对人的自我认知和确认；所谓评价即是判断，对生活本身的判断；所谓本体是内含体用关系之体，它是源自天性的禀赋，需要人通过阐释、评价加以内在化并彰显呈现的过程。为了更好地生活，人必须要对世界有一真确地认识，这种认识意味着是非，它是格物的组成部分，同时也是良知。在复杂的世界中，每一是非无不需要人心去衡断，心的基本属性即是人的基本属性，唯有如此才能感知并认识世界，如此方能有"万物皆备于我"的可能，否则人与物就将毫无区别，显然人不能沦为物。问题在于，如果是非是愚夫愚妇所共有且可与及的道理，为何在常人的生活中并未真正实现是其所是并非其所非的秩序井然？是教养的匮乏还是是非的缺憾？或者两者兼而有之？阳明认为：

> 孟子云："夫道若大路然，岂难知哉？人病不由耳！"良知良能，愚夫愚妇与圣人同。但惟（唯）圣人能致其良知，而愚夫愚妇不能致，此圣愚之所由分也。"节目时变"，圣人夫岂不知？但不专以此为学。而其所谓学者，正惟致其良知，以精察此心之天理，而与后世之学不同耳。③

所谓致其良知、精察义理即是阳明学的知行合一之说的旨归所在。阳明并不认为是非外在于人而存在，如果说是非之心是良知，那么人毫无例外均具有此种本体的人性。儒者讲求生活哲学无非是使这种良知的哲学觉醒而已，作为行动的生活哲学，必然要求学者

---

① 王阳明：《传习录下》，《王阳明全集》（新编本）卷三，吴光等编校，第119页。
② 容肇祖：《明代思想史》，莞城图书馆编：《容肇祖全集（二）——哲学思想史卷》，齐鲁书社2013年版，第1014页。
③ 王守仁：《传习录中》，《王阳明集》卷二，王晓昕、赵平略点校，第46页。

用其心。

生活逻辑与哲学图式有着根本性的差异。"是非"既是一种逻辑也是一种方法，它同时包含着时间和空间，是一种融贯的情境性理解和行动，因此也就不再是一种生活的可能性而是生活的本身。在其中，典范的传统是人内在的动力因素和行动根据，因为典范在某种程度上揭示并形成、塑造生活逻辑，处于此种生活样式之中的人们，必然要按照它的某些指示来应对生活的复杂性。朱子《答陈廉夫》说："但为学功夫不在日用之外，检身则动静语默，居家则事亲事长，穷理则读书讲义，大抵只要分别一个是非而去彼取此耳，无他玄妙之可言也。论其至近至易，则即今便可用力；论其至急至切，则即今便当用力。莫更迟疑，且随深浅，用一日之力便有一日之效。"①在此，教化成为学的自觉过程，"切莫迟疑"，学则成为生活的构成和生命意义之所在，"至近至易，至急至切"。同时，教化亦是自然之道，因为"凡人之学，不日进者必日退。譬诸草木，生意日滋，则日益畅茂；苟生意日息，则亦日就衰落矣"②。通过一种熟悉的感知过程，学习者在不知不觉中将知识技能和处世原则转化为自身生命的一部分，任何社会秩序的达成，均有赖于处于群体中的人对这一既主观又客观的良知的自觉。相比较而言，朱子更加强调人在具体生活场景中的具体路径，而阳明则更加强调人在自然生意中的进取。彼此心意相通、学术相承，则无可置疑。"后之人不务致其良知，以精察义理于此心感应酬酢之间，顾欲悬空讨论此等变常之事，执之以为制事之本，以求临事之无失，其亦远矣！"③为学无非是求一生活之道，生活即在于感应酬酢之间。正如王恕④《石渠意见》解《论语·食无求饱章》云："无求饱求安者，志在敏事慎言也。就有道而正者，正其所言、所行之是非，是者行之，非者改之。盖古之学者皆以言行为学也。"⑤所谓是非，即是知是知

---

① 朱熹：《晦庵先生朱文公文集》卷五十八，《朱子全书》（修订本，第23册），朱杰人、严佐之、刘永翔主编，第2757页。
② 王阳明：《与陈国英》，《王阳明全集》（新编本）卷四，吴光等编校，第189页。
③ 王守仁：《传习录中》，《王阳明集》卷二，王晓昕、赵平略点校，第47页。
④ 王恕（永乐十四年至正德三年，1416—1508），字宗贯，号介庵，又号石渠，谥端毅，正统十三年进士，官至吏部尚书。
⑤ 黄宗羲：《三元学案》，《明儒学案》（修订本）卷九，沈芝盈点校，第160—161页。

非之良知,"是者行之,非者改之",以求人生责任的达成,以求儒者在世之行无憾,学就不只是一种知识上的满足,更是修养上的需要。因此,格物必然归结于执事、制事之中。这是宋明理学家的共识,其解经的自觉。

是非的规矩,说到底,是其所是,非其所非。"每个哲学家总觉得有需要他发挥阐明的真理,也有须得他鞠躬尽瘁,生死以之,去坚持、去维护的真理。王阳明说:'尔自己心中一点良知,就是尔自己的准则。'有准则就可说是有定论,有准则有定论,行为就有了指针。"[①]有了行为的准则,就要将之贯彻在日常生活之中,即是在行动中学习。

三、行动中学习

《传习录》从《大学》开始有其历史的渊源。"儒家的各种经典的目的在于教育、指导、说服人去这样做,从这个意义上来说,经典、言说是手段,修德、实践是目的。"[②]性理学从"四书五经"中汲取了智慧,但自宋儒开始,学者就自觉地反思经典的教育意义问题。经义治事若分二途,则经义极有可能成为纯粹的知识问题,这就必然与儒者的生活观念出现差异。王安石说:"世之不见全经久矣。读经而已,则不足以知经。……致其知而后读,有所去取,故异学不能乱。惟其不乱,故有所去取者,凡以明吾道而已。"《答曾子固》钱穆评论说:"此处所重,在致我之知以尽圣,然后于经籍能有所去取。此见解,竟可谓是宋人开创新儒学的一条大原则。"[③]从《大学》的"致知",王安石的"致其知",王阳明的"致良知",到钱穆的"致我之知",其间有着话语的差异和内在逻辑的变化,但有一点则是共同的,即致知之学在其根本意义上即是建立和丰富人的精神生活。精神生活是人类教化的基点,而经典则是人类精神财富的精华。从本质来说,我们可以认为儒学是一种注重实践理性

①贺麟:《论哲学纷无定论》,《文化与人生》,第297页。
②张岂之主编:《中国思想学说史(明清卷)》,广西师范大学出版社2008年版,第53页。
③钱穆:《宋明理学概述》(新校本),第21页。

的学说①，儒学的根本目的则在于促使人在道德修养方面不断提升。从孟子开始，道德的实践性被视为是衡量学者的重要尺度，即强调道德伦理的自觉②和实践理性的自明。"世儒既叛孔、孟之说，昧于《大学》'格致'之训，而徒务博乎其外，以求益乎其内，皆入污以求清，积垢以求明者也，弗可得已。"③后世学者以阳明学直接孟子学，自有其学理的依据。

由敬道之心展开的教化哲学是一种精神的感化和人生的追求。高濑武次郎（1869—1950，号惺轩）《王阳明详传》④将阳明一生划分为早期的少年时代、志向动摇时代和龙场悟道，悟道之后则分为讲学时期和靖乱时期交替。他说："大体看来，王阳明先生的人生阶段也可分为自我修养时期、专事门人教育时期、一心征讨时期和专心讲学时期，总共四个阶段。当然，各个时期的划分并没有严格界限。"⑤高濑武次郎的这种区分对学者颇有启发，即不再以所谓五溺三变之说为唯一论说的依据。就事实而言，阳明事功与学说正是在自我修养、戡乱和讲学中逐渐形成的，自我修养、戡乱与讲学，构成了阳明思想成熟之后的生活主轴，其学说则由敬道之心展开，最终形成了致良知之教，所谓致良知即是由内而外的教化。"孔子告颜渊'克己复礼为仁'，孟轲氏谓'万物皆备于我''反身而诚'。夫己克而诚，固无待乎其外也。"⑥由此则心外无学，一切学问的最终目的，一切教育的最终目标均指向伦常，即明人伦之学。若一心追求外在于人的虚幻之道，不沦为狂妄则沦为无知，这与好的生活和好的社会何干？人伦之学意味着教化之事的重要性凸显。性理学家们多是亲身参与教育实践的教育学家，他们从实践中积累了丰富的教育经验并得以验证和完善其教育思想。"他们博览群书和严谨治学的学风，对后世也影响很大。"⑦其中，阳明的格言"在事上磨炼"

---

① 李泽厚认为，血缘基础是中国传统思想的本源根基；而实用理性是中国传统思想在自身性格上所具有的特色。（李泽厚：《中国古代思想史论》，第320页）
② 参见李泽厚：《中国古代思想史论》，第322页。
③ 王阳明：《别黄宗贤归天台序》，《王阳明全集》（新编本）卷七，吴光等编校，第248页。
④ 高濑武次郎：《知行合一：王阳明详传》，赵海涛、王玉华译，北京时代华文书局2018年版。该书1904年日本东京文明堂初版，1915年东京广文堂2版，原题《王阳明详传》，中译本增题"知行合一"。
⑤ 高濑武次郎：《知行合一：王阳明详传》，赵海涛、王玉华译，第84页。
⑥ 王阳明：《别黄宗贤归天台序》，《王阳明全集》（新编本）卷七，吴光等编校，第248页。
⑦ 黄济：《教育哲学通论》，第11页。

就是其讲学的经验总结。

所谓"在事上磨炼"就是"在行动中学习",就是格物,就是在事事物物上致吾心之良知。这是一种实践性的原则。[1]致知不能悬空进行,而必须在事上磨炼。所谓在行动中学习,是说一切学习都是在行动中进行的,在行动中学习是最好的学习法。"欲致其良知,亦岂影响恍惚而悬空无实之谓乎?是必实有其事矣。故致知必在于格物。物者,事也,凡意之所发必有其事,意所在之事谓之物。"[2]这里,阳明的致良知说的抱负并不在于如何建构一套系统的伦理学体系以作为知识的积累,而毋宁说是透过自我修身学到知识并由此入道的一个途径。正是在应试的过程中,而绝非应试的压力下,人自觉地将其内在的善性、良知彰显。"凡人为学,终身只为这一事,自少至老,自朝至暮,不论有事无事,只是做得这一件,所谓'必有事焉'者也。若说'宁不了事,不可不加培养,却是尚为两事也。'必有事焉而勿忘勿助',事物之来,但尽吾心之良知以应之,所谓'忠恕违道不远'矣。"[3]因此,"学"将是一个永无止境的过程,只要人在行动之中,就将永无停歇式地在路上。终身有事,终身修行而已。而在这样的在路上的磨炼的过程,就是儒学的体证过程。因为儒学从来没有确定无疑的内容,有的只是一个善的追求,所以它不是我们通过学习或者实验就能证实或者证伪的真理,或者说不是运用某种逻辑就能推演出来的证明,而且即便是孔孟也不能给人一个固定不变的永恒路径。任何人致力于儒学之道,就只能以圣经贤传为典范,也就是说在人的具体生活情境中实践它的真理性。总之,致良知不是凿空而行,它必须在事件的生发时由人去体证、感悟和提升;同时,它也是不断与经典相互感通的过程。

由此,对于《大学》之类的性理学经典,儒者也自然产生了诠释的歧义。存在歧义并不意味着正统与异端的对立,相反,它正说明了求道之路的艰辛,说明了学习过程的不易。正如王天宇致书阳明时所说:"《大学》一书,古人为学次第。朱先生谓'穷理之极而

---

① 参见邱椿:《古代教育思想论丛(中册)》,北京师范大学出版社1985年版,第20页。
② 王阳明:《大学问》,《王阳明全集》(新编本)卷二十六,吴光等编校,第1019页。
③ 王阳明:《传习录上》,《王阳明全集》(新编本)卷一,吴光等编校,第65页。

后意诚'，其与所谓'居敬穷理''非存心无以致知'者，固相为矛盾矣。盖居敬存心之说补于传文，而圣经所指，直谓其穷理而后心正。初学之士，执经而不考传，其流之弊，安得不至于支离邪！"[1] 阳明并未如其所想批判朱子，而是对此持保留态度。[2]阳明认为朱子之诠释并无大矛盾处，关键在于后世之朱子学者自身出了问题，所以他特别强调："晦庵之言，曰'居敬穷理'，曰'非存心无以致知'，曰'君子之心常存敬畏，虽不见闻，亦不敢忽，所以存天理之本然，而不使离于须臾之顷也。'是其为言虽未尽莹，亦何尝不以尊德性为事？而又乌在其为支离者乎？"[3]

支离是宋明学者评论与其学术主张有差异的其他学者的常用之词。所谓支离，就是远离了论者理解和诠释的孔孟之道。朱子学者会走向支离的弊病，根本原因在于外物的遮蔽，在功利程式之下，学者或以名，或以利，或以执，其求学之志之心难以一于道，何谈立有本源？阳明提出简易直截的致良知教义，一方面是他苦苦探寻体证的心得，一方面也是阳明学的下手处和立足点。归结于一点则仍是儒学，即君子之学。"君子之学以明其心。其心本无昧也，而欲为之蔽，习为之害。故去蔽与害而明复，匪自外得也。心犹水也，污入之而流浊；犹鉴也，垢积之而光昧。"[4]阳明认为如果依据世儒对《大学》的诠释，将无法达至君子之学，他自己花费了二十余年没有成功就是一个明显的例证。他认为世儒对《大学》的诠释之所以有误，并不在于尊奉朱子学，而是在于向外求索，将经典仅仅作为外于我的经典而非诠释圣人之道的经典，最后导致的结局必然是君子之学不可得。因此有必要排除世儒毒素，以即用克己、反身的方式重新诠释《大学》之道，使人弘道。

[1]王阳明：《答王天宇二》，《王阳明全集》（新编本）卷四，吴光等编校，第176页。
[2]黄进兴认为，在理学的黄金时代，《大学》成为理学家最高的道德纲领，阳明与朱子的根本差异在于对大学的诠释，"约言之，阳明与朱子的抵牾，总在《大学》一书"（黄进兴：《从理学到伦理学：清末民初道德意识的转化》，中华书局2014年版，第46页）。
[3]王阳明：《答徐成之二》，《王阳明全集》（新编本）卷二十一，吴光等编校，第845页。
[4]王阳明：《别黄宗贤归天台序》，《王阳明全集》（新编本）卷七，吴光等编校，第248页。

四、教之以人伦

儒者向往的精神家园在圣贤所经历的古往，而非虚幻的未来，而以之为针对现实困境的力量则是圣贤的教化之道。"舜使契为司徒而教以人伦，教之以此达道也。当是之时，人皆君子而比屋可封，盖教者惟以是为教，而学者惟以是为学也。"①人需要理想的力量，而三代的教化就是儒者的典型。三代是否真正存在并不重要，重要的是在《五经》中有圣贤的懿行嘉言，教人如何正心，何以止于至善。现实的困局终将摆脱，建立于理想之上的教化将洗涤人的心灵。人伦达道无非良知，教之以良知，而学以良知，则教化自然在其中矣。在阳明，"一切学问都是致良知之学，除此之外，便无所谓学问。所谓致良知之学，即是发展'道心'或'明伦'之学。所谓致良知之教，亦即是发展'道心'或'明伦'之教"②。教育史家认为，阳明的教育思想体系，将天理"一开始即天赋于主体之中，并与吾心（个体意识）融合为一，因而提出'心即理'和'知行合一'说，引行入知，克服离行言知之失，以'致良知'的教育，复归心与理一的本来状态，从而克服功利之见的蔽染。其意在解决人们的主体内在意愿在行为中的作用问题，将外在的道德律令与个体的内在道德意识融合为一，在肯定了个体各自的特点与意愿的前提下进行教育，把道德教育的重点放在培养与启发主体的内在良知上，企图达到'明学术'而天下治的目的"③。

朱子、阳明都是教育家，二人在教育哲学上的认同多于歧见。朱子《玉山讲义》说："圣贤教人为学，非是教人缀辑言语、造作文辞，但为科名爵禄之计。须是格物致知，诚意正心，修身而推之，以至于齐家治国，可以平治天下，方是正当学问。"④阳明《答罗整庵少宰书》说："夫'德之不修，学之不讲'，孔子以为忧。而世之学者稍能传习训诂，即皆自以为知学，不复有所谓讲学之求，

---

①王阳明：《重修山阴县学记》，《王阳明全集》（新编本）卷七，吴光等编校，第273页。

②邱椿：《王阳明的教育思想》，《北京师范大学学报》1957年第1期。

③李国钧、金林祥：《中国教育思想通史》（第四卷），王炳照、阎国华主编，湖南教育出版社1994年版，第453—454页。

④朱熹：《晦庵先生朱文公文集》卷七十四，《朱子全书》（修订本，第24册），朱杰人、严佐之、刘永翔主编，第3588页。

可悲矣! 夫道必体而后见，非已见道而后加体道之功也；道必学而后明，非外讲学而复有所谓明道之事也。然世之讲学者有二：有讲之以身心者；有讲之以口耳者。讲之以口耳，揣摸测度，求之影响者也；讲之以身心，行著习察，实有诸己者也，知此则知孔门之学矣。"[1]缀辑言语、造作文辞，即是阳明所说的传习训诂和讲之口耳，也就是知识的传授与学习。值得注意的是，这里并不是反对知识的反智主义[2]，而是认为对于人来说，口耳之学、利禄之学绝非儒者之学，作为一个真正的儒者，必是言笃信行笃敬之辈，是真的为学。所谓正当学问，所谓明道之事，均是为己之学。然而，贤如朱子、阳明，亦从困学勉行中来，阳明说："只是从前大段未曾实落用力，虚度虚说过了。自今当与诸君努力鞭策，誓死进步，庶亦收之桑榆耳。"[3]如此方是正学，方为致良知。

阳明《朱子晚年定论》云："学问根本在日用间。持敬集义工夫，直是要得念念省察。读书求义，乃其间之一事耳。"[4]朱子《答周舜弼》："前此所示别纸条目虽多，然其大概只是不曾实持得敬，不曾实穷得理，不曾实信得性善，不曾实求得放心。而乃缘文生义，虚费说词。其说愈长，其失愈远。此是莫大之病。……若果是实曾下得工夫，即此等处自无可疑。纵有商量，亦须有着实病痛，不应如此泛泛矣。……且须虚心涵泳，未要生说，却且就日用间实下持敬工夫，求取放心，然后却看自家本性元是善与不善，自家与尧舜元是同与不同。"[5]读书不是生命目的，更不是生活的唯一。它只是使生活更好的途径之一，若以方法取代生活本身，其困惑之大，勿庸论也。"不但勤劳于诗礼章句之间，尤在致力于德行心术之本。务使礼让日新，风俗日美。"[6]为何根本在日用间? 为何要念念省察? 持敬集义又有何价值? 实持得敬，实穷得理，实信得性善，实致得良

---

[1]王阳明：《传习录中》，《王阳明全集》（新编本）卷二，吴光等编校，第82页。

[2]详余英时：《反智论与中国政治传统——论儒、道、法三家政治思想的分野与汇流》，《中国思想传统及其现代变迁》，《余英时文集》（第2卷），沈志佳编，广西师范大学出版社2014年版，第334—380页。

[3]王阳明：《寄薛尚谦三》，《王阳明全集》（新编本）卷四，吴光等编校，第184页。

[4]王阳明：《朱子晚年定论》，《王阳明全集》（新编本）卷三，吴光等编校，第148页。

[5]朱熹：《晦庵先生朱文公文集》卷五十，《朱子全书》（修订本，第22册），朱杰人、严佐之、刘永翔主编，第2333页。

[6]王阳明：《颁行社学教条》，《王阳明全集》（新编本）卷十七，吴光等编校，第647页。

知，才是良知教化的真义所在。这不仅是朱子学，也是阳明学的教育哲学最为要妙之处。

性理学家用"体贴"二字来形容其自家学问，其体贴之基点显然是在人伦日用间，期间反复求索，处困养静，上合于圣贤之道，下启后学之途。学者往往将朱子学之敬与阳明学之良知割裂而论，其实大可不必。对此，有着宗教背景的西方汉学家理解更为透彻，狄百瑞即提出了"如何在道德生活即宗教的敬畏与接受之中保持平衡或协调"的重要问题。在他看来，程朱之学以敬（虔敬，reverent；严肃，serious）来平衡，即以符合人的良知的自然方式来结合道德功夫与宗教信持。君子之学，在敬的语境下，是一种自得之学，即无入而不自得。①吾人虽未有宗教之体验，然并非意味着吾人无法体味敬的真义所在。在朱子，生活之所以要有敬字作主持，就在于现实中的为己之学不是一旦获致即不用修行之学，它须是"苟日新，日日新，又日新"者。正如朱子说："所谕'敬'字工夫于应事处用力为难，此亦常理。但看圣贤说'行笃敬''执事敬'，则敬字本不为默然无为时设。须向难处力加持守，庶几动静如一耳。克己亦别无巧法，譬如孤军猝遇强敌，只得尽力舍死向前而已，尚何问哉？"②求动静如一，即是使良知作主持，或者如朱子所说敬字。在此意义上，良知即是敬。所谓敬是心之纯于天理，一于善，而吾心之良知亦复如此，故阳明说："吾心之处事物，纯乎理而无人伪之杂，谓之善，非在事物有定所之可求也。处物为义，是吾心之得其宜也，义非在外可袭而取也。格者，格此也；致者，致此也。必曰事事物物上求个至善，是离而二之也。"③

阳明《朱子晚年定论》云："夫所贵乎圣人之学，以能全天之所以与我者尔。天之与我，德性是也，是为仁义礼智之根株，是为形质血气之主宰。舍此而他求，所学何学哉？"④在性理学，德性修养，良知之致，最为关键。然而近代以来，史学、哲学往往被各种意识形态的需要所裹挟，对于历史的真实或许染上多重色彩，这种层层

①参见狄百瑞：《中国的自由传统》，李弘祺译，中华书局2016年版，第61页。
②朱熹：《晦庵先生朱文公文集》卷五十，《朱子全书》（修订本，第22册），朱杰人、严佐之、刘永翔主编，第2335页。
③王阳明：《与王纯甫二》，《王阳明全集》（新编本）卷四，吴光等编校，第168页。
④王阳明：《朱子晚年定论》，《王阳明全集》（新编本）卷三，吴光等编校，第154页。

点染的颜色看似靓丽，然于吾人理解阳明学本身并进而将其良知教化之道归于修己治人似有紧张处。何良俊①《四友斋丛说》载："我朝薛文清、吴康斋、陈白沙诸人，亦皆讲学，然亦只是同志。……唯阳明先生，从游者最众。然阳明之学，自足耸动人。况阳明不但无妨于职业，当桶冈、横水用兵之时，敌人侦知其讲学，不甚设备，而我兵已深入其巢穴矣。盖用兵则因讲学而用计，行政则讲学兼施于政术。若阳明者真所谓天人，三代以后，岂能多见？"②阳明学之所以在近代日本和晚清以来造成偌大声势，学者孜孜以求其学说，其中一个重要的因素就是阳明及其学说启迪了人心，让人自我兴发本性之善，足以鼓动人之良知，足以撼除物欲之遮蔽。漂洋过海的阳明学，在日本的近代化过程中起到了激励日本人提升人格修养，健全心性的作用。吉田和男说："日本的儒学基本上是武士用来'修身'的思想，它是社会领导者的修行方法，其重点是通过完善人格从而拥有作为士农工商的领导者应该具备的学识见解。在这一点上，不仅朱子学如此，阳明学亦如此。"③而民国大儒之一的唐文治亦高倡："夫今日欲救中国人之人心，必自致良知始矣。"④可见，学不分地域，学之宗旨可跨越时空，吾人若以此圣贤为典范，孜孜以求之，是为教育哲学也，否则即为教育信息。

如何学而至于圣人？教化的哲学认为，"敬则无失，诚则无间"。"《说命》曰：'敬逊务时敏，厥修乃来。'程子曰：'敬之一字，聪明睿知皆由此出。'君子进德修业欲及时也，诸生远来不易，当念所为何事。敬之哉！毋怠毋忽。若于此能循而行之，庶几可与共学，可与适道矣。"⑤

①何良俊（正德元年至万历元年，1506—1573）字元朗、号柘湖居士。吕洒基：《何良俊〈四友斋丛说〉之研究》，潘美月、杜洁祥主编：《古典文献研究辑刊 四编》（第30册），花木兰文化出版社2007年版。
②何良俊：《四友斋丛说》卷四，上海古籍出版社编：《明代笔记小说大观》，第891页。
③吉田和男：《塑造日本人心性的阳明学》，张静、明磊译，东方出版社2015年版，第153页。
④唐文治：《阳明学术发微》，《唐文治性理学论著集》，邓国光辑释，第1076页。
⑤马一浮：《复性书院讲录》卷一，吴光编：《中国近代思想家文库·马一浮卷》，第66页。

小　结

　　冯梦龙在阳明传奇即将终了时写道："先生幼时常言：'一代状元不希（稀）罕。'又言：'须作圣贤，方是人间第一流。'斯言岂妄发哉？先生殁后，忌其功者或斥为伪学，久而论定。至今道学先生尊奉阳明良知之说，圣学赖以大明。公议从祀圣庙。"[①]说阳明是"人间第一流"这句话，是冯梦龙的创造。他的这一创造，使后来讲述阳明传奇的人得到了很多的启发。第一流，不仅意味着人生的传奇，也意味着历史的传奇。这种传奇，为我们了解历史的真实增加了厚重的历史记忆，也设置了历史的谜题。当历史成为过往，传奇成为故事时，我们甚至难以区分哪些才是历史的记录，而哪些又是历史的真实。或许，历史本身就在这种传奇的流动中酝酿它的精神和气质，也在这种流动的传奇中隐藏着它的秘密和底色。

　　我们从冯梦龙的《王阳明出身靖乱录》出发，从书籍的视野来梳理这一传奇故事，能够看到书籍史在一定程度上就是书写的传奇，而书写的传奇在某种意义上来说就是我们所能知晓的历史。"堪笑伪儒无用处，一张利口快如风。"[②]冯梦龙用这样的诗句结束了他的阳明传奇。传奇的确如风一般，吹动了人的心灵，也吹皱了一池春水。

　　王阳明的哲学与教育思想中的积极因素很多，其中对涵养道德品性和参预社会生活关系的细致说明，鼓励独立思考，揭示实践性和量力性的教学原则，强调适应个性的道德教育等等，最具阳明学的风格。[③]今日，吾人可在此基础上进一步提出，阳明学不仅是性理学的集大成者，也是传统教育哲学中最具原创性者，透过阳明学的教育哲学主张，依据其内在理路和学术的历史视野，我们可以重新认识性理学传统，儒学传统以及时代精神的变迁。这在某种意义

---

① 冯梦龙：《王阳明出身靖乱录》，第120页。
② 冯梦龙：《王阳明出身靖乱录》，第120页。
③ 参见邱椿：《古代教育思想论丛（中册）》，第20—22页。

上也是一种诠释的艺术和生活。

清同治五年（1866）八月十三日，曾国藩致书朱兰：

> ……承示阅《明人学案》，讲道多胶于一偏。大率明代论
> 学，每尚空谈，惟阳明能发为事功，乃为后儒掊击，不遗余力。
> 阳明与朱子指趣本异，乃取朱子语之相近者，攀附以为与己同
> 符，指为晚年定论。整庵、高林杨园、白田诸公尽发其覆，诚
> 亦不无可议，乃并其功业而亦议之，且谓明季流寇祸始于王学
> 之淫诐，岂其然哉！彼一是非，此一是非，天下无定论久矣。[①]

曾氏所感慨的"天下无定论久矣"，非虚辞。阳明学由于政治、
学术、教育和社会思潮的变迁，遭遇到不同的待遇，乃是历史的真
实。今日，阳明学研究若是仍停留在"彼一是非，此一是非"的牢
笼中，则未免有失为学之旨。曾国藩从事功（政治成就、政治哲
学）的角度强调了阳明学的意义，吾人则认为，以教育史的眼光回
溯阳明学，不仅仅是一种可行的学术方案，更是一种切于历史情境
的考察方式。

我们认为，阳明学关于"学—教"问题有其独特的学派诠释范
式，它以良知的人性观、以致良知的实践力为基础，主张教化不是
抽象的本体范畴，也不是不可捉摸的工夫语汇，而是有其入处的实
工夫，是就学者分限的巧提撕。故唐文治《阳明学术发微》专述阳
明良知之学说，曰："良知之为用，穷天地亘古今，兼本末，赅始
终，岂拘墟一端而已。余之分类也，凡十，一曰德性之良知，二曰
闻见之良知，三曰好恶之良知，四曰事物已往之良知，五曰临事警
觉之良知，六曰事物未来之良知，七曰深沈涵养之良知，八曰历练
精密之良知，九曰为学知类之良知，而良知昏昧之由则列于第十，
则以为警醒人心之铎。当世研究经学者，傥能心知其意而通以虚救
实之方乎？"[②]阳明学以自觉觉人、自立立人的真教化，吸引了学派
中人，具有超越历史的教育意涵；教育史家唐文治心怀世教，阐明
阳明学立教真精神，希冀学者回归良知之学，不亦明且哲乎！

---

①曾国藩：《复朱兰》，《书信之八》，《曾国藩全集》（修订版，第29册），第340—341页。
②唐文治：《阳明学术发微》，《唐文治性理学论著集》，邓国光辑释，第1153页。

　　至此，吾人从"敬"的概念出发，对阳明学的教化思想进行了初步的梳理，认为作为性理学的阳明学，延续了朱子学关于"敬"的基本主张，同时根据时代的变迁提出了新的诠释，是一种心的铨衡，而非新的抗衡，这是儒学内在的发展，当然更是阳明充满忧患意识的"敬"德。所谓"敬"德，即是知其义而敬守之，即是敬以直内，即是知是知非的人伦教化。

结 论

小心翼翼，昭事上帝。上帝临汝，无贰尔心，战战兢兢。

——陆九渊《象山语录》下

"敬道心筌"这一概念，是笔者对阳明学进行诠释的一个初步尝试，并试图由此对阳明学的教化哲学进行理论的再思考，即在钦敬历史传统、对儒者之道心存敬意前提下，细致爬梳有关阳明学著述、主张和诠释的诸多理解和叙述，跳出二元论、演化论的窠臼，回归到教化和良知，透过对作为性理学的阳明学的诠释，把握敬道的历史感和意义感，这意味着在敬畏历史的基本心态下，理解、书写和体认阳明学的立说宗旨、行为准则和理想信念。诚如徐复观等现代新儒学学者《为中国文化敬告世界人士宣言》所言："尊重客观的人类生命心灵之敬意。此敬意是一导引我们之智慧的光辉，去照察了解其他生命心灵之内部之一引线。……敬意向前伸展增加一分，智慧的运用亦随之增加一分，了解亦随之增加一分。敬意之伸展在什么地方停止，则智慧之运用亦呆滞不前。"①

从儒学发展史来看，性理学形成了多元的话语体系，呈现出复杂的学术思想体系，开创了儒学发展的新局面。一方面大儒辈出，著述纷呈出精彩学术面貌；一方面诸家学说竞争、彼此擅场。更为重要的是，它不仅仅在学术意义上产生了深远的影响，更是通过数代人的努力全面渗入到社会发展之中，特别是通过政治权力、社会运动和学术思想的互动，使之成为具有鲜明中国特质的文化场域。后世学者对于如何诠释这一思想与社会关系，特别是如何构建性理学发展史，存在着不同的进路。

对近世学者而言，黄宗羲所树立的范式最为典型。所谓《明儒学案》②的范式是指，用案例的方式，重构思想家的著作和精神主

①张君劢：《附：为中国文化敬告世界人士宣言》，《新儒家思想史》，第559页。
②有感于"今日四部之书，汗牛充栋，老死不能遍观而尽识"的现实情况，清末理学名臣张之洞（道光十七年至宣统元年，1837—1909，字孝达，号香涛，谥文襄）特作《劝学篇·守约》，举要开出学校切用之书，其大纲目云："经学，通大义；史学，考治乱典志，诸子，知取舍；理学，看学案；词章，读有实事者；政治书，读近今者；地理，考今日有用者；算学，各随所习之事学之；小学，但通大旨大例。"总之，读书以应用切实为宗旨，所以对于理学书籍，虽然在《书目答问》中列举了《性理精义》《近思录集注》《宋元学案》《明儒学案》《学蔀通辨》《东莞学案》《国朝学案小识》《正谊堂全书》等儒家类理学之属汇集书，但他主张："读学案可以兼考学行，甄综流派。……通此（《明儒学案》《宋元学案》）两书，其余理学专书可缓矣。"（张之洞编撰：《增订书目问补正》，范希曾补正，孙文泱增订，中华书局2011年版，第677页）梁启超认为，中国的完善学术史，著作始于黄宗羲的《明儒学案》。他列出了学术史著作的四个标准：第一网罗该时代各个学派，第二用明晰的观念提点某家之学说，第三忠实于学者的原来面目，第四要对学者的时代和一生经历加以简要的叙述，以彰显其人格。（参见梁启超：《中国近三百年学术史》，东方出版社1996年版，第58页）

张，指引学者以个人的道德实践铨衡抉择，并以之为人生修行、修养的门径。[①]自黄宗羲《明儒学案》《宋元学案》确立了宋明儒学研究的典范之后，后世学者多以此为据加以阐发。钱穆说"平居于两学案最所潜心"；冈田武彦说："在这四年中，倾全力研读的是《宋元学案》和《明儒学案》，特别是《明儒学案》。在研读过程中，深深地体会要理解中国思想的精髓，非体验并研究中国思想家体验不可。"[②]《明儒学案》以阳明学为关注的焦点和中心，所以"研究明代儒学者莫不由此书入门，我自己（刘述先）也不例外。由此可见，梨洲对于阳明思想的阐释有多么大的影响力"[③]。

阳明学产生后，传至东瀛，落地生根，形成了日本的阳明学[④]。日本阳明学是日本学术的一个重要组成部分，经过几代学人的努力，形成了一种不可忽视的学术力量，并有着深厚的社会影响，使之成为真正的具有日本特色的传统学术。当代日本阳明学研究者如冈田武彦（1908—2004）、荒木见悟（1917—2017）、岛田虔次（1917—2000）、沟口雄三（1932—2010）等在既有学术传承的基础上，作出了突破性的贡献。日本阳明学者对传统学术心存敬仰之意，重视前贤学术积累，追求学术的自得和体认，形成各具风格的学术样态。[⑤]在他们的学术成果中，最值得我们关注的是他们的

---

① 参见朱鸿林：《儒家"为学方案"：学案著作体裁》，《〈明儒学案〉研究及论学杂著》，生活·读书·新知三联书店2016年版，第58页。

② 冈田武彦：《我的生涯与儒教：追求体认之学的历程》，《中国文哲研究通讯》第6卷第2期，1996年。

③ 刘述先：《论王阳明的最后定见》，《黄宗羲心学的定位》，浙江古籍出版社2006年版，第148—149页。

④ 关于日本阳明学，详见朱谦之：《日本的古学及阳明学》，上海人民出版社1962年版；戴瑞坤：《阳明学说对日本之影响》；冈田武彦：《简素的精神——日本文化的根本》，西泠印社出版社2000年版；戴瑞坤：《中日韩朱子学阳明学之研究》，文史哲出版社2001年版；永富青地：《近十年阳明学研究日文论著目录（1998—2008）》，崔在穆：《东亚阳明学》，朴姬福等译，中国人民大学出版社2009年版；吉田武男：《塑造日本人心性的阳明学》，张静、明磊译，东方出版社2015年版。邓红《何谓"日本阳明学"》一文指出，（日本）阳明学不是中国的学问，更不是明代王阳明个人的学问，而是负责建设日本国家的日本之学，即冈田武彦所说的"高举阳明学，以此来革新世间风气，维持国体，发扬国威，也就是持有国际主义思考，主张国粹主义。"［邓红：《何谓"日本阳明学"》，华东师范大学学报（哲学社会科学版）2015年第4期］

⑤ 吉田公平通过《传习录》在日本的考察，指出在欧洲学术思想传入日本时，明治时局的主导权从儒学过渡到西学，只有一人能抗衡西洋新思潮，即阳明学。此时，日本人将阳明学在内的儒学视为日本传统的学术，并将阳明学作为对抗西欧思想的旗手，最明显表现这一姿态的是井上哲次郎、蟹江义丸所编的《日本伦理汇编》。（参见吉田公平：《〈传习录〉在日本——日本阳明学的素描》，吴震、吾妻重二主编：《思想与文献：日本学者宋明儒学研究》，华东师范大学出版社2010年版，第324页）

研究意识。这些学者著书立说、教书育人、身体力行，其著述多有中文译本，在当代阳明研究中占有重要地位。其中冈田氏博士论文主题即阳明学，正式出版名为《王阳明与明末儒学》①，其中提出的派系划分影响深远；其《王阳明大传：知行合一的心学智慧》积三十年学力于一书，将体认之学、培根之学贯彻首尾，中文版出版后一时间洛阳纸贵。冈田氏特注重把握阳明学的精神实质，并以之为求得内心的自得和体悟的借镜。正是在前一书中，冈田氏首先敏锐地观察到："朱陆异同论者都重视敬。"②

荒木氏以佛教研究擅场，提出唐宋以来思想发展脉络之下哲学人性观集大成者尽在阳明学，其《佛教与儒教》③《明末清初的思想与佛教》④最为名著，荒木提出的阳明的立言宗旨是知行合一，即"强调知的处理与行的处理应该是在同一时间、同一地点进行，支持知的心（主体＝本来性）与支持行的心并非别体而对立存在，而是超越时空，同时又绵延不断地现在化的一如性（良知）的自我限定与自我发展。像这样总是在同一时间、同一地点包容知行，并能从容自如地操纵它们，淋漓尽致地发挥出其作用的东西就非'本来人'（本来性即现实性者）莫属了。"⑤这一说法既圆满又富含情感，既有哲理分析又包含睿智，论阳明立言宗旨者，此为的论而力透纸背。正是在《佛家与儒教》一书中，荒木氏明确地提出了要跳出佛家、儒家对立的二元论，而要将明代学术作为一个整体看待，进而找到本来性和现实性的思想精神的魅力。

岛田氏《朱子学与阳明学》提出阳明学是宋学式儒教（性理学）的最高峰，它归结于生生，即"良知与万物一体之仁合体，是知行统一、自他统一的同时，也成为'自然而然生生不息'者"⑥。至今仍有典范式的意义。该书其他论断亦胜意迭出，令人感佩。其《中国近代思维的挫折》更是提出了"阳明心学是儒家思想的极限"的论点，即认为"超越阳明心学，儒家思想在本质上就已经不再是

①冈田武彦：《王阳明与明末儒学》，吴光、钱明、屠承先译，重庆出版社2016年版。
②冈田武彦：《王阳明与明末儒学》，吴光、钱明、屠承先译，第26页。
③荒木见悟：《佛教与儒教》，杜勤、舒志田等译，中州古籍出版社2005年版。
④荒木见悟：《明末清初的思想与佛教》，廖肇亨译，上海古籍出版社2010年版。
⑤荒木见悟：《佛教与儒教》，杜勤、舒志田等译，第271页。
⑥岛田虔次：《朱子学与阳明学》，第94页。

儒家思想"。①作者写道："通过阳明到复归圣学为止的这个精神探索的足迹，我们不难看到的，是超越卑俗，克服安逸无为，只顾不停地追求第一等事、第一义事的自我行动，是实践行动的强烈性。正确地认识这种激烈的内心发酵和精神泡沫，恐怕是对理解阳明具有决定性意义的大前提吧！并且那不单是阳明内心的激动吧！民族的精神史、人类的社会史，在它的某个时期，在大小强弱不同的规模上，也经历过这样的疾风怒涛。"②这是何等有情感的写作！岛田氏认为朱子是理一元论，与前述冈田氏不同，这表明了日本阳明学者的独立判断。岛田氏说："象这样一心一意敬慕圣人的热诚，难以认为不具有产生什么的力量。真正唤起新学问、新思想的，与其说是精致的学说，毋宁说是全心全意的热情。"③这是作者从学术自觉的角度，强调了"敬"的精神和学术发展的关系。

沟口氏相较于前几位则更为冷静，所以他提出了"作为方法的中国"的概念，影响着学界研究，对其学说笔者以身份意识、方法意义、现代意识括之④：所谓身份意识是指对日本阳明学和中国阳明学的区划中，对日本阳明学的独特性的体认，将日本阳明的认同化为研究者的内在身份认同，并在其研究中明确表彰日本人特性；所谓方法意识是指在阳明学的诠释中逐步形成一种以区别于中国阳明学的研究路径为特征的学术取径，并最终提出了作为方法的中国这一命题；所谓现代意识是指超越历史发生的时代限制，将阳明学置于现代语境之中，并将其内化为学者的精神追求。在沟口氏看来，宋明理学是一种延续性的发展而非对抗性的断裂，阳明学并不是朱子学的反对面，不是性向心的发展，毋宁说是从理向理的展开，是理在质的方面的展开，即从本来一元的理向自然本来的性情自然地展开。⑤

上述这些学者的论著多在20世纪80年代以后被翻译为中文，故

---

① 岛田虔次：《序》，《中国近代思维的挫折》，第4页。
② 岛田虔次：《中国近代思维的挫折》，第30页。
③ 岛田虔次：《朱子学与阳明学》，第79页。
④ 向辉：《主体身份与现代路径：沟口雄三的阳明学研究意识探析》，《平顶山学院学报》2018年第3期。
⑤ 参见沟口雄三：《中国前近代思想的屈折与展开》，龚颖译，生活·读书·新知三联书店2011年版，第126页。

而其影响多在此以后，时至今日仍有较大影响力。本书也吸取了上述几位学者关于阳明学中敬的意义和内涵的有关论断及方法论的解说。

当然，抛开哲学纯粹的学术而言，近代以来影响最巨的，当属日本现代化的成功所造成的巨大冲击。日本阳明学在近代成为其维新改革成功的重要思想资源，以其现实的实力影响了学者的心态和眼光。自梁启超开始，就"希望仿效日本大和魂、武士道，塑造'中国魂'"，以外来学术调适中国传统思想，"尤其是以阳明思想为中心的尚武精神、'致良知'、'知行合一'等理念，建立具有中国固有道德为基础的现代国民"。[①]这一调适的传统，在政治上有诸多拥趸，知行合一之教得以在批判的继承中发展。同时也影响了学术界如钱穆、贺麟等人，对阳明学进行阐发。

这样，自晚清以来的阳明学，在很长一段时间里，实际上是黄氏学案式的阳明学和日本阳明学的杂糅。

故而，阳明学既是一门传统的学问，又是具有强烈现代意义的学说。阳明学被诸多学者所关注，多有精深的论著，增加并丰富了我们对王阳明的教化哲学及儒学的认识，启发我们如何更有效地研究其教化哲学。

圣人必可学而至，这是性理学公论。张栻说："本朝河南君子始以居敬穷理之方开示学者，使之于致知力行，有所循守，以入尧舜之道。然近岁以来，学者又失其旨，汲汲求所谓知，而于躬行则忽焉。本之不立，故其所知特出于臆度之见，而无以诸躬，识者盖忧之。"[②]所谓立本，即是要挺立人的精神，由敬而入。阳明问学于当世儒者娄谅，所得启示即此，故能深契之。阳明说："君子之学，渊静而精专，用力于人所不知之地，以求夫自慊，故能笃实辉光，久而益宏，愈抑而愈不可尽。"[③]何以笃实而辉光？从求自慊而来，由敬而来。这是成德之教的关键：

① 黄克武：《蒋介石与阳明学：以清末调适传统为背景之分析》，《近代中国的思潮与人物》（修订版），九州出版社2016年版，第387页。

② 张栻：《南轩先生论语解序》，《张栻集》，邓洪波校点，岳麓书社2010年版，第3页。

③ 束景南、查明昊辑编：《半江赵先生文集叙》，《王阳明全集补编》，上海古籍出版社2016年版，第141页。

半江赵先生，蚤（早）以文学显召当时，自成化以来，世之知工文艺者，即知有先生。其为诗文宏赡清丽，如长谷之云，幽溪之濑，人望之漠然无穷，悠然玩而乐之，而不忍去也。自先生始入仕，即为刑曹剧司，交四方之贤。然居常从容整暇，其于诗文未或见其有苦心极力之功，遂皆以为得之天分则尔。先生与家君龙山先生为同年进士，故守仁辱通家之爱，亦以是为知先生矣。其后告病归阳明，先生方董学政，校士于越。邀宿行台间，得窥其诗稿，皆重复删改，或通篇无遗字。取其傍校士卷翻之，尽卷皆批窜点抹。以为此偶其所属意，则乱抽十数卷，无不然。又见一小册，履历所至，山川风俗，道途之所闻，经史之所疑，无不备录。闻其侍童云："公暇即拂案展帙，焚香静对，或检书已夜分，犹整衿默坐，良久始就卧。"然后知先生平日之所养若是其深，虽于政务猥琐之末，亦皆用心精密若此也。夫然后叹先生之不可尽知，而世之以文词知先生者，盖犹未见其杜权也已。[①]

阳明在给赵宽[②]的文集做序时，对世俗之见和他自己的观察作了对比。世俗学者只见成功，即以为浑然天成，而阳明却看到了一个人成就背后的故事。赵宽之所以留下文字之名，得到学者公认，实际上乃是他不懈努力的结果。这就是敬的不苟且的精神。阳明是否由此探究朱子学，已经无从考察。但这篇序文给我们留下了深刻的印象，即从事任何一门学问，都离不开学者对这一学问的敬道。世人多以为性理学家对于文字不重视，只是讲求心性道理，如果文字功夫都需要不苟且的敬道精神，生活难道能苟且得过去？

圣贤必可学而至，如何学则是一个关键的问题，在阳明是"朱子学何以成为朱子学"的问题，在吾人则是"阳明学何以成为阳明学"的问题。归根结底即是成人之教的问题。对这样的问题的解答，意味着我们能够从找到圣贤可学而至的方法。从阳明学那里，我们看到，敬道乃是他的方法，这一方法就如同他在《半江赵先生

---

①束景南、查明昊辑编：《半江赵先生文集叙》，《王阳明全集补编》，第142页。
②赵宽（天顺元年至弘治十八年，1457—1505），字栗夫，号半江，江苏吴江人。成化十七年（1481）进士。历任刑部郎中、浙江提学副使，卒于广东按察使任上。著《半江赵先生文集》。

文集叙》中所说的："其平生用心之密，充养之深，虽其子若婿，亦皆未之能尽知也。先生之于斯学，其亦可谓渊静精专，用力于人所不知之地，以求自慊者矣。"①阳明所说的"渊静精专"即吾人所谓之"敬道"。

司马迁在《孔子世家》中说："《诗》有之：'高山仰止，景行行止。'虽不能至，然心向往之。余读孔氏书，想见其为人。"②所谓圣人必可学而至，莫不在是乎？读阳明之书，想见其人，如何成人？以"敬"为方法，为行动，为信仰。故此，阳明的教化哲学是一种心学，也是一种希圣希贤之学。

性理之学是成德之教。儒者讲学的中点和重点，最终的落脚点和起点就在道德的本心与道德创造，他们的学说首先是一种自觉的探究，即以自身的生命自觉地做道德实践，念兹在兹而讲习之，自觉地作圣贤工夫以发展其德性人格，实现了生命意义的无限而圆满③。在此，他们以"敬"的方式实现了他们的生命价值，成就了他们的生命意义。这是德行上的光辉，价值、生命、精神世界的荣光，人的生命在这里光畅、博大；在个人的生活中践仁而表现其德行，所以他们的生命意义彰显而挺立，他们的学说精神朗现而贞定。在阳明学是生活之道、生命之道，其中的"心与理、心与物、知与行、人与天，以及格物致知、致良知等等，都是在切己相关的动态过程中展开的，从而处处都有着切身的直接可领会性。在人与天的相交相构之中，气韵盎然"④。儒者的学问"不会把某些信条或教义强加于任何现存的政治力量，并依赖其来传播自己的思想"。⑤它之所以历久不衰就在于一代代学者之间充溢着敬意的传承，这种传承是一种精神的启示，是一种信仰的力量，也是一种典范的启示。朱子如此，阳明如此。在学者看来，儒学的内涵极为丰富：它

---

① 束景南、查明昊辑编：《半江赵先生文集叙》，《王阳明全集补编》，第142页。
② 司马迁：《孔子世家》，《史记》卷四十七，中华书局2013年版，第1947页。
③ 参见牟宗三：《心体与性体（上）》，吉林出版集团有限责任公司2013年版，第7—9页。
④ 林丹：《日用即道：王阳明哲学的现象学阐释》，光明日报出版社2012年版，第4页。
⑤ 徐梵澄：《孔学古微》，李文彬译，孙波校，华东师范大学出版社2015年版，第46页。学者认为阳明学之所以成功，并不在于其哲学的创见性，而是在于明代嘉靖时期的意识形态："王阳明的思想无论如何必须取胜，以便配合在"大礼议"事件中支持嘉靖皇帝的一派。王阳明现象和陈白沙现象的出现都非偶然，也不纯粹是思想运动。那是与一个具有强大南方关系的政治集团的得势齐头并进的政治意识形态。（科大卫：《明清社会和礼仪》，曾宪冠译，李子归、陈博翼校，北京师范大学出版社2016年版，第273页）

作为一种信仰体系，为个人生活行为和集体意识提供了一种全面且深刻的指导原则；作为一种思想流派，它为政府管理和社会控制提供了必要的处方；作为一种学术范式，它为学者和大众提供了不可或缺的审美标准和道德判断准则。①对于我们个人的生活来说，更多的是一种哲学智慧的追寻，"哲学的基本问题就是人与世界的关系问题，人对世界万物的态度问题，说得具体一点，就是人生在世的在世结构问题，是人怎样在世的问题，是人怎样生活在世界上的问题"②。这即是阳明学所教导学者的人之生生具有的内在伦理价值，"不外于身心性情之德、人伦日用之常"③，追随贤哲的智慧，省察克治、师友砥砺，即通过个体和群体的力量能使仁心得以显现，而天理的和谐亦将不再是一空洞的理想。

旧学皆新学，经学皆心学④，"敬"之以成。

贾谊（前200—前168）《新书》记载古圣先王修正语，其中帝舜说："吾尽吾敬以事吾上，故见谓忠焉；吾尽吾敬以接吾敌，故见谓信焉；吾尽吾敬以使吾下，故见谓仁焉。是以见爱亲于天下之人，而乐归于天下之民，而见贵信于天下之君。故吾取之以敬也，吾得之以敬也。"贾谊评论道："欲明道而谕教，惟以敬者为忠必服之。"⑤王应麟以为"此帝王大训之存于汉者。若高帝能除挟书之律，萧相国能收秦博士官之书，则倚相所读者不坠矣。幸而绪言尚在，知者鲜矣。好古之士盍玩绎于斯"⑥。恭敬虔诚，斯乃所以成之者；爱敬忠信，斯乃所以明道谕教也。此乃古圣先王之教化，亦为后世儒者所继承、所阐发，故"敬"之一字实为吾儒学术之枢机也。

旧邦新命，继往开来。唐宋以来，性理学日渐成为儒学大宗，教化之学渐次成为学术中心。其学说宗旨契合时代风潮，以五经四子为鹄的，以人伦教化为主旨，以敬为方法，以性、理、心为主

---

① 参见芮沃寿：《中国历史中的佛教》，常蕾译，北京大学出版社2009年版，第70页。
② 张世英：《哲学的基本问题》（第一讲），《新哲学讲演录》（第2版），第34页。
③ 束景南、查明昊辑编：《杨珙庭训录序》，《王阳明全集补编》，第143页。
④ 于述胜先生2016年4月2日讲授。林庆彰先生的提法是阳明学的经学思想之旨为"经学即心学"。"就《稽山书院尊经阁记》和《重修山阴县学记》二文来说，其主旨无非是阐释'经学即心学'的道理。这也是阳明经学思想的总纲领。阳明所有有关经学的言论，几乎都收摄在这一句话的概念内涵中。"（林庆彰：《王阳明的经学思想》，《明代经学研究诸集》，文史哲出版社1994年版，第75页）
⑤ 贾谊：《修政语上》，《新书校注》卷九，阎振益、钟夏校注，第360—361页。
⑥ 王应麟：《困学纪闻》卷二，栾保群、田松青校点，上海古籍出版社2015年版，第28—29页。

轴，敬仰先贤之道，诠释时代的价值，捡拾精神的理想，重建文化的自信，其人其学，莫不伟岸可观；其风其气，莫不独出心裁。

阳明说："子闽也，将闽是求，而予言子以越之道路，弗之听也。予越也，将越是求；而子言予以闽之道路，弗之听也。夫久溺于流俗，而骤语以求圣人之事，其始也必将有自馁而不敢当；已而旧习牵焉，又必有自眩而不能决；已而外议夺焉，又必有自沮而或以懈。夫馁而求有以胜之，眩而求有以信之，沮而求有以进之，吾见立志之难能也已。志立而学半，四子之言，圣人之学备矣。苟志立而于是乎求焉，其切磋讲明之益，以吉自取之，尚其有穷也哉？"①阳明以"闽越殊途"形容的不是学术分歧，非是要闽走越，越归闽，而是警醒吾人是否确立了立志求知的人生的目标。闽越各以其途，均有其实际的指向，故求闽求越者均能不惑于歧说。圣人之学业已成为故事和传说，闽越不再，茫茫人海，无所归依。夫阳明之学备矣，自馁乎？目眩乎？意沮乎？抑以求之乎？求之道，自"敬"道始，何谓也？"修己以敬"而已矣。

阳明《龙潭夜坐》诗云：

何处花香入夜清，石林茅屋隔溪声。幽人月出每孤往，栖鸟山空时一鸣。

草露不辞芒履湿，松风偏与葛衣轻。临流欲写猗兰意，江北江南无限情。②

此诗为阳明居滁州时所作，是时（正德八年，1513）阳明至滁州督马政。按吾人之理解，我国哲人往往具有诗人之慧眼，在生活的困窘中找寻、发现并理解人生意义所在。细雨润物之时，静中能品花香之沁，敬中可悟溪流之声。"子在川上，曰：'逝者如斯夫！'"（《论语·子罕》）此非无端之感慨，乃是圣贤对于自身生命价值的一种体悟。

茅屋何其陋，君子居之则有万物一体论；草露何其微，君子感之则有无限情怀；猗兰何其洁，有情方能味其神。敬意无处不在，

---

① 王阳明：《赠林以吉归省序》，《王阳明全集》（新编本）卷七，吴光等编校，第243页。
② 王阳明：《龙潭夜坐》，《王阳明全集》（新编本）卷二十，吴光等编校，第768页。

则能与古圣先贤相感。传闻昔日孔子曾作《猗兰操》，后世大儒韩愈作《琴操十首》继之，其《猗兰操》云："兰之猗猗，扬扬其香。不采而佩，于兰何伤。今天之旋，其曷为然？我行四方，以日以年。雪霜贸贸，荠麦之茂。子如不伤，我不尔觏。荠麦之茂，荠麦有之。君子之伤，君子之守。"[1]古注云："自修古人之道。"[2]纷纷之世，君子何以修古圣贤之道？敬而已。

　　是为结论。

---

①屈守元、常思春主编：《韩愈全集校注》，四川大学出版社1996年版，第797—798页。
②屈守元、常思春主编：《韩愈全集校注》，第803页。

附录 中日阳明学博士论文一览表

编号	著者	时间	题目	指导老师	毕业院校
\multicolumn{6}{中国大陆地区阳明学博士论文}					
1	方尔加	1987	明代王阳明心学研究	石 峻	中国人民大学
2	杨国荣	1987	王学内在的二重性及其历史展开	冯 契	华东师范大学
3	毕 诚	1988	阳明学派教育思想研究	毛礼锐 王炳照	北京师范大学
4	赵士林	1988	心学与美学	李泽厚	中国社会科学院
5	陈居渊	1992	清代诗歌与王学	章培恒	复旦大学
6	赖忠先	1996	致良知之学：王阳明道德修养与道德教育思想研究	王炳照	北京师范大学
7	肖 鹰	1998	王阳明美学研究	叶 朗	北京大学
8	任文利	1999	阳明及阳明后心学：从王阳明到黄宗羲	蒙培元	中国社会科学院
9	叶远厚	1999	王阳明心学新探	葛荣晋	中国人民大学
10	李 珂	1999	恶的扬弃与恶的消解：比较黑格尔与王阳明的教化之路	谢遐龄	复旦大学
11	赵 旗	1999	心学与禅学	张岂之	西北大学
12	邓志峰	2000	王学史（1521—1584）：以伪学到准官方学说——兼论晚明的师道复兴运动	朱维铮	复旦大学
13	洪淳穆	1999	韩国阳明学展开及其特性研究：以霞谷（郑齐斗）阳明思想之理论体系为中心	潘富恩	复旦大学
14	高予远	2000	实践的良知：王阳明哲学的阐释	谢遐龄	复旦大学
15	彭国翔	2001	王龙溪与中晚明阳明学的展开	陈 来	北京大学
16	谈蓓芳	2001	王阳明哲学与明代后期文学	章培恒	复旦大学
17	林洪兑	2001	王阳明四句教研究	张立文	中国人民大学
18	朴喆洪	2002	阳明哲学的儒佛道三教和合体系及其精神	张立文	中国人民大学
19	杨月清	2002	陆王心学派的易学思想研究	潘富恩	复旦大学
20	许珠武	2002	王阳明良知本体论研究	谢遐龄	复旦大学
21	鲍世斌	2002	明代王学研究：以本体—工夫理论为中心的历史考察	周桂钿	北京师范大学
22	潘立勇	2003	本体工夫论与阳明心学美学	朱立元	复旦大学
23	陈立胜	2003	一体的仁与乐：王阳明思想研究	冯达文	中山大学
24	梁徐宁	2004	阳明心学的生命哲学阐释	洪修平	南京大学
25	陈时龙	2004	明代中晚期讲学运动：1526—1626	樊树志	复旦大学

续表

编号	著者	时间	题目	指导老师	毕业院校
26	林 丹	2005	王阳明哲学的现象学解读	张祥龙	北京大学
27	胡永中	2006	致良知论：王阳明去恶思想研究	郑万耕	北京师范大学
28	朱 承	2006	超越心性：王阳明哲学的政治向度	杨国荣	华东师范大学
29	刘莉萍	2007	万物一体：王阳明伦理思想的精神	姚新中	中国人民大学
30	李丕洋	2007	真理和自由境界的追索者：王阳明修道哲学的思想精蕴	宋志明	中国人民大学
31	陈多旭	2007	教化与工夫：工夫论视域中的阳明心学系统	李景林	北京师范大学
32	李洪卫	2007	论王阳明的身心观	高瑞泉	华东师范大学
33	辛丽丽	2007	阳明成圣学研究	焦国成	中国人民大学
34	李相勋	2008	王阳明与李退溪心性论比较研究	张立文	中国人民大学
35	刘笑非	2008	阳明心学的宗教维度	朱良志	北京大学
36	李会富	2008	江右王学研究	张立文	中国人民大学
37	杨硈堂	2008	大美心之光：从王阳明心学看中国文人书画大和谐精神	范 曾	南开大学
38	张 勇	2008	学以至圣——证法与教法统一视野下的阳明心学	董志铁	北京师范大学
39	刘 聪	2008	阳明学与佛道关系研究	洪修平	南京大学
40	朱晓鹏	2009	王阳明哲学与道家道教关系研究	杨国荣	华东师范大学
41	王建宏	2009	王阳明思想再评价：以成圣之道为中心的考察	张岂之	西北大学
42	许 多	2009	无心之心：王龙溪与天泉证道	张学智	北京大学
43	陈慧麒	2009	会通儒释——以周汝登为中心对明末阳明后学的研究	张立文	中国人民大学
44	王中原	2010	王阳明政治伦理思想研究	吕锡琛	中南大学
45	鲍永玲	2010	种子与灵光：王阳明心学喻象体系通考	潘德荣	华东师范大学
46	王 进	2010	良知、光明、美：王阳明良知"日喻"的哲学美学意蕴	刘纲纪	武汉大学
47	鲍希福	2010	三教本心：心学整合儒释道三教思想研究	王葆玹	中国社会科学院研究生院
48	曲 辉	2010	16—17世纪儒学思想变迁轨迹探论——以阳明心学为主线	徐兆仁	中国人民大学
49	薛青涛	2011	明词与阳明心学	刘扬忠	中国社会科学院研究生院
50	张小明	2011	黔中王学研究	李承贵	南京大学
51	朴吉洙	2012	本体与境界之间：王阳明心性说的本质与特征	陈 来	北京大学
52	熊贵平	2012	同异与是非之辩：王阳明佛教观研究	麻天祥	武汉大学
53	王丽霞	2012	事功与心性之间：王阳明心学研究的一个视角	黎红雷	中山大学

续表

编号	著者	时间	题目	指导老师	毕业院校
54	李冬梅	2012	阳明后学伦理思想研究	董 群	东南大学
55	黄文红	2012	王阳明乐思想研究	陈道德	湖北大学
56	孟 潇	2012	遇与言：以《传习录》为论说中心	刘梦溪	中国艺术研究院
57	阮春晖	2012	阳明后学现成良知思想研究	章启辉	湖南大学
58	谢 旭	2013	王学与中晚明文学理论的关系研究：以七子派和公安派为个案	梁道礼	陕西师范大学
59	杨 洋	2013	王阳明求中美学思想研究	邹 华	首都师范大学
60	毕 游	2013	从朱陆异同到朱王：以理、性、心、知四个范畴为中心	卢钟锋 陈祖武	中国社会科学院研究生院
61	马晓虹	2013	阳明心学与明中后期文学批评	张恩普	东北师范大学
62	孙 杰	2013	明中后期的义利之辨：以王阳明、高拱、李贽为中心	林 枫	厦门大学
63	陈 琦	2014	王阳明致良知思想研究	张连良	吉林大学
64	陈媛媛	2014	王阳明心学之道德主体性研究	李振纲	河北大学
65	李云涛	2014	李贽童心说与阳明心学	王卫东	云南大学
66	梁 愿	2014	王门狂禅与晚明艺术精神	危磊	暨南大学
67	王传龙	2014	阳明心学流衍考	孙钦善	北京大学
68	侯 丹	2015	阳明诗歌与佛禅	李小荣	福建师范大学
69	牛冠恒	2015	王阳明论语学研究	王 杰	中共中央党校
70	李 亚	2015	梁启超与近代中日阳明学	郭连友	北京外国语大学
71	鹿 博	2015	"境界工夫"的展开与王学流弊的漫衍：江右思想家罗汝芳研究	束景南	浙江大学
72	郭晓林	2015	致良知与道德发生学：王阳明心性伦理研究	邓安庆	复旦大学
73	周 原	2015	理学与心学士大夫经济思想比较研究：从"得君行道"到"觉民行道"的演化	马 涛	复旦大学
74	秦泗岩	2016	阳明心学平议	张锡勤	黑龙江大学
75	唐北华	2016	晚明心学思潮与五四人学思潮的比较研究	朱栋霖	苏州大学
76	汪 克	2016	阳明心学与禅学	刘立夫	中南大学
77	杨庭曦	2016	王阳明文艺美学研究	王岳川	北京大学
78	徐 倩	2016	日本明治时期的阳明学研究：以三宅雪岭、高瀬武次郎、井上哲次郎为核心	徐水生	武汉大学
79	张晓渝	2016	西方道德动机论的心学观照：以王阳明为参照	焦国成	中国人民大学
80	向 辉	2017	王阳明的教化哲学研究：以"敬"为中心	于述胜	北京师范大学
81	兰 军	2017	联讲会，立书院：浙江阳明学讲会研究	邓洪波	湖南大学
82	李海超	2017	阳明心学与儒家现代性观念的开展	黄玉顺	山东大学

续表

编号	著者	时间	题目	指导老师	毕业院校
83	王志刚	2017	悟道与证道：王阳明良知学研究	吴　震	复旦大学
84	吴　琼	2017	阳明心学与复古派关系研究	左东岭	首都师范大学
85	朱　雷	2017	明代心学气论研究	陈　来	北京大学
86	徐瑜霞	2018	成己中"物"的逻辑：儒家心学之于现代虚无主义的克服	刘森林	中山大学
87	云　龙	2018	"吾性自足"——心物关系视域中的阳明心学研究	李景林	北京师范大学
88	单虹泽	2019	阳明心学与神秘主义	吴学国	南开大学
89	陈志伟	2019	"心"学的契合：从王阳明心学论陶渊明的思想与精神世界	范　曾	中国艺术研究院
90	李孔胜	2019	明中后期阳明学派史学思想研究	汪高鑫	北京师范大学
91	娄博昊	2020	阳明学与舍勒价值伦理学的比较研究	张学智	北京大学
92	席玥桐	2019	走出泛道德主义：王阳明良知思想辨证	姚新中	中国人民大学
93	娄博昊	2020	阳明学与舍勒价值伦理学的比较研究	张学智	北京大学
95	孙德仁	2020	"致良知"何以为"教"	丁为祥	陕西师范大学
96	王晓娣	2020	阳明后学伦理思想研究	徐　嘉	东南大学
97	赵盛梅	2020	王阳明道德教育思想及其创造性转化研究	徐晓光	贵州师范大学
98	黄　瑶	2021	王阳明责任思想研究	吴先伍	南京师范大学
99	彭　丹	2021	阳明学道统思想研究	苗润田	山东大学
100	唐锦锋	2021	王阳明的"良知"与康德的"自由意志"之比较研究	陈道德	湖北大学
101	张菁洲	2022	王阳明文献的多重系统与诠释研究	董　平 史光辉	贵州师范大学
中国台湾地区阳明学博士论文					
1	吴爽熹	1975	陆王心学辨微	罗光	辅仁大学哲学研究所
2	朱秉义	1977	王阳明入圣的工夫		文化大学历史研究所
3	戴瑞坤	1979	阳明学说对日本之影响	林　尹 潘重规 邱燮鐉	文化大学中国文学系研究所
4	崔完植	1983	王阳明诗研究	高　明 李洗金	台湾师范大学中国文学研究所
5	郑基良	1983	王阳明与康德道德哲学的比较研究	高怀民	文化大学哲学研究所
6	宋河璟	1984	王阳明心学之研究	黄锦鋐	台湾师范大学国文研究所
7	郑胜元	1986	阳明哲学之研究	程兆熊	文化大学哲学所

续表

编号	著者	时间	题目	指导老师	毕业院校
8	李明汉	1987	阳明"良知一概念的形成及其意义之探讨	牟宗三	文化大学哲学所
9	李相勋	1993	王阳明工夫论之研究	蔡仁厚	东海大学哲学研究所
10	林惠胜	1995	王阳明与禅佛教之关系研究	戴琏璋	台湾师范大学国文研究所
11	田炳述	1995	从理学到心学之发展看王阳明哲学特色	杨祖汉	文化大学哲学研究所
12	王财贵	1996	从天台圆教论儒家心学建立圆教之可能性	蔡仁厚	文化大学哲学研究所
13	黄甲渊	1996	心学的道德形上学研究	蔡仁厚	东海大学哲学系
14	近藤朋子	1998	阳明学与藤树学之研究	黄锦铉	台湾师范大学国文学系
15	黄信二	2002	王阳明致良知方法论之研究	陈福滨	辅仁大学哲学研究所
16	张崑将	2002	日本德川时代纯忠与至孝思维的典型——以阳明学与兵学为中心	黄俊杰	台湾大学历史学研究所
17	黄淑龄	2004	重寻"仲尼颜子乐处,所乐何事?"——明代心学中"乐"的义涵研究	林丽真	台湾大学中国文学研究所
18	罗永吉	2005	阳明心学与真常佛学之比较研究	林聪舜	台湾清华大学中国文学系
19	张艺曦	2005	王学、家族与地方社会——以吉水、安福两县为例	王汎森	台湾大学历史学研究所
20	蔡淑闵	2005	阳明学派游学活动研究	董金裕	政治大学中国文学研究所
21	朱湘钰	2006	平实道中启新局—江右三子良知学研究	钟彩钧	台湾师范大学国文学系
22	吴伯曜	2006	王阳明四书学研究	康义勇	高雄师范大学国文学系
23	林久络	2006	王门心学的密契主义向度——自我探索与道德实践的二重奏	关永中 张永俊	台湾大学哲学研究所
24	李兴源	2006	晚明心学思潮与士风变异研究	何淑贞	高雄师范大学国文学系
25	林明进	2007	王阳明哲学及其道德教育实践之研究——以南部地区国小教师为例	裘学贤	台南大学教育经营与管理研究所
26	杨正显	2008	一心运时务:正德时期(1506—21)的王阳明	王汎森 张永堂	台湾清华大学历史研究所
27	戴裕记	2008	王阳明良知体现论的美学向度探究	萧振邦	淡江大学中国文学系
28	王继华	2008	王阳明实践哲学研究	张永俊	中国文化大学哲学研究所
29	蔡龙九	2009	《朱子晚年定论》之相关探究	张永俊 杜保瑞	台湾大学哲学研究所
30	李元璋	2009	阳明心学之美学研究	蔡仁厚	东海大学哲学系

续表

编号	著者	时间	题目	指导老师	毕业院校
31	侯洁之	2010	晚明王学宗性思想的发展与理学意义——以刘师泉、王塘南、李见罗、杨晋庵为中心的探讨	庄耀郎	台湾师范大学中国文学系研究所
32	卢其薇	2011	宋明理学习概念研究：以朱子、王阳明、刘蕺山为考察	林安梧	台湾师范大学中国文学系研究所
33	许佩玟	2014	王学之质疑及其流弊——以理论之探究为中心	庄耀郎	台湾师范大学国文学系
34	刘姿君	2015	阳明后学对"良知教"之把握偏正研究：依"判教"之可能义理型态分别	庄耀郎	台湾师范大学国文研究所
35	黄勤媛	2015	论阳明致良知之本体实践工夫及其意义治疗	林安梧	玄奘大学中国语文学系硕博士班
36	陈盈吟	2017	王阳明哲学路径及其对中晚明文艺思潮的影响研究	刘锦贤	中兴大学中国文学系所
37	吴嘉明	2017	晚明时期阳明后学研究——由心入情的思想体系考察	吴汝钧	台北市立大学／中国语文学系
38	李玮皓	2018	儒家义理辅导学之建构——以王阳明与王船山义理中的意义治疗为核心开展	曾昭旭	辅仁大学中国文学系
39	白宛仙	2020	王阳明心学之实现	陈佳铭	中正大学中国文学研究所
40	李佩圆	2021	王阳明军事武功与战略管理之研究	郑卜五	高雄师范大学国文学系

日本阳明学博士论文

编号	著者	时间	日文题目	中译题目	毕业院校
1	崔在穆	1991	東アジアにおける陽明学の展開	东亚阳明学的展开	筑波大学
2	吉田公平	1991	陸象山と王陽明	陆象山和王阳明	广岛大学
3	韩睿嫄	1993	何心隠の生涯と思想：その秩序像をさぐる	何心隐的生涯与思想：探寻其条理	东京大学
4	古川治	1994	中江藤樹の総合的研究	中江藤树的综合性研究	东北大学
5	李凤全	1994	中国近世近代社会における陽明心学の展開に関する研究	中国近世近代社会阳明心学的展开之研究	九州大学
6	吴震	1996	陽明後学の研究	阳明后学的研究	京都大学
7	兰明	1997	北村透谷研究—思想の形成の多層性を中心に	北村透谷研究：以思想形成的多层性为中心	东京大学

续表

编号	著者	时间	日文题目	中译题目	毕业院校
8	郑址郁	1998	良知現成論に関する研究：王龍渓・王心斎を中心にして	良知现成论研究：以王龙溪、王心斋为中心	九州大学
9	永富青地	2004	王守仁著作の文献学的研究	王守仁著作的文献学研究	早稻田大学
10	钱明	2008	陽明学の成立と展開	阳明学的成立和展开	九州大学
11	森田康夫	2009	大塩平八郎と陽明学	大盐平八郎和阳明学	立命馆大学
12	大场一央	2010	心即理：王陽明前期思想の研究	心即理：王阳明前期思想的研究	早稻田大学
13	中纯夫	2011	初期江華学派の研究：朝鮮における陽明学受容	初期江华学派的研究：朝鲜对阳明学的接受	京都大学
14	伊香贺隆	2012	陸王心学における「自然」と「工夫」についての研究：陸象山・王陽明・王龍渓	陆王心学"自然"和"工夫"的研究：陆象山、王阳明、王龙溪	东洋大学
15	焦堃	2014	陽明学と明の政治	阳明学和明代政治	京都大学
16	水野实	2014	王守仁の思想と明代における『大学』解釈の諸相	王守仁的思想和明代《大学》的解释	早稻田大学
17	山村奖	2018	近代日本の陽明学理解の系譜	近代日本阳明学理解的系谱	综合研究大学院大学
18	关雅泉	2019	江戸時代前期における儒學者の朱子學と陽明學の受容に關する考察	江户时代前期儒学者对朱子学和阳明学接纳的考察	北海道大学
19	李静	2019	混淆する東アジア思想：花郎・王陽明・ハビアンを中心に	混淆的东亚思想：以花郎、王阳明、法比安为中心	京都大学
20	刘珉	2020	王陽明資料の新研究：龍場に至るまで	王阳明资料的新研究：龙场之前	早稻田大学

说明：

1. 国内并无类似日本的博士学位论文查询数据库（http://ci.nii.ac.jp/d/，日本の論文をさがす—国立情報学研究所），故

本一览表并未涵盖国内全部有关王阳明研究的博士论文。

2. 关于王阳明的研究内容复杂，本表所列论文以王阳明研究为主题，同时包括部分以阳明后学为主题的博士论文，并未涵盖全部阳明后学研究博士论文。

3. 日本博士论文检索系统只有1991年以后数据。

4. 本一览表的全部数据均源自网络数据库，包括：

甲：中国知网"中国优秀博硕士学位论文全文数据库"[①]；

乙：万方"中国学位论文全文数据库"[②]；

丙：国家图书馆"馆藏博士论文与博士后研究报告数字化资源库"[③]；

丁：台湾"人文及社会科学引文索引资料库"[④]；

戊：日本博士学位论文查询数据库。[⑤]

上述数据库均未能包括中国和日本各高校历年来全部博士论文数据，相关论文搜集截至2022年，此后不再录入。

---

① 中国知网中国优秀博硕士学位论文全文数据库 http：//epub.cnki.net/KNS/brief/result.aspx-?dbprefix=CDMD.

② 万方中国学位论文全文数据库 http：//c.g.wanfangdata.com.cn/Thesis.aspx.

③ 国家图书馆馆藏博士论文与博士后研究报告数字化资源库 http：//mylib.nlc.cn/web/guest/boshilunwen.

④ 台湾人文及社会科学引文索引资料库 https：//tci.ncl.edu.tw/cgi-bin/gs32/gsweb.cgi/ccd=mn.0XS/tcisearcharea?opt=1&mode=basic

⑤ 日本博士学位论文查询数据库（CiNii Dissertations - 日本の博士论文をさがす），https：//cir.nii.ac.jp/dissertations?q=%E9%99%BD%E6%98%8E

参考文献

[战国]左丘明著，[三国]韦昭注：《国语》，胡文波校点，上海：上海古籍出版社，2015年。

[汉]贾谊：《新书校注》，阎振益、钟夏点校，北京：中华书局，2000年。

[汉]孔安国传，[唐]孔颖达疏：《尚书正义》，廖名春等整理，《十三经注疏》整理委员会：《十三经注疏》，北京：北京大学出版社，2000年。

[汉]司马迁：《史记》，北京：中华书局，2013年。

[汉]许慎：《说文解字》，北京：中华书局，2016年。

[三国]何晏：《论语集解》，《影印日本论语古钞本三种·三十郎盛政传钞清家点本》，[日]高桥智解题，吴国武等校勘，北京：北京大学出版社，2013年。

[魏]王弼：《周易注校释》，楼宇烈校释，北京：中华书局，2012年。

[晋]郭璞注，[宋]邢昺疏：《尔雅注疏》，顾宝田等校点，北京大学《儒藏》编纂与研究中心：《儒藏精华编》（第124册），北京：北京大学出版社，2012年。

[晋]郭象注，[唐]成玄英疏：《庄子注疏》，曹础基、黄兰发点校，北京：中华书局，2011年。

[梁]皇侃：《论语义疏》，高尚榘校点，北京：中华书局，2013年。

[宋]蔡节：《论语集说》，北京：北京图书馆出版社，2003年。

[宋]程颢、程颐：《二程集》，王孝鱼点校，北京：中华书局，1981年。

[宋]陆九渊：《象山语录》，上海：上海古籍出版社，2000年。

[宋]欧阳修：《居士集》，《欧阳修集编年笺注》（第3册），李之亮笺注，成都：巴蜀书社，2007年。

[宋]王应麟：《困学纪闻》，栾保群、田松青校点，上海：上海古籍出版社，2015年。

［宋］邢昺：《论语注疏》，陈新校勘，北京大学儒藏编纂中心：《儒藏精华编》（第104册），北京：北京大学出版社，2007年。

［宋］张栻：《张栻集》，长沙：岳麓书社，2010年。

［宋］真德秀：《大学衍义》，朱人求点校，上海：华东师范大学出版社，2010年。

［宋］朱熹、吕祖谦：《朱子近思录》，严佐之导读，上海：上海古籍出版社，2012年。

［宋］朱熹：《四书章句集注》，北京：中华书局，2011年。

［宋］朱熹：《朱子全书》（修订本），朱杰人、严佐之、刘永翔主编，上海：上海古籍出版社；合肥：安徽教育出版社，2010年。

［明］陈献章：《陈献章集》，孙通海点校，北京：中华书局，1987年。

［明］邓元锡：《皇明书》，《续修四库全书》编纂委员会编：《续修四库全书》（第316册），上海：上海古籍出版社，2002年。

［明］冯梦龙：《王阳明出身靖乱录》，杭州：浙江古籍出版社，2015年。

［明］耿定向：《耿定向集》，傅秋涛点校，上海：华东师范大学出版社，2015年。

［明］顾秉谦等：《明神宗实录》，台北："中研院"历史语言研究所校勘本，1966年。

［明］何良俊：《四友斋丛说》，上海古籍出版社编：《明代笔记小说大观》，上海：上海古籍出版社，2005年。

［明］侯一元：《侯一元集》，陈瑞赞编校，合肥：黄山书社，2011年。

［明］胡广等：《四书大全校注》，周群、王玉琴校注，武汉：武汉大学出版社，2009年。

［明］胡广等：《性理大全》，济南：山东友谊书社，1989年。

［明］黄绾：《黄绾集》，张宏敏编校，上海：上海古籍出版社，2014年。

［明］焦竑：《澹园集》，李剑雄整理，北京：中华书局，1999年。

［明］郎瑛：《七修类稿》，上海：上海书店出版社，2001年。

［明］刘宗周：《刘宗周全集》，吴光主编，杭州：浙江古籍出版社，2012年。

［明］陆容：《菽园杂记》，北京：中华书局，1985年。

［明］陆深：《俨山集》，《四库明人文集丛刊》，上海：上海古籍出版社，1993年。

［明］罗侨：《罗先生潜心语录》，续修四库全书编纂委员会：《续修四库全书》（第938册），上海：上海古籍出版社，2002年。

［明］罗钦顺：《困知记》，阎韬点校，北京：中华书局，2013年。

［明］吕柟：《吕柟集》，西安：西北大学出版社，2014年。

［明］南大吉：《南大吉集》，李似珍点校整理，西安：西北大学出版社，2014年。

［明］施邦曜：《阳明先生集要》，王晓昕、赵平略点校，北京：中华书局，2008年。

［明］王畿：《王畿集》，吴震编校整理，南京：凤凰出版社，2007年。

［明］王时槐：《王时槐集》，钱明、程海霞编校，上海：上海古籍出版社，2015年。

［明］王守仁：《王阳明集》，王晓昕、赵平略点校，北京：中华书局，2016年。

［明］王廷相：《王廷相集》，王孝鱼点校，北京：中华书局，1989年。

［明］王阳明：《传习录注疏》，邓艾民注，上海：上海古籍出版社，2012年。

［明］王阳明：《王阳明全集》（新编本），吴光等编校，杭州：浙江古籍出版社，2010年。

［明］夏良胜：《东洲初稿》卷十四，清文渊阁四库全书补配清文津阁四库全书本。

［明］项乔：《项乔集》，方长山、魏得良点校，上海：上海社会科学院出版社，2006年。

［明］薛侃著，钱明主编：《薛侃集》，陈椰编校，上海：上海古籍出版社，2014年。

［明］薛应旂：《方山先生文录》，明嘉靖三十三年东吴书林刻本。

［明］周汝登：《周汝登集》，张梦新、张卫中点校，杭州：浙江古籍出版社，2015年。

［明］朱麟：《（嘉靖）广德州志》，明嘉靖十五年刊本。

［明］邹守益：《邹守益集》，董平编校整理，南京：凤凰出版社，2007年。

［清］顾炎武著，黄汝成集释：《日知录集释》，栾保群、吕宗力校点，上海：上海古籍出版社，2014年。

［清］胡培翚：《研六室文钞》，《续修四库全书》编纂委员会编：《续修四库全书》（第1507册），上海：上海古籍出版社，2002年。

［清］黄德溥：《（同治）赣县志》，清同治十一年刻本。

［清］黄宗羲：《明儒学案》（修订本），沈芝盈点校，北京：中华书局，2008年。

［清］黎庶昌：《拙尊园丛稿》，《续修四库全书》（第1561册），上海：上海古籍出版社，2002年。

［清］李绂：《朱子晚年全论》，段景莲点校，北京：中华书局，2000年。

［清］李士棻：《（同治）东乡县志》，清同治八年刻本。

［清］阮元：《研经室续集》，北京：中华书局，1985年。

［清］孙奇逢：《理学宗传》，万红点校，南京：凤凰出版社，2015年。

［清］孙奇逢撰，张显清主编：《孙奇逢集（上）》，郑州：中州古籍出版社，2003年。

［清］王夫之：《读通鉴论》，舒士彦点校，北京：中华书局，2013年。

［清］王先谦：《荀子集解》，沈啸寰、王星贤整理，北京：中华书局，2012年。

［清］魏瀛：《（同治）赣州府志》，清同治十二年刻本。

［清］文庆等：《钦定国子监志》，郭亚南等点校，北京：北京古籍出版社，2000年。

［清］夏燮：《明通鉴》，沈仲九标点，北京：中华书局，2009年。

［清］曾国藩：《曾国藩全集》（修订版），长沙：岳麓书社，2011年。

［清］张廷玉等：《明史》，北京：中华书局，2011年。

［清］张之洞编撰：《增订书目答问补正》，范希曾补正，孙文泱增订，北京：中华书局，2011年。

［清］朱孝臧：《宋词三百首》，刘乃昌评注，北京：中华书局，2005年。

[清]朱彝尊：《经义考新校》，林庆彰等主编，上海：上海古籍出版社，2010年。

毕诚：《儒学的转折：阳明学派教育思想研究》，北京：教育科学出版社，1992年；中国发展出版社，2010年。

蔡龙九：《朱子晚年定论之相关探究》，台湾大学文学院哲学系博士论文，2009年。

蔡仁厚：《王阳明哲学》，北京：九州出版社，2012年。

晁福林：《天命与彝伦：先秦社会思想探研》，北京：北京师范大学出版社，2012年。

陈定闳：《中国社会思想史》，北京：北京大学出版社，1990年。

陈恒嵩：《〈五经大全〉纂修研究》，台北：花木兰文化出版社，2009年。

陈来：《有无之境：王阳明哲学的精神》，北京：北京大学出版社，2013年。

陈来：《朱子哲学研究》，上海：华东师范大学出版社，2000年。

陈来等：《中国儒学史》（宋元卷），北京：北京大学出版社，2011年。

陈立胜：《王阳明"万物一体"论：从"身—体"的立场看》，上海：华东师范大学出版社，2007年。

陈荣捷：《近思录详注集评》，上海：华东师范大学出版社，2007年。

陈荣捷：《王阳明〈传习录〉详注集评》，上海：华东师范大学出版社，2009年。

陈荣捷：《中国哲学文献选编》，杨儒宾等译，南京：江苏教育出版社，2006年。

陈荣捷：《朱学论集》，台北：台湾学生书局，1982年。

陈荣捷：《朱子新探索》，上海：华东师范大学出版社，2007年。

成中英撰，李翔海、邓克武编：《成中英文集》（第2卷），武汉：湖北人民出版社，2006年。

程水龙：《〈近思录〉集校集注集评》，上海：上海古籍出版社，2012年。

程水龙：《理学在浙江的传播：以〈近思录〉为中心的历史考察》，上海：上海古籍出版社，2010年。

戴瑞坤:《阳明学说对日本之影响》,台北:中国文化大学出版部,1981年。

戴瑞坤:《中日韩朱子学阳明学之研究》,台北:文史哲出版社,2001年。

邓艾民:《朱熹王守仁哲学研究》,上海:华东师范大学出版社,1989年。

邓洪波、龚抗云:《中国状元殿试卷大全》,上海:上海教育出版社,2006年。

董康:《书舶庸谭》,朱慧整理,北京:中华书局,2013年。

杜维明:《道·学·政:儒家公共知识分子的三个面向》,钱文忠、盛勤译,生活·读书·新知三联书店,2013年。

杜维明:《灵根再植:八十年代儒学反思》,北京:北京大学出版社,2016年。

杜维明:《青年王阳明:1472—1509:行动中的儒家思想》,朱志方译,北京:生活·读书·新知三联书店,2013年。

樊炳清、张元济:《修身要义》(卷上),上海:商务印书馆,1923年。

方东美:《中国哲学精神及其发展》,孙智燊译,北京:中华书局,2012年。

方旭东:《尊德性与道问学:吴澄哲学思想研究》,桂林:广西师范大学出版社,2015年。

冯友兰:《新理学》,北京:生活·读书·新知三联书店,2007年。

冯友兰:《中国哲学简史》,赵复三译,北京:中华书局,2015年。

傅乐成:《中国通史》,北京:中信出版社,2014年。

傅亚庶:《孔丛子校释》,北京:中华书局,2011年。

甘阳:《文明·国家·大学》,北京:生活·读书·新知三联书店,2012年。

龚鹏程:《生活的儒学》,杭州:浙江大学出版社,2009年。

龚鹏程:《中国文学史》,北京:东方出版社,2014年。

龚延明主编:《登科录》(点校本),方芳点校,宁波:宁波出版社,2016年。

郭秉文:《中国教育制度沿革史》,储朝晖译,北京:商务印书馆,2014年。

郭沫若著作编辑出版委员会：《郭沫若全集历史编》，北京：人民出版社，1982年。

郭淑新：《敬畏伦理研究》，合肥：安徽人民出版社，2007年。

国家图书馆古籍馆：《西谛藏书善本图录：附西谛书目》，北京：中华书局，2008年。

韩林合：《虚己以游世：〈庄子〉哲学研究》（修订本），北京：商务印书馆，2014年。

何炳棣：《明清社会史论》，徐弘译注，台北：联经出版事业股份有限公司，2013年。

何怀宏：《选举社会：秦汉至晚清社会形态研究》，北京：北京大学出版社，2011年。

贺麟：《近代唯心论简释》，上海：上海人民出版社，2009年。

贺麟：《文化与人生》，北京：商务印书馆，2015年。

贺麟：《五十年来的中国哲学》，北京：商务印书馆，2002年。

侯外庐等主编，张岂之修订：《宋明理学史》，西安：西北大学出版社，2018年。

胡适：《胡适文集》，欧阳哲生编，北京：北京大学出版社，2013年。

黄济：《教育哲学通论》，太原：山西教育出版社，1998年。

黄进兴：《从理学到伦理学：清末民初道德意识的转化》，北京：中华书局，2014年。

黄进兴：《优入圣域：权力、信仰与正当性》（修订版），北京：中华书局，2010年。

黄俊杰：《儒家思想与中国历史思维》，上海：华东师范大学出版社，2016年。

黄克武：《近代中国的思潮与人物》（修订版），北京：九州出版社，2016年。

黄润华、屈六生主编：《满文文献知见录：满文版》，沈阳：辽宁民族出版社，2022年。

贾大伟等：《王阳明文献普查目录》，北京：学苑出版社，2019年。

姜琦：《教育哲学》，上海：群众图书公司，1933年。

金程宇：《东亚汉文学论考》，南京：凤凰出版社，2013年。

劳思光：《新编中国哲学史》，北京：生活·读书·新知三联书店，

2015 年。

李方录校：《敦煌〈论语集解〉校正》，南京：江苏古籍出版社，1998 年。

李国钧、王炳照总主编：《中国教育制度通史》，济南：山东教育出版社，1999 年。

李弘祺：《学以为己：传统中国的教育》，香港：香港中文大学出版社，2012 年。

李景林：《教化的哲学：儒家思想的一种新诠释》，哈尔滨：黑龙江人民出版社，2005 年。

李相显：《朱子哲学》，北平：世界科学社，1947 年。

李泽厚：《论语今读》，北京：中华书局，2015 年。

李泽厚：《实用理性与乐感文化》（修订本），北京：生活·读书·新知三联书店，2008 年。

李泽厚：《历史本体论·己卯五说》（增订本），北京：生活·读书·新知三联书店，2008 年。

李泽厚：《由巫到礼　释礼归仁》，北京：生活·读书·新知三联书店，2015 年。

李泽厚：《哲学纲要》，北京：中华书局，2015 年。

李泽厚：《中国古代思想史论》，北京：生活·读书·新知三联书店，2008 年。

梁启超：《孔子与儒家哲学》，北京：中华书局，2016 年。

梁启超：《清代学术概论》，朱维铮导读，上海：上海古籍出版社，2000 年。

梁启超：《中国近三百年学术史》，北京：东方出版社，1996 年。

林丹：《日用即道：王阳明哲学的现象学阐释》，北京：光明日报出版社，2012 年。

林庆彰：《明代经学研究论集》，台北：文史哲出版社，1994 年。

林纾：《林纾家书》，夏晓虹、包立民编注，北京：商务印书馆，2016 年。

林月惠：《阳明内圣之学研究》，台北：花木兰文化出版社，2009 年。

刘述先：《黄宗羲心学的定位》，杭州：浙江古籍出版社，2006 年。

刘述先：《朱子哲学思想的发展与完成》，长春：吉林出版集团有限责任公司，2014年。

刘咸炘：《刘咸炘学术论集·哲学编》，黄曙辉编校，桂林：广西师范大学出版社，2010年。

刘笑敢：《庄子哲学及其演变》（修订版），北京：中国人民大学出版社，2010年。

刘勇：《变动不居的经典：明代〈大学〉改本研究》，北京：生活·读书·新知三联书店，2016年。

刘毓庆：《从经学到文学：明代〈诗经〉学史论》，北京：商务印书馆，2001年。

卢连章：《程颢程颐评传》，南京：南京大学出版社，2001年。

陆阳：《唐文治年谱》，上海：上海三联书店，2013年。

吕逎基：《何良俊〈四友斋丛说〉之研究》，台北：花木兰文化出版社，2007年。

吕思勉：《吕思勉读史札记》，上海：上海古籍出版社，2005年。

吕思勉：《中国通史》，北京：中华书局，2015年。

蒙培元：《理学的演变：从朱熹到王夫之戴震》，福州：福建人民出版社，1984年。

蒙培元：《理学范畴系统》，北京：人民出版社，1989年。

蒙文通：《儒学五论》，刘梦溪：《中国现代学术经典·廖平蒙文通卷》，石家庄：河北教育出版社，1996年。

缪天绶选注：《明儒学案》，上海：商务印书馆，1931年。

牟钟鉴：《中国文化的当下精神》，北京：中华书局，2016年。

牟宗三：《从陆象山到刘蕺山》，长春：吉林出版集团有限责任公司，2010年。

牟宗三：《牟宗三先生全集》，台北：联经出版事业股份有限公司，2003年。

牟宗三：《宋明儒学的问题与发展》，上海：华东师范大学出版社，2004年。

牟宗三：《心体与性体》，长春：吉林出版集团有限责任公司，2013年。

牟宗三撰，罗义俊编：《中国哲学的特质》，上海：上海古籍出版社，2008年。

潘光旦：《儒家的社会思想》，北京：北京大学出版社，2010年。

皮锡瑞:《经学历史》,周予同注释,北京:中华书局,2004年。

皮锡瑞:《皮锡瑞全集·皮锡瑞日记》,北京:中华书局,2015年。

钱明编校整理:《徐爱 钱德洪 董沄集》,南京:凤凰出版社,2007年。

钱穆:《国史大纲》(修订本),北京:商务印书馆,1994年。

钱穆:《孔子传》,北京:生活·读书·新知三联书店,2012年。

钱穆:《论语新解》(第3版),北京:生活·读书·新知三联书店,2015年。

钱穆:《钱宾四先生全集·朱子新学案》,台北:联经出版事业股份有限公司,1998年。

钱穆:《宋明理学概述》,北京:九州出版社,2011年。

钱穆:《阳明学述要》,北京:九州出版社,2010年。

钱穆:《中国学术思想史论丛》,合肥:安徽教育出版社,2004年。

钱穆:《朱子学提纲》,北京:生活·读书·新知三联书店,2014年。

钱锺书:《管锥编》,北京:生活·读书·新知三联书店,2007年。

秦家懿:《王阳明》,北京:生活·读书·新知三联书店,2017年。

邱椿:《古代教育思想论丛》,北京:北京师范大学出版社,1985年。

屈守元、常思春主编:《韩愈全集校注》,成都:四川大学出版社,1996年。

任时先:《中国教育思想史》,台北:台湾商务印书馆,1987年。

任文利:《心学的形上学问题探本》,郑州:中州古籍出版社,2005年。

容肇祖撰,莞城图书馆编:《容肇祖全集》,济南:齐鲁书社,2013年。

沈俊平:《举业津梁:明中叶以后坊刻制举用书的生产与流通》,台北:台湾学生书局,2009年。

沈善洪、王凤贤:《王阳明哲学研究》,杭州:浙江人民出版社,1981年。

石昌渝:《中国古代小说总目》,太原:山西教育出版社,2004年。

束景南、查明昊辑编:《王阳明全集补编》,上海:上海古籍出版社,2016年。

束景南：《阳明大传："心"的救赎之路》，上海：复旦大学出版社，2020 年。

孙本文：《当代中国社会学》，北京：商务印书馆，2011 年。

孙本文：《孙本文文集》，北京：社会科学文献出版社，2012 年。

孙楷第：《孙楷第全集》，北京：中华书局，2012 年。

孙楷第：《中国通俗小说书目》，北京：国立北平图书馆，1933 年。

孙培青、李国钧：《中国教育思想史》，上海：华东师范大学出版社，1995 年。

孙先英：《真德秀学术思想研究》，上海：上海人民出版社，2008 年。

汤仁泽编：《中国近代思想家文库·谭嗣同卷》，北京：中国人民大学出版社，2014 年。

汤用彤：《郭象与魏晋玄学》（增订本），北京：中国人民大学出版社，2014 年。

唐君毅：《生命存在与心灵境界》，北京：中国社会科学出版社，2006 年。

唐君毅：《中国文化之精神价值》，《唐君毅全集》（第 9 卷），北京：九州出版社，2016 年。

唐君毅：《中国哲学原论》，北京：中国社会科学出版社，2005 年。

唐君毅：《中华人文与当今世界》，桂林：广西师范大学出版社，2005 年。

唐文治：《阳明学术发微》，《唐文治性理学论著集》，邓国光辑释，上海：上海古籍出版社，2020 年。

汪晖：《现代中国思想的兴起》（第 2 版），北京：生活·读书·新知三联书店，2008 年。

王炳照、阎国华主编：《中国教育思想通史》，长沙：湖南教育出版社，1994 年。

王处辉：《中国社会思想早熟轨迹》，北京：人民出版社，1996 年。

王汎森：《权力的毛细管作用》（修订版），北京：北京大学出版社，2015 年。

王国维：《人间词话》，邬国义点校，谢维扬、房鑫亮主编：《王国维全集》，杭州：浙江教育出版社，2009 年。

王叔岷：《庄子校诠》，北京：中华书局，2007 年。

韦政通：《中国的智慧》，长春：吉林出版集团有限责任公司，2009 年。

魏同贤主编：《冯梦龙全集》（第 10 卷），南京：凤凰出版社，2007 年。

吴长庚主编：《朱陆学术考辨五种》，南昌：江西高校出版社，2000 年。

吴光编：《中国近代思想家文库·马一浮卷》，北京：中国人民大学出版社，2015 年。

吴光主编：《刘宗周全集》，杭州：浙江古籍出版社，2012 年。

吴孟复、蒋立甫：《古文辞类纂评注》，合肥：安徽教育出版社，1995 年。

吴宣德：《江右王学与明中后期江西教育发展》，南昌：江西教育出版社，1996 年。

吴雁南：《阳明学与近世中国》，贵阳：贵州教育出版社，1996 年。

吴震：《〈传习录〉精读》，上海：复旦大学出版社，2011 年。

吴震、[日]吾妻重二：《思想与文献：日本学者宋明儒学研究》，上海：华东师范大学出版社，2010 年。

向辉：《"莫见乎隐、莫显乎微"浅论》，《关东学刊》，2016 年，第 6 期。

向辉：《修己以敬：敬道心筌的经典话语》，《新经学》第 9 辑，2022 年。

向辉：《主体身份与现代路径：沟口雄三的阳明学研究意识》，《平顶山学院学报》，2018 年，第 3 期。

萧公权：《中国政治思想史》，北京：新星出版社，2010 年。

萧萐父：《吹沙纪程》，上海：上海文艺出版社，1998 年。

萧无陂：《传习录校释》，长沙：岳麓书社，2012 年。

谢贵安、谢盛：《明代宫廷教育史》，北京：故宫出版社，2015 年。

谢立中：《走向多元话语分析：后现代思潮的社会学意涵》，北京：中国人民大学出版社，2009 年。

熊十力：《十力语要》，上海：上海书店出版社，2007 年。

熊十力：《十力语要初续》，上海：上海书店出版社，2007 年。

熊十力：《新唯识论》，上海：上海书店出版社，2008 年。

徐梵澄：《孔学古微》，李文彬译，上海：华东师范大学出版社，

2015年。

徐梵澄：《徐梵澄文集》，上海：上海三联书店，2006年。

徐复观：《两汉思想史》，北京：九州出版社，2013年。

徐复观：《中国人性论史·先秦篇》，北京：九州出版社，2013年。

徐复观：《中国思想史论集续篇》，北京：九州出版社，2014年。

闫春：《〈四书大全〉的编纂与传播研究》，华东师范大学，2009年。

杨立华：《宋明理学十五讲》，北京：北京大学出版社，2015年。

杨懋春：《中国社会思想史》，台北：幼狮文化事业公司，1986年。

杨正显：《觉世之道：王阳明良知说的形成》，北京：北京师范大学出版社，2015年。

叶德辉：《叶德辉诗文集一》，长沙：岳麓书社，2010年。

于述胜：《中国现代教育学术史论》，北京：中国社会科学出版社，2012年。

于述胜：《朱熹与南宋教育思潮》，济南：山东大学出版社，1996年。

余敦康：《魏晋玄学史》（第2版），北京：北京大学出版社，2016年。

余英时：《论天人之际：中国古代思想起源试探》，北京：中华书局，2014年。

余英时著，沈志佳编：《余英时文集（第2卷）·中国思想传统及其现代变迁》，桂林：广西师范大学出版社，2014年。

余英时：《中国思想传统的现代诠释》，南京：江苏人民出版社，2003年。

余英时：《朱熹的历史世界：宋代士大夫政治文化的研究》，北京：生活·读书·新知三联书店，2011年。

俞樟华：《王学编年》，长春：吉林大学出版社，2010年。

翟凤奎、向辉：《阳明文献汇刊》，成都：四川大学出版社，2015年。

张岱年：《中国哲学大辞典》（修订版），上海：上海辞书出版社，2014年。

张岱年等：《中国知识分子的人文精神》，郑州：河南人民出版社，1994年。

张东荪：《思想与社会》，左玉河整理，长沙：岳麓书社，2010年。

张君劢：《新儒家思想史》，北京：中国人民大学出版社，2006年。

张立文：《宋明理学研究》（增订本），北京：中国人民大学出版社，2016年。

张岂之：《中国思想学说史（明清卷）》，桂林：广西师范大学出版社，2007年。

张岂之主编：《侯外庐著作与思想研究》，长春：长春出版社，2016年。

张瑞璠：《中国教育哲学史》（第1卷），济南：山东教育出版社，1999年。

张世英：《新哲学讲演录》（第2版），桂林：广西师范大学出版社，2008年。

张新民：《阳明精粹·名家今论》，贵阳：孔学堂书局，2014年。

张学智：《明代哲学史》（修订版），北京：中国人民大学出版社，2012年。

张艺曦：《阳明学的乡里实践：以明中晚期江西吉水、安福两县为例》，北京：北京师范大学出版社，2013年。

郑振铎：《郑振铎全集》，石家庄：花山文艺出版社，1998年。

朱伯崑：《先秦伦理学概论》，北京：北京大学出版社，1984年。

朱高正：《近思录通解》，上海：华东师范大学出版社，2010年。

朱鸿林：《孔庙从祀与乡约》，北京：生活·读书·新知三联书店，2015年。

朱鸿林：《〈明儒学案〉研究及论学杂著》，北京：生活·读书·新知三联书店，2016年。

朱谦之：《日本的古学及阳明学》，上海：上海人民出版社，1962年。

朱一玄等编著：《中国古代小说总目提要》，北京：人民文学出版社，2005年。

［德］黑格尔：《哲学史讲演录》，贺麟、王太庆等译，上海：上海人民出版社，2013年。

［德］曼海姆：《意识形态和乌托邦：知识社会学引论》，霍桂桓译，北京：中国人民大学出版社，2013年。

［德］韦伯：《学术与政治》，钱永祥等译，桂林：广西师范大学

出版社，2010年。

[德]韦伯：《中国的宗教：儒教与道教》，康乐等译，桂林：广西师范大学出版社，2010年。

[法]阿多：《古代哲学的智慧》，张宪译，上海：上海译文出版社，2012年。

[韩]宋荣培：《中国社会思想史：儒家思想、儒家式社会与马克思主义的中国化》，北京：中国社会科学出版社，2003年。

[美]狄百瑞：《中国的自由传统》，李弘祺译，北京：中华书局，2016年。

[美]富路特：《明代名人传》，北京：北京时代华文书局，2015年。

[美]盖伊：《启蒙时代（上）：现代异教精神的兴起》，刘北成译，上海：上海人民出版社，2014年。

[美]霍弗：《狂热分子：码头工人哲学家的沉思录》，桂林：广西师范大学出版社，2008年。

[美]科大卫：《明清社会和礼仪》，北京：北京师范大学出版社，2016年。

[美]库恩：《科学革命的结构》（第四版），金吾伦等译，北京：北京大学出版社，2015年。

[美]裴士锋：《湖南人与现代中国》，北京：社会科学文献出版社，2015年。

[美]芮沃寿：《中国历史中的佛教》，常蕾译，北京：北京大学出版社，2009年。

[美]施特劳斯：《自然权利与历史》，彭刚译，北京：生活·读书·新知三联书店，2016年。

[美]田浩：《朱熹的思维世界》，南京：江苏人民出版社，2011年。

[日]岛田虔次：《中国近代思维的挫折》，甘万萍译，南京：江苏人民出版社，2010年。

[日]岛田虔次：《朱子学与阳明学》，西安：陕西师范大学出版社，1986年。

[日]冈田武彦：《简素的精神——日本文化的根本》，杭州：西泠印社出版社，2000年。

[日]冈田武彦：《王阳明大传：知行合一的心学智慧》，杨田等译，重庆：重庆出版社，2014年。

[日]冈田武彦:《王阳明与明末儒学》,上海:上海古籍出版社,2000年;重庆:重庆出版社,2016年。

[日]高濑武次郎:《知行合一:王阳明详传》,赵海涛、王玉华译,北京:北京时代华文书局,2018年。

[日]沟口雄三:《中国前近代思想的曲折与展开》,北京:生活·读书·新知三联书店,2011年。

[日]沟口雄三:《作为方法的中国》,北京:生活·读书·新知三联书店,2011年。

[日]荒木见悟:《佛教与儒教》,郑州:中州古籍出版社,2005年。

[日]荒木见悟:《明末清初的思想与佛教》,上海:上海古籍出版社,2010年。

[日]吉田和男:《塑造日本人心性的阳明学》,张静、明磊译,北京:东方出版社,2015年。

[日]镜味治也:《文化关键词》,张泓明译,北京:商务印书馆,2015年。

[日]永富青地:《近十年阳明学研究日文论著目录(1998—2008)》,[韩]崔在穆:《东亚阳明学》,朴姬福等译,北京:中国人民大学出版社,2009年。

[瑞士]耿宁:《人生第一等事:王阳明及其后学论"致良知"》,倪梁康译,北京:商务印书馆,2014年。

[意]葛兰西:《狱中札记》,曹雷雨、姜丽、张跣译,郑州:河南大学出版社,2014年。

[英]葛瑞汉:《中国的两位哲学家:二程兄弟的新儒学》,程德祥等译,郑州:大象出版社,1999年。

[英]怀特海:《教育的目的》,徐汝舟译,北京:生活·读书·新知三联书店,2002年。

[英]瑞安:《论政治》(上卷),林华译,北京:中信出版社,2016年。

后记

本书是我获得北京师范大学博士学位的论文《王阳明的教化哲学研究：以敬为中心》（2017）的修订版。

博士论文的撰写得到了北京师范大学2015—2016年度《顾明远教育研究发展基金》资助（项目编号：2015009）。提交定稿共三章21万字，即导论、知义敬守：教化之经典（第一章）、敬以直内：教化之生活（第二章）、敬德修业：教化之路径（第三章），以及《王阳明研究现状概述》《中日阳明学博士论文一览表》（附录一、二）。原稿导论及第一章修订后以《敬道心筌：王阳明教化哲学的社会思想探微》为题刊发于《社会理论学报》2017秋季号（第235—281页，3.5万字）；第三章部分内容修改后以《敬道心筌：王阳明教化哲学的"学—教"洞见》为题刊发于《教育史研究》2019年第3期（第81—92页，1.5字）。今增补第一章《修己以敬：敬道心筌的经典话语》（刊发于《新经学》2002年第9辑，第161—203页，3.5万字）、第二章《知义敬守：〈朱子晚年定论〉》、第四章第一至四节。原稿附录中的研究现状部分截至2017年，故不予保留；《中日阳明学博士论文一览表》则增补了2017至2022年相关信息。书名改为《敬道心筌》，它是我对阳明心学的一点体会，既是阳明学的重要内容，也是我尝试去理解阳明学的一个概念工具。

本书曾以博士论文原题由台湾花木兰文化出版社出版（2019），感谢花木兰文化出版社杜洁祥总编辑、杨嘉乐博士和编辑许郁翎、王筑。近年来，孔学堂书局着力支持和推动阳明学的学术研究，已成为当代阳明学学术著作出版重镇，拙稿经张发贤先生推荐，列入出版计划，特致谢忱。

2017年博士论文完成时有一段小文，记录了彼时的想法，今录于此，以志求学之路：

古典之学有圣贤之学与凡俗之学。凡俗之学，为生计；圣贤之学，为身心。凡治圣贤之学者，莫不以诚敬之心为起点，以勤勉为基点，以师友为支点，孔孟之学如是，性理之学如是，文化教育之学亦如是矣。性理之学，切于己身；文教之学，要在求真。所谓己身，匪格致无以成形；所谓求真，匪爱敬无以明觉。夫子修己以敬，后世学者莫不以此为切己之宏规；程子体贴，后世学者莫不以此为学术之最高准则。吾不敏，敬逊求之。敬即谨也，逊即勉也。《中庸》曰："庸德之行庸言之谨，有所不足不敢不勉，有余不敢尽，言顾行行顾言，君子胡不慥慥尔。"朱子曰："践其实，择其可。德不足而勉，则行益力；言有余而讱，则谨益至。"阳明曰："学以存其心者，何求哉，求诸其心而已矣；求诸其心何为哉，谨守其心而已矣。博学也，审问也，慎思也，明辨也，笃行也，皆谨守其心之功也。"先圣先贤，其学如此，吾心向往之。故虽为凡俗之学，亦莫不以圣贤之学为怀。

孟子曰："君子深造之以道，欲其自得之也。"欧阳修诗云："人禀天地气，乃物中最灵。性虽有五常，不学无由明。轮曲揉而就，木直在中绳。坚金砺所利，玉琢器乃成。仁义不远躬，勤勤入至诚。学既积于心，犹木之敷荣。根本既坚好，菁郁其干茎。"学求自得，非深造精思不可；首立根本，非琢磨切磋不得。余小子也，学于新时代，睹圣经贤传，研性命至理，祛蔽复明，浚源植根，返虚入浑，其为章实斋所谓"学于圣人，斯为贤人；学于贤人，斯为君子"哉。

某学力不逮，智慧不足，虽历八载，所成之文，拙且陋矣。然敝帚尚且珍之，况文字乎？拙稿草成，良师益友、同学同仁襄助者厚矣多矣，谨列姓名以致谢忱：

于师述胜、谢师立中、金师炳镐、顾明远先生、杜洁祥先生、杨嘉乐博士、李致忠先生、陈力先生、沈乃文先生、陈先行先生、陈红彦先生、钱民辉教授、朱志勇教授、徐勇教授、孙邦华教授、施克灿教授、杜成宪教授、刘立德先生、于建福教授、李景林教授、褚宏启教授、石计生教授、张志清先生、杜泽逊教授、邓志峰教授、刘继青研究员、周卫勇教授、梁爱民先生、陈荔京先生、陈立先生、田正强先生、曾宪才先生、王强先生、宋凯先生、周川富先生、杨照坤女史、孙婠女史、王杨女史、钱律进女史、郭晶女史、赵娜女史、邱星宇女史、王沛女史、洪琰女史、郭晶女史、赵洪雅女史、许英康博士、刘宏涛博士、李勇刚博士、尹韬博士、何娇霞博士、包丹丹博士、张小丽博士、娄岙菲博士、王文修博士、王旭辉博士、马强博士、李刚博士、翟奎凤博士、赵文友博士、胡平博士、张波博士、刘波博士、赵爱学博士、柳森博士、郑小悠博士、范雪琳博士、王广生博士、于超博士、孙国锋博士、孙碧博士、张志国博士、陈云豪博士、饶益波博士、樊长远博士、崔凯华博士、向浩源博士。

《中庸》云："君子之道，辟如行远必自迩，辟如登高必自卑。《诗》曰：'妻子好合，如鼓琴瑟；兄弟既翕，和乐且耽；宜尔室家，乐尔妻孥。'子曰：'父母其顺矣乎。'"家人竭力襄赞，方可成文，吾何其幸也，可不勉哉。

且赋词一阕，调寄《折桂令》，以终其篇：

撰拙文，转瞬四年。旧酒犹香，意兴阑珊。且赋新词，遐思倦倦，碧草云天。

昨日秋，今日春，归来燕子。映山红，江南驻，浓翠屏山。记得儿时，桃杏芭蕉，笑满芳枝，莺语池边。

2023年12月12日，花桥向辉记于北京